호텔 & 외식산업

메뉴관리론

진양호 · 배인호

지구문화사
JIGU PUBLISHING Co.

머리말 PREFACE

'메뉴는 애인에게 주는 연애 편지이다.'

외식사업에 있어서 가장 중요한 부분이 메뉴임에 틀림없습니다.

메뉴의 중요성에 대해서 레빈스(Charles Levinson)에 따르면, 대부분의 식당경영자는 메뉴계획을 비교적 중요하지 않은 것으로 여겨 왔으나, 사실상 식당의 중요한 경영도구가 메뉴라고 강조하고 있습니다.

비식과 클릭(Hubrt E. Visick & Peter E. Van Kleek)은 메뉴는 판매를 위한 목록표가 아니라 식당에서 이용할 수 있는 가장 중요한 판매도구로 고객이 무엇을 어떻게 원하는가를 찾아서 구매욕구를 충족시켜 주는 식당영업의 강력한 판매촉진도구라고 말했습니다.

메뉴의 성공적인 계획과 제작을 위해서는 고객에게 제공될 여러 종류의 음식을 판매하기 전 어떤 고객에게 어떤 재료를 가지고 어떻게 조리하여 어떤 가격으로 판매 할 것인가를 사전에 종합 검토하여 작성해야 합니다.

콧체바(Lemdel H. Koteschcvar)는 고객의 음식습관과 선호에 미치는 경제적, 사회적, 지역적, 윤리적, 종교적, 그리고 형태적 영향을 감안하여 메뉴가 계획되어야 한다고 했습니다.

메뉴는 외식업체에 유도하고 싶은 사람들을 나타내는 것으로, 이들에게 제공하고자 하는 상품 이전에 영업 규모가 크면 클수록 영업을 고객에게 초점을 맞추어야 합니다.

고객과 접촉하여 고객이 단순히 메뉴를 평가하거나 불만을 가지는 것이라고 보지 말고, 고객의 눈으로 보는 관점이 메뉴 개발에 있어 중요합니다. 따라서 고객의 지각 가치를 고려한 메뉴인지, 고객의 기대를 충족시켜 줄 수 있는 메뉴인지 등을 잘 인지해야 합니다.

이와 같이 외식사업에서 제일 중요한 메뉴 관계와 이에 대한 해설을 외식산업 경영자에 종사자, 이 분야의 학생들을 위해 좀 더 이해하기 쉽게 재구매하고자 노력했지만 그것이 쉬운 일은 아니라는 것을 다시 한 번 느꼈습니다.

끝으로 이 책의 출판을 위해 힘써주신 김예영, 권혁성, 고은주 선생들과 지구문화사 사장님과 임직원 여러분들께 진심으로 감사드립니다.

병신년 새해에

광교산 기슭에서

차 례

Contents

Chapter 04 메뉴 계획의 모형

Chapter 05 메뉴 가격 결정

Chapter 06 메뉴 디자인

차 례

Chapter 07 메뉴 분석 및 평가

Chapter 08 메뉴 마케팅 믹스

Chapter 09 양 식

Contents

차 례

Chaper 1

메뉴의 개념

Chapter 1 메뉴의 개념

Section 1 메뉴란 무엇인가?

1. 메뉴의 어원적 의미

① 라틴어의 Minuts에서 유래하여 영어의 Minute에 해당하는 말로서 "상세히 기록한다"라는 의미이다.

② 메뉴(menu)는 원래 주방에서 식재료를 조리하는 방법을 기술한 것이었다.

2. 사전적 의미

① 웹스터(Webster) 사전에서 메뉴는 "식사로 제공되는 음식들에 관해 상세히 기록한 표(A detailed list of the foods served at a meal)"로 설명되어 있다.

② 옥스퍼드(Oxford) 사전에서 메뉴는 "연회나 식사로서 제공되는 음식들에 관해 상세히 기록한 표(A detailed list of the dishes to be served at a banquet or meal)"로 정의되어 있다.

③ 한영사전에서 메뉴는 "차림표 또는 식단"으로 풀이되어 있다.

3. 메뉴의 의미

음식에 관한 설명을 덧붙여, "고객의 육체적·정신적 만족을 증대시켜 주기 위한 여러 음식의 품목과 형태를 체계적으로 짜놓은 섬세한 목록이나 차림표"로 설명하고 있다.

4. 오늘날 경영상 메뉴의 의미

① 먹을 장소의 선택, 먹을 음식의 선택, 연회음식의 선택, 미각과 영양의 촉진, 기호음식의 촉진, 그리고 특별음식의 시음기회 제공을 위한 수단이 되었다.

② 이와 같이 메뉴는 경영상의 기본적인 기능을 가지고 있기 때문에 경영상 중요한 역할과 의미를 지닌다.

5. 메뉴란

① 애인에게 주는 연애편지와 같은 것이다.

② 그 식당의 가장 기본적인 판매수단으로 상품의 내용과 가격이 기록되어 있다(마케팅의 기본).

③ 음식, 서비스, 분위기, 가격, 기술, 인력 및 계절감각 등 그 식당의 모든 경영활동의 내용을 압축한 것(경영과 통제관리의 기본)이다.

6. 메뉴의 NEW Trend (경향)

① 50년대 : 생존단계(자연식품)

② 60년대 : 인식단계(가공식품)

③ 70년대 : 선택단계(패스트푸드)

④ 80년대 : 식도락단계(체인레스토랑)

⑤ 90년대 : 식품의 예술화(초자연 식품)

⑥ IMF 이후 : 식품의 정보화(건강식품)

⑦ 21세기 : 식품의 탈 국적화(기능성 식품)

Section 2 메뉴의 역사

① 메뉴의 역사는 서기 1498년경 프랑스 어느 귀족의 아이디어라고 전해져 오고 있다.

② 그 후 서기 1541년 프랑스 헨리(Henry) 8세 때 브런즈윅(Brunswick) 공작

의 연회 시에 요리에 관한 내용과 순서 등을 메모하여 식탁 위에 놓고 그 순서대로 요리를 제공해서 번거로움이나 불편함이 없다는 사실을 깨닫고 사용하게 되었다고 한다.

③ 이로부터 귀족 간의 연회에 유행하게 되었고, 차츰 유럽 각국에 전파되어 정찬으로, 즉 정식 차림표로 사용되었다.

④ 19세기에 이르러 프랑스의 파리에 있는 팔레 루아얄(Palais Royal)에서 메뉴의 명칭이 일반화되어 사용되었다고 한다.

⑤ 그 후 파리의 식당가에서 사용하면서 일반화되어 오늘날 일반대중에게 제공할 수 있는 요리의 명칭을 기재한 목록표가 되었다.

⑥ 우리나라에서 식단, 차림표 등으로 불리는 "MENU"는 오늘날 전 세계적으로 공통되는 용어이나 프랑스에서는 "Carte", 영국에서는 "Bill of Fare", 독일에서는 "Speisekarte", 그리고 일본에서는 "콘다테효(こんだてひょう, 南犬立表)"라고 불리고 있다.

Section 3 메뉴에 담긴 욕구

1. 고객의 욕구

① 고객은 메뉴에 대한 기대감과 욕구가 있다.

② 서민층·중산층·상류층과 같이 계층별로 다르기도 하고 연령별, 지역별, 인종별, 종교별, 계절별, 나라별에 따라 요구하는 메뉴 구성이 다르기도 하다.

③ 그러므로 메뉴는 고객이 원하는 맛과 메뉴의 질과 양 등을 고려하여 구성해서 제공함으로써 최대의 만족을 느끼게 해야 한다.

2. 경영자의 욕구

① 경영자는 메뉴를 통해서 식당경영을 원활하게 하여 이익을 추구하려는 욕구가 있다.

② 경영자는 고객에 대해 잘 파악하고 그에 맞는 메뉴의 서비스를 제공하여 신뢰를 얻어 반복 고객과 단골 고객을 확보하여야 한다.

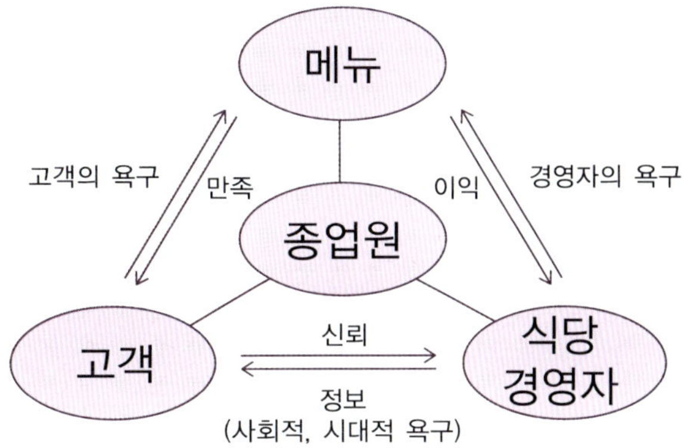

그림 1-1 메뉴의 기능(역할)

3. 사회적 시대적 욕구

① 식당경영자는 고객으로 하여금 개인의 이익만이 아닌 사회적·지역적 공통의 이익을 추구하여 신뢰를 얻어야 한다.

② 고객으로 하여금 신뢰를 얻은 후에는 고객들에게 양질의 정보를 제공하여 그 지역에서 명성있는 식당으로 자리잡도록 경영해야 한다. 사회적으도 그와 같은 지역 특성이 반영된 음식문화와 식당을 선호하는 경향이 있다.

③ 고객과 메뉴, 식당 간의 관계를 형성하는 데 영향을 미치는 중요한 변수로는 종업원의 능력이 크므로 직원 교육 또한 중요하다.

Section 4 메뉴의 중요성

1. 메뉴의 중요성

① 예전에는, 경영자의 입장에서는 메뉴 계획을 비교적 중요하지 않게 여겨왔으나, 레빈슨(Charles Levinson)은 사실상 식당의 중요한 경영도구(Managerial tool)가 메뉴라고 강조하고 있다.

② 비식과 클릭(Hubert E. Visick & Peter E. Van Kleek)은 판매를 위한 목록표가 아니고, 식당에서 이용할 수 있는 가장 중요한 상품화 도구(Merchandizing tool)가 바로 메뉴라고 지적하고 있다.

③ 이와 같이 메뉴가 가장 중요한 판매도구(Sales tool)이기도 하나, 동시에 고객이 무엇을 어떻게 원하는가를 찾아서 구매 욕구를 충족시켜 주는 영업의 강력한 판매촉진 도구라고도 할 수 있다.

2. 메뉴의 특징 (메뉴의 성공적·체계적 제작)

① 메뉴의 성공적인 계획과 제작이란, 제공될 여러 종류의 음식을 판매하기 전에 어떤 고객에게 어떤 재료를 가지고 어떻게 조리하여 어떤 가격으로 어떻게 판매할 것인가를, 사전에 종합검토하여 작성하는 작업을 의미한다.
② 메뉴는 고객의 필요와 욕구, 원가와 수익성, 이용 가능한 식품, 조리설비의 한계, 메뉴의 다양성, 그리고 영양적 요소를 고려하여 계획해야 한다.
③ 메뉴 계획과 관련하여 콧체바(Lendal H. Kotschevar)는 고객의 음식습관과 선호에 미치는 경제적·사회적·지역적·윤리적·종교적 그리고 형태적 영향을 감안하여 메뉴를 계획해야 한다고 지적하고 있다.
④ 주방에 보유한 조리기구의 특성과 고객의 미각 변화에 대처할 수 있는 영양적 요소와 메뉴 제시의 다양성·매력성이 가미되어야 하고, 고객의 선택이 용이하도록 하기 위해서 표현방법과 설명제시가 추가되어야 한다.

3. 주방의 중요성

① 고객에게 매력적이고 특별한 메뉴를 계획하기 위해서 적합한 장비를 갖추고 있는 주방이 필요하다.
② 메뉴는 주방의 크기와 장비의 종류 및 생산능력을 감안하여야 하며, 메뉴는 또한 장비의 수와 이용에 따라 큰 작업부담이 없는 한도 내에서 개발되어야 한다.

4. 식재료의 중요성

① 훌륭한 메뉴라도 재료를 적기에 구입하지 못한다면 아무 쓸모없는 메뉴가 되기도 한다.
② 계절에 따른 특정 식재료의 출하상황이라든가 재배작황 또는 산지의 가격형성 등 모든 재료에 대한 정보를 입수하고, 재료의 물량 공급 및 기간에 유념하여 사시사철 알맞은 재료에 대한 메뉴를 작성할 수 있어야 한다.

③ 계절별로 미각을 살릴 수 있고 식재료의 출하기능 여부를 고려하며, 재고도 감안한 메뉴 작성이 이루어져야 한다.
④ 재고가 충분치 않은 품목은 구입소요 기간을 고려해야 하며, 종종 악성 재고의 처분을 위한 특별 메뉴의 운용도 생각해야 한다.

5. 메뉴 제공의 목적

① 새로운 메뉴 계획 시에 새로운 메뉴를 제공하는 이유가 분명해야 한다.
② 메뉴의 생산과 가격결정을 하기 이전에 평균 고객 수를 증가시키기 위해서인지, 새로운 고객을 유인하기 위해서인지 또는 현 고객시장을 개척하기 위해서인지 그 이유가 분명해야 한다.
③ 고객과 그들이 좋아하는 음식에 대한 풍부한 지식을 갖고, 그들을 관리·운용할 줄 아는 재치가 메뉴를 계획하는 사람에게 필요하다.
④ 음식의 형태는 조리방법에 의해서 달라질 수 있고, 매일 달리 준비할 수 있으므로 다양성을 보여줄 수 있는 메뉴로 구성해야 한다.
⑤ 이러한 조건들은 메뉴 기획을 어려운 문제로 만들 수도 있지만, 뒤집어 생각해보면 독창력과 연구력을 발휘할 수 있는 기회가 되기도 한다.
⑥ 메뉴를 계획할 때 특정 주제로 세분화된 시장의 고객요구가 무엇인지를 고려하는 것이 필요한데, 경영자가 이러한 독특한 요구에 관해 해박한 지식을 가지고 있으면 그 경영은 성공할 가능성이 높다.

6. 고객의 중요성

① 메뉴는 사실상 업체의 소유주를 대상으로 하는 것이 아니고, 고객을 대상으로 하는 것이다.
② 메뉴는 음식서비스업체에 유도하고 싶은 사람들을 나타내는 것으로, 이들에게 제공하고자 하는 상품이 된다.
③ 영업의 규모가 크면 클수록 그 영업의 초점을 고객에게 맞추어야 한다.
④ 고객과의 지속적인 소통은 고객의 호불호를 알아내기 위해서, 그리고 그들의 질문에 답하기 위해서 중요하다.
⑤ 소비자의 접촉은, 고객의 메뉴 수용에 관한 계속적인 평가뿐만 아니라 메뉴의 개발에 있어서도 중요하다.

Chaper 2 메뉴의 분류

Chapter 2 메뉴의 분류

Section 1 메뉴 형태별 분류

1. 정식 메뉴

① 정식 메뉴란 Full Course Menu로서 한 끼분으로 구성되어 있다.
② 체계적으로 값도 비싸고 질도 우수하다.
③ 어느 식당에서도 이 한 메뉴만 제공하고 있기 때문에 고객으로 하여금 선택의 기회가 없다.
④ 고객은 그 차림표와 가격을 용이하게 이해할 수 있는 이점도 있다.
⑤ 이것은 중세시대 식당에서는 "Table Master"라고 하는 대식탁이 있어 주인이 손님과 함께 식사를 했다고 하는데, 이처럼 주인과 손님이 같은 식탁에서 식사하던 것을 "Table d'hôte"라고 하였다.

정식 메뉴는 아래와 같은 순서로 제공된다.

① 찬 전채(Cold Appetizer – Hors d'oeuvre froid)
② 수프(Soup – Potage)
③ 온 전채(Warm Appetizer – Hors d'oeuvre chaud)
④ 생선(Fish – Poisson)
⑤ 주요리(Main Dish – Relevé)
⑥ 더운 주요리(Warm Main Dish – Entrée chaud)
⑦ 찬 주요리(Cold Main Dish – Entrée froid)
⑧ 가금류 요리(Roast – Rôti)
⑨ 셔벗(Sherbet – Sorbet)
⑩ 더운 야채요리(Warm Vegetables – Légume)

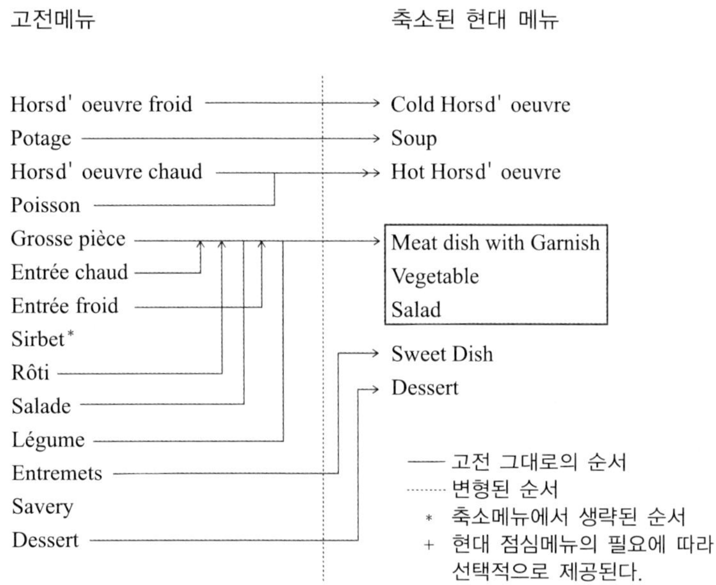

그림 2-1 변형된 메뉴의 구성

⑪ 찬 야채(Salad – Salade)

⑫ 더운 후식(Warm Dessert – Entremets de Douceur chaud)

⑬ 찬 후식(Cold Dessert – Entremets de Douceur froid)

⑭ 생 및 조림 과일(Fresh or Stewed Fruit – Fruit ou Compote)

⑮ 치즈(Cheese – Fromage)

⑯ 식후 음료(Beverage – Boisson)

⑰ 식후 생과자(Pralines – Friandises)

위와 같은 많은 순서가 근래에 와서는 다음과 같은 순서로 사용되고 있다.

① 5 Course(전채→수프→주요리→후식→음료)

② 7 Course(전채→수프→생선→주요리→샐러드→후식→음료)

③ 9 Course(전채→수프→생선→셔벗→주요리→샐러드→후식→음료→식후 생과자)

현재 정식 메뉴만으로는 손님에게 만족을 줄 수 없으며, 정식 메뉴만 하는 식당은 거의 없는 실정이다.

정식 메뉴와 비슷한 "Daily Special Menu"가 있는데 이 메뉴는 매일매일 주방장이 준비해 내오는 메뉴로 고객의 청신한 기호성에 맞추어 양질의 재료, 저

렴한 가격, 때와 장소, 계절에 맞게 짜서 고객에게 매일 변화 있는 메뉴를 제공하는 것이다.

2. 일품요리 메뉴

① 일품요리 메뉴란 식성대로 한 가지씩 자유로이 선택하여 먹을 수 있는 요리의 차림표를 말하는데, 이것을 표준차림표(Standard Menu)라고도 한다.
② 일품요리 메뉴의 시초는 서기 1972년 프랑스 혁명 후 파리에 많은 외국정부의 대표들이 모여 호텔에서 장기간 생활하고 있었는데, 그 당시 호텔에는 정식 메뉴였기 때문에 매일 반복되는 똑같은 메뉴에 권태를 느끼게 데서 유래했다.
③ 이러한 때 친지 또는 친구의 초청을 받아 가정에서 식사를 할 경우에야 자기 식성에 맞는 식사를 할 수 있는 정도였다.
④ 이 무렵 수프를 만들어 파는 음식점이 생겨서, 처음에는 아무렇게나 끓여서 며칠씩 묵은 딱딱한 빵과 같이 판매했다.
⑤ 그런데 이런 음식점이 점차 인기가 높아져 차츰 발달해서 수프에 고기와 야채 등을 넣고 끓여서 대중에게 제공하게 되었다. 그 후 그 명칭이 Restaurant이라 불리게 되었으며, 이것이 일품요리를 만들어 제공하는 시초가 되었다.
⑥ 일품요리 메뉴는 식당에서 주가 되는 차림표로서 그 구성은 가장 전통적인 정식(Classical Formal Dinner) 식사의 순서에 따라 각 순서마다 몇 가지씩 요리 품목을 명시한 것으로 현재 각 식당에서 사용하는 메뉴는 일반적으로 거의 다 일품요리 메뉴이다.

3. 연회 메뉴

① 연회 메뉴란 정식 메뉴와 일품요리 메뉴의 성격을 겸한 메뉴이다.
② 연회를 받기 전에는 연회를 하려는 고객과 상의하여 가격과 질에 따라 다양한 일품요리 메뉴로 고객이 원하는 요리를 골라서 정식 메뉴로 구성하여 연회 시에 사용한다.
③ 연회 메뉴는 커피, 음료, 샌드위치류를 포함한 모든 메뉴가 다 포함된다.

4. 뷔페 메뉴

① 뷔페 메뉴란 각 순서마다 메뉴가 다양하게 구성된 메뉴로서 어느 일정액을 지불하면 여러 가지 요리를 다 먹을 수가 있다.

② 여기에는 샌드위치류나 샐러드류 등으로 뷔페를 하는 경우가 있다.

③ 한식, 양식, 중식, 일식 등 다 함께 하는 뷔페 메뉴가 있다.

④ 뷔페에는 두 가지 형태가 있다.

- **Open Buffet** : 이것은 일정한 인원이 정해져 있지는 않는 불특정다수를 위한 것으로 일정액의 요금을 지불하면 마음껏 먹을 수 있도록 하는 것을 말한다. 호텔의 뷔페 식당이 그 한 예이다.
- **Close Buffet** : 이것은 정해진 금액과 정해진 인원에 맞추어 제공되는 것으로서, 연회장에서 연회 시에 사용하는 뷔페가 그 예이다.

⑤ 뷔페는 바이킹 뷔페 → 고기 뷔페 → 인터내셔널 뷔페 → 씨푸드 뷔페 → 샐러드 뷔페 → 한식 뷔페로 발전해오고 있다.

Section 2 하루 시간대별 분류

1. 아침식사 메뉴(Breakfast Menu)

아침에 들 수 있는 요리로서 계란요리로부터 주스류, 빵, 과일 등 여러 가지로 꾸밀 수 있으며, 다음과 같은 종류가 있다.

① American Breakfast(미국식 조식)

- Juice or fruit → Cereal → Egg with(Ham, Sausage, Bacon) → Toast Bread → Beverage

② Continental Breakfast(유럽식 조식)

- Juice → Toast Bread → Beverage

③ Vienna Breakfast(비엔나 조식)

- Sweet Roll or Damish Pastry → Soft Boiled Egg → Coffee or Milk

④ English Breakfast(영국식 조식)

- Juice → Cereal → Fish → Egg → Toast Bread → Beverage

2. 브런치 메뉴(Brunch Menu)

브런치는 아침과 점심의 합성어로 공휴일이나 일요일에 늦게 일어난 사람들에게 아침 겸 점심을 먹는 습관에서 출발하여 생긴 메뉴로서 아침 메뉴와 점심 메뉴가 혼합되어 있는데, 여기에는 Set Buffet Menu가 많이 사용된다. 또한 일부 브런치 메뉴는 전통적으로 아침식사로 인기 있는 음식으로 마련하지만 다른 메뉴에서는 과일, 빵, 달걀, 육류 등 다양하게 차리기도 한다.

3. 점심 메뉴(Lunch Menu)

정오에 먹는 식사로 저녁식사보다 간단하고 코스도 적을 뿐만 아니라 가벼운 주요 순서로 되어 있다. 과일주스, 샐러드, 샌드위치, 빵 등 영양이 충분한 것으로 만족한다.

4. 저녁 메뉴(Dinner Menu)

저녁 메뉴는 다양할 뿐만 아니라 가격 면에서도 더 비싸다. 특히 Buffet Menu에서는 저녁 메뉴가 종류도 보다 다양하고 더 고급요리가 차려진다.

5. 스낵 메뉴(Snack Menu)

아침과 저심, 점심과 저녁 사이의 시간에 간단히 먹는 메뉴로서 샐러드, 요구르트, 아이스크림, 치즈, 케이크류에서부터 소시지, 샌드위치, 커피, 차 등이 포함되어 있다.

6. 심야정찬 메뉴(Midnight Supper Menu)

보통 축제행사가 있는 늦은 저녁에 먹는 보통 4~6가지 순서로 짜는 메뉴이다. 이때의 음식은 항상 질이 우수하고 소화가 쉽게 되는 것으로 주의 깊게 짜는 게 보통이다.

Section 3 특별식 및 행사별 분류

1. 축제 메뉴(Gala & Festival Menu)

축제일이나 어느 지방 또는 어느 나라의 특별한 날짜를 기념하기 위하여 만든 메뉴로서 특별한 경우이기 때문에 특히 주의하여 메뉴를 작성하여야 한다. 한 예로 추수감사절이나 성탄절에는 칠면조 요리나 호박 파이 등을 반드시 메뉴에 넣어야만 한다.

2. 오늘의 특별 메뉴(Daily Special Menu)

주방장이 당일에 고객의 취향도 맞추고 매일 신선한 재료를 사용함으로써 변화 있는 메뉴를 구성하여 고객의 기호성을 살릴 수 있는 메뉴를 말한다.

3. 계절 메뉴(Seasonal Menu)

성숙기인 계절의 재료를 선정하여 1주에서 길게는 2~3개월까지 쓰는 메뉴로서 대체로 딸기, 버섯, 사과, 아이스크림, 연어, 샐러드 등을 선정하여 만든 메뉴를 말한다.

4. 경식 메뉴(Light Menu)

단식한 사람들이나 비만증인 사람들을 위해서 만든 메뉴이다. 생선, 달걀, 우유, 치즈, 과일, 주스 등을 사용하여 만든 메뉴인데 일반적으로 육류는 사용하지 않는다.

5. 건강식 메뉴(Health Food Menu)

환자나 건강을 필요로 하는 사람들을 대상으로 해서 만든 스태미나 식품의 요리로 구성된 메뉴로서 육류, 생선, 아스파라거스 등 특히 고단백 식품으로 구성된다.

6. 채식 메뉴(Vegetarian Menu)

육류나 생선을 제외한 야채를 주재료로 하며, 달걀과 우유 등은 일부 경우에만 제한적으로 사용된다. 현재 채식성을 원하는 고객들이 많아짐에 따라 일부 호텔에는 일품요리의 메뉴에 채식 메뉴를 포함하기도 한다.

Section 4 식당별 분류

1. 프랑스 식당 메뉴(French Restaurant Menu)

프랑스 요리만을 메뉴로 해서 만든 것으로 가격도 비싸고 질도 우수하며 전통이 있다. 거의 메뉴를 프랑스어로 표기하고 있으며, 메뉴도 다양한 편이다.

2. 커피숍 메뉴(Coffee Shop Menu)

주로 가벼운 식사와 아이스크림, 주스, 커피, 차, 케이크, 파이, 과일 등을 엮어서 만든 메뉴로서 각 호텔마다 조금씩 다르다.

3. 객실 손님을 위한 메뉴(Room Service Menu)

방에서 식사할 수 있는 메뉴로서 아주 다양하게 짜여 있으며 아침요리 메뉴부터 고급요리 메뉴까지 잘 구성되어 있다. 가격적인 면에서 보면 일반식당보다 10~15% 정도 비싸다.

4. 기 타

Korean, Japanese, Chinese, Italian India, Thai, Buffet 등 무한히 많다.

Chaper 3 메뉴의 계획

Chapter 3 메뉴의 계획

Section 1 메뉴 계획의 기본원리

메뉴의 계획은 각종 요리와 그 기본 조리법이나 서비스 방법에 대한 해박한 지식이 요구되는 과학인 동시에 예술이다. 즉, 음식의 영양가에 대한 이해와 음식의 복합구성에 심미안적인 감각을 지녀야 한다.

메뉴 계획의 기본원리는 다음과 같이 세 가지를 들 수 있다.

1. 미시적 측면(Gastronomic Aspects)

메뉴는 단편적으로 짜기보다는 전체적으로 조화 있게 짜서 음식의 색상이나 재료 질감 등이 다양성 있게 배합되도록 계획하여야 한다.

2. 경제적 측면(Economic Aspects)

① 메뉴를 계획할 때에는 비용을 전혀 생각지 않고 짜서는 안 된다.
② 식당과 고객의 수준에 맞도록 계획되어야 한다.

그림 3-1 메뉴 계획의 기본원리

③ 고객에게 부담이 덜 되어야 한다.
④ 주방 쪽에서도 원가에 맞게 계획해야 한다.

3. 실제적 측면(Practical Aspects)

식당, 주방, 설비, 인원 등을 고려하여 정해진 시간대에 음식을 조리하여 낼 수 있는지, 서비스 형태에 맞는 메뉴인지 등을 판단해 메뉴를 계획하여야 한다.

Section 2 메뉴의 기획수립

1. 사업목표에 따른 정보 이용

(1) 소비자 정보

① 고객 정보를 먼저 파악해야 한다.
② 서민층, 중산층, 상류층을 파악해야 한다.
③ 직업별, 종교별, 연령별 등을 파악해야 한다.

(2) 지리적 여건

① 교통의 편리성을 파악해야 한다.
② 주택가나 상업지역 등 업무지역을 파악해야 한다.

사업목표에 따른 정보 이용	→	1. 소비자 정보 2. 지리적 여건 3. 원가 정보 4. 노동시장 정보
사업목표 설정	→	1. 업종업태에 따른 메뉴 2. 분위기 → Formal or Informal 3. 연령층 4. 기대수익 → 아침, 점심, 저녁 5. 식료대 음료의 비율

그림 3-2 메뉴의 기획수립

(3) 원가 정보

① 식재료 원가 구입에 용이성을 파악해야 한다.
② 업장 임대료를 파악해야 한다.

(4) 노동시장 정보

① 고기능 종사원 채용에 대한 용이성을 파악해야 한다.
② 아르바이트나 일용직 등 채용의 용이성을 파악해야 한다.

2. 사업목표 설정

(1) 업무·업태에 따른 메뉴

① 한식, 양식, 일식, 중식 등 업무별 구문이 명확해야 한다.
② 뷔페식, 한정식, 간편식, 패스트푸드식 등의 운영체제를 각 업체별로 명확하게 파악해야 한다.
③ 메뉴 구성을 명확하게 해야 한다.

(2) 분위기

- Formal → 안정된 분위기, 목표로 삼는 분위기가 나이 든 사람 위주의 분위기인지 먼저 파악해야 한다.
- Informal → 활기찬 분위기, 목표로 삼는 분위기가 젊은 연령대 소비자 위주의 분위기인지 파악해야 한다.

(3) 연령층

- 10대, 20대, 30대, 40대, 50대 등 어느 연령층에 포커스(focus)를 맞출 것인지 파악해야 한다.

(4) 기대수익

- 아침·점심·저녁 중에서 어느 시간대를 중심으로 영업을 전개할 것인지 파악해야 한다.

(5) 식료 대 음료의 비율

- 식사 중심의 식당인지, 음료 중심의 식당인지 명확하게 해야 할 필요가 있다(예 : 90:10, 80:20).

Section 3 메뉴 계획의 5C

5C	내 용
CONVENIENCE(편리성)	먹기, 만들기 식재료 구입하는 것이 편리한지 먼저 파악해야 한다.
CASUAL(간편성)	구매, 먹기, 만들기 유통하기가 간편한지를 파악해야 한다.
COMFORT(안정성)	위생체계에 대한 안전성이나 위험에 대한 한정성 등을 파악해야 한다.
CLEANLINESS(청결성)	청결하고 위생적인 체계가 유지 가능한지를 파악해야 한다.
CARE(배려)	고객들로 하여금 가격이나 서비스 등 고객입장에서 생각을 하여야 한다.

Section 4 메뉴 계획 시 고려사항

1. 영업장의 형태

① 영업장의 형태는 메뉴 계획에 있어서 제일 먼저 고려되어야 할 사항이다.

② Snack, Coffee Shop, 프랑스 식당, 이탈리아 식당 등 그 식당에 맞는 메뉴여야 하기 때문이다.

2. 고객의 욕구

① 메뉴는 음식을 먹는 고객에게 초점을 맞추어야 한다.

② 고객의 만족감을 충족시키기 위해서는 이용 고객층에 대하여 연령, 성별, 직업, 경제 상태 등을 파악하여 알아두어야 한다. 왜냐하면 이러한 요소들이 고객이 어떠한 음식을 좋아할 것인가를 판단해주기 때문이다.

③ 음식의 습관과 선호 경향은 때때로 가족의 전통과 식습관, 윤리적 배경, 지역적인 선호도와 종교적인 전통에 의해 제한을 받는다. 미국인이나 독일인을 위한 메뉴 계획이 다르며 그들의 국민적 조리방법과 양념은 그들의 입맛에 맞아야 한다.

3. 영양적 요소

메뉴 계획에서 적용되는 영양적인 요소는 모든 사람들의 생활 수준에 따라 다르며, 대사과정도 개인의 연령·성별·활동성에 따라 열량 요구량도 다르기 때문에 고려해야 한다.

4. 설비 시설

① 설비·시설은 메뉴 계획을 할 때 크게 영향을 미친다.
② 공간의 크기와 장비의 종류와 수용능력은 조리사의 수와 음식의 수를 결정해 준다.
③ 메뉴 계획은 장비의 이용과 장비의 수에 따라 작업부담을 덜어 줄 수 있는 선에서 계획되어야 한다.

5. 조리 인원

① 메뉴 계획 시에 조리인원은 고용인의 수와 그들의 기술과 능력 및 노동시간을 조절하는 중요한 요소가 된다.
② 한두 명의 조리사를 고용하는 곳의 메뉴는 간단하여야 하며, 그렇게 함으로써 고객의 입장에서는 선택의 제한을 받는 단점이 있다. 반면, 많은 조리사를 고용하는 곳에서는 메뉴의 수를 늘릴 수 있다.
③ 고급조리사와 보통조리사의 비율도 메뉴 계획에 많은 영향을 준다.

6. 음식의 다양성

① 메뉴의 다양성은 음식 품목뿐만 아니라 색깔과 형태 그리고 음식의 종류와 조리방법에 따라서도 이루어진다.
② 조리의 기본적인 형태는 단일 메뉴만이 아니라 조리법에 다라 달라질 수도 있고 매일 달리 준비할 수도 있으므로 메뉴의 다양성을 잘 고려해야만 한다. 예를 들어 감자의 경우는 통째로 하거나 입장체나 삼각체로 썰든지 하여 다양한 모양으로 삶거나 튀기거나 볶는 등 여러 가지 조리방법으로 조리한다.

7. 풍미의 조화

① 풍미의 조화는 음식의 맛에 영향을 주는 가장 중요한 요소이다.

② 여러 종류의 풍미는 서로 보완해 주고 맛을 더욱 가미시켜 주지만 동시에 향과 제철의 수확기를 고려해야 한다.

③ 양념류나 향료 등을 수반하는 물질은 다른 고기와 조화되며, 어떤 조화는 전통적인 면도 있기 때문이다.

8. 계절성

① 계절에 따라 특정 음식의 선호도가 영향을 받기 때문에 음식의 이용가능성은 계절과 함께 변하게 된다.

② 식재료의 성수기에 따라 메뉴를 달리할 수 있으나, 한편 유통 및 수송 구조의 발달에 따라 제철이 아닌 음식으로 메뉴에 활력을 불어넣어줄 수 있으므로 여러 가지로 고려해야 한다.

9. 예 산

① 예산은 수입금액과 예상수입에 따라 식재료 구매에 사용한다.

② 잠정 수입의 주급원인 음식판매가는 인건비와 운영비 모두 포함되어야 한다.

③ 메뉴는 설정된 음식원가비율에 따라서 계획되어야 하고 이 비율을 유지하기 위해서는 매일의 음식 원가를 계산하고 표준화된 조리법에 의하여 조리하여야 한다.

④ 원재료와 일인분의 원가를 파악하여 원가변동에 따라 메뉴 선택과 가격을 조정할 필요가 있으므로 항상 이 점에 주의해야 한다.

10. 메뉴의 용어

메뉴의 철자규칙은 다음과 같은 법칙에 따라야만 한다.

국제 메뉴 용어에서는 명사의 첫 글자와 추상명사는 대문자로 써야 하는데, 이는 어떠한 경우에도 변화하지 않는 원칙이다.

① 프랑스 메뉴에서는 줄의 첫 문자를 제외하고는 모든 단어는 소문자로 쓴다. 단, 고유명사, 추상명사, 지역 이름은 명사로 사용될 때만 대문자로 쓴다.

[예] Entrecôte Café de Paris(장소명), Coupe Melba(고유명사)

② 러시아 메뉴 고유명사의 철자에서 일반적으로 'OV' 나 'OF' 로 끝나는 어미의 단어는 'OFF' 로 끝낸다.

[예] Steroganoff Demidoff

③ 영어 메뉴에서는 고유명사나 지역 명칭을 제외하고 모든 것을 소문자로 쓴다.

[예] Swiss Cheese, Peter the Great

④ 고유명사에서 파생된 모든 형용사들은 대문자로 쓴다.

[예] French dressing

⑤ 모든 용어에 적용되는 규칙

- **국적** : 메뉴명은 관련된 나라의 언어로 쓰는 것이 원칙이며 국제적인 식당에서는 프랑스어로 표기를 하는데 근래에 와서는 세계 공통어인 영어로 많이 표기한다.
- **메뉴의 표기** : 메뉴의 배치와 철자는 오류가 없어야 하며 단어는 대칭적으로 써야 되고 새로운 줄은 왼편의 빈칸에서부터 시작한다.
- **새로운 줄** : 일반적으로 첫줄의 첫 글자는 대문자나 요리이름이 긴 내용이어서 다른 새로운 줄까지 사용할 때에는 예외이다.
- **메뉴의 단수 표기** : 메뉴는 거의 고객 1인을 기준으로 하여 작성·표기한다.
- **1인분의 양** : 만일 손님에게 음식의 한 조각만 제공되는 경우는 단수로 표기해야 되고, 음식이 최소한 두 조각 이상 각 손님에게 제공되는 경우라면 복수로 표기하여야 한다.
- **각각 코스의 분리** : 각각의 코스는 줄이나 칸을 명확하게 분리시킨다.

- **줄 끝에서 나누어지는 설명** : 부가적으로 서술하는 어휘는 줄 끝에서 줄을 바꾸지 말고 계속 써 준다.
- **축약** : 메뉴의 본문에서 축약표기를 해서는 안 된다.
- **고유명사** : 전통적인 요리 이름인 고유명사는 해석하지 않도록 하고 설명에 사용하는 'à la' 나 'Style' 의 형태로도 사용하지 않는다.
- **이중서술** : 요리의 기본명에 음식의 설명이 포함되어 있다면 그것을 다시 반복 묘사할 필요는 없다.

11. 메뉴의 구성

① 메뉴의 구성은 메뉴판의 디자인이라고 간추려 말할 수 있는 것으로, 고객이 첫인상을 받으며 메뉴를 읽기 전에 전체적으로 보는 요소이다. 따라서 전체적인 구성을 잘 해야함은 물론, 그 메뉴의 구성이 그 식당을 상징하는 표본이 될 수 있도록 고려해야 한다.

② 메뉴를 구성할 때 메뉴의 순서는 음식이 주문되고 소비되는 차례에 따라 나열되어야 한다.

③ 메뉴의 순서 변경은 가능하고 때로는 권장되기도 하지만, 일반 규칙을 무리하게 어길 필요는 없다.

④ 최근 메뉴 양식이 간소화되고 메뉴 선택의 수가 감소되는 경향이 있다.

⑤ 사려깊은 고객은 음식의 순서를 과도하게 요구하지 않는다.

⑥ 보통 4~8가지 정도로 메뉴를 구성하며, 이 정도가 과도하게 다양한 메뉴보다 조리하는 데도 좋다.

⑦ 다양한 순서의 메뉴이든 간단한 순서의 메뉴이든 관계 없이 메뉴판에 깨끗한 양식으로 정돈하여 고객이 쉽게 선택할 수 있게 작성해야 한다.

⑧ 영업장마다 메뉴 형식이 다르지만 형식에 관계없이 메뉴를 구성하는 데는 기본이 되는 원칙이 있다.

12. 메뉴 구성 원칙

① 메뉴판은 얼룩이 지지 않는 견고한 종이를 사용해야 한다.

② 메뉴판의 크기는 테이블에서 쉽게 다룰 수 있는 크기여야 한다.

③ 메뉴를 쉽게 읽을 수 있도록 적당한 공간과 여분을 두어 형태를 단순화한다.
④ 활자의 종류와 크기는 읽기 쉬워야 한다.
⑤ 음식의 종류는 주문된 순서로 혹은 고전적인 순서로 기재되어야 한다.
⑥ 메뉴의 특별요리는 굵은 활자체, 천연색 활자, 밑줄 긋기 혹은 색이 있는 스티커나 추가조항을 붙여 이용한다.
⑦ 메뉴 품목의 설명은 음식품목의 시각적 영상을 활용하여 명확하고 흥미를 줄 수 있도록 구성하며, 잘못된 전문용어와 안내는 피해야 한다.
⑧ 문법, 철자, 가격 그리고 모든 안내는 정확해야 한다.
⑨ 메뉴는 얼룩이 없도록 깨끗하게 정정한 것이나 다른 표시가 없어야 한다.
⑩ 영업장의 이름, 주소, 전화번호, 서비스 시간 등을 메뉴에 기재해야 한다.
⑪ 매일매일 바뀌는 특별요리의 메뉴는 그 붙이는 난에 핀을 달아 놓거나 스티커를 붙이는 형식으로 눈에 잘 띄게 한다.

13. 메뉴의 장기 계획

① 메뉴를 계획할 때는 단순하게 계획하는 것이 아닌 장기적인 안목에서 고려해야 한다.
② 메뉴는 한 번 바꿀 때마다 비용이 많이 들 뿐만 아니라 잘못된 메뉴로 인해 경영에 막대한 지장을 초래하는 결과도 생기게 되므로 장기적인 계획을 세워야 한다.
③ 한 예로 Daily Special Menu가 손님에게 인기 있는 메뉴가 되면, 두서너 번 다시 권유해 보아 계속 호응이 좋으면 메모해 두었다가 메뉴를 바꿀 때 새로운 메뉴에 삽입하는 것도 좋은 방법 중의 하나이다.

Chaper 4

메뉴 계획의 모형

Chapter 4 메뉴 계획의 모형

Section 1 메뉴 계획 모형의 종류

1. 쉐징(Schaetzing)의 메뉴 계획 모형

① 메뉴 계획에 있어서 고려할 사항들이 많지만 어떠한 관점에서 보느냐가 무엇보다도 중요하다.
② 고객 중심이냐, 경영자 중심이냐, 관리자 중심이냐 등이 중요하다.
③ 외적사항과 내적사항 중 어떤 측면에 중점을 두느냐가 중요하다.
④ 결론적으로는 고객이 만족과 기업의 이윤추구가 동시에 만족할 수 있어야 한다.

쉐징은 메뉴에 영향을 주는 요소로 식당형태, 서비스 종류, 종업원의 교육수준을 결산 등이 있다. 이 세부적인 요소는 표와 같이 주방 크기와 시설, 재료시설, 고객 수, 좌석 수, 식당 분위기 등 14가지 요소들을 제시했다.

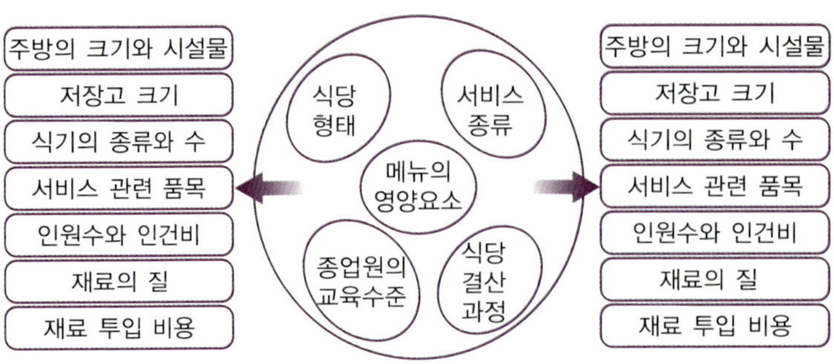

그림 4-1 쉐징의 모형

자료 : Schaetzing(1992), Management in Hotellerie & Gastronomie, 4, Auflage, Deutscher Fachveriage, p.67.

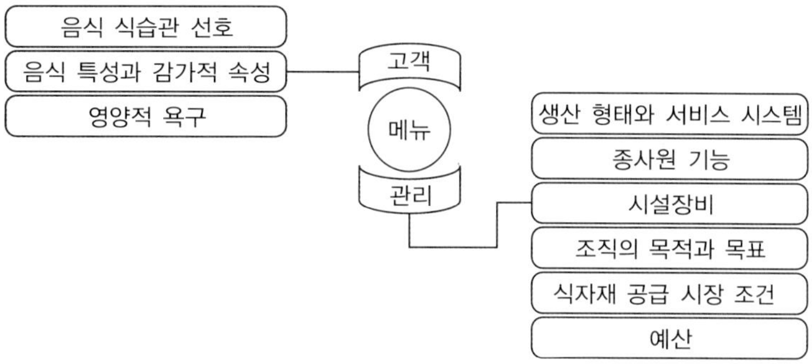

그림 4-2 칸의 모형
자료 : MahmoodKhan(1991), Concepts of food Service Operations and Management, 2md ed., VNR, p.41.

2. 칸(Mahmood Khan)의 메뉴 계획 모형

① 칸은 메뉴에 영향을 주는 요소로는 크게 고객 측면과 관계 측면으로 분류해 보았다.

② 고객 측면에서는 음식의 특성과 감각적 특성, 음식의 식습관 선호, 영양적 욕구 등에서 보았다.

③ 관계 측면에서는 조식의 목적과 목표, 생산형태와 서비스 시스템, 식재료 공급 시장조건, 종사원 기능, 예산, 시설장비 등을 제시했다.

3. 나인마이어(Ninemeier)의 메뉴 계획 모형

① 나인마이어는 메뉴에 영향을 주는 요소로 고객 원가 식재료 구입 가능성 최대 생산과 운영관계, 조리기구 목적, 레이아웃 물체를 제시했다.

② 고객 측면은 요구가치, 가격, 측성, 목적, 사회 경제적 요인 인구통계학적 관계, 종교적 요인, 인종적 요인 등을 제시했다.

③ 품질 측면은 맛, 일관성, 구조 형태와 종류 영업적 배려, 시각적 매력, 향기매력 등을 제시하였다.

④ 나인마이어는 또한 마케팅 측면을 강조했다.

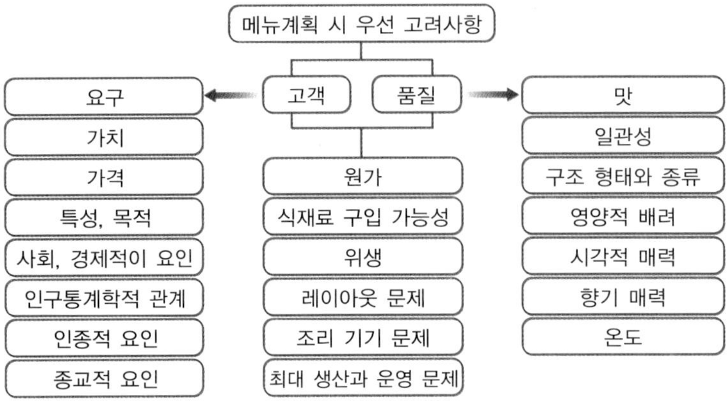

그림 4-3 나인마이어의 모형

자료 : Ninemeier, Jack D(1984), princioles of food and Beverage Operation, AH&MA, p.115.

4. 크렉(Kreck)의 메뉴 계획 모형

① 크렉은 메뉴의 영향을 주는 요소로 투입과정산출의 시스템으로 구성했다.

② 투입 요소는 가격 수준, 종업원의 기능, 장식, 주방의 시설과 기기, 때, 식재료 공급 가능성 등을 제시했다.

③ 과정 요소는 정치적·경제적·사회적 요입에 대해서 변환을 제시했다.

④ 산출과정은 고객 만족과 조직 목표 달성으로 제시했다.

⑤ 산출된 메뉴와 표준 메뉴를 비교하여 개선할 사항은 피드백하는 진보된 모형이다.

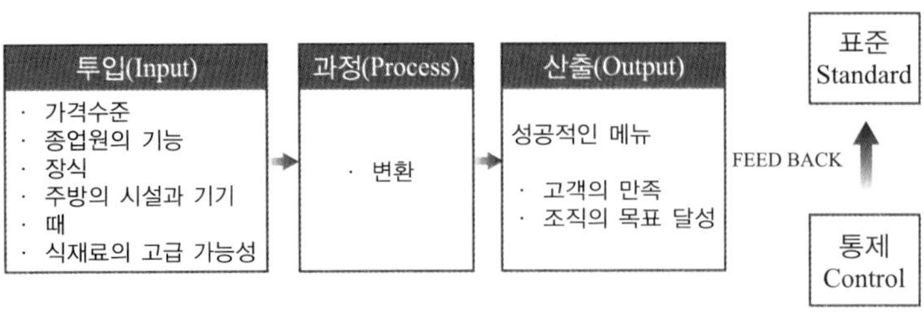

그림 4-4 크렉의 완전한 메뉴 계획 모형

자료 : Lothar A, Kreck menu: Analysis and Plannning 2nd, CBI Book, 1984.

5. 메뉴 계획 모형별 특징

제시자	내 용
쉐징	• 메뉴 영향 요소를 항목별로 제시 • 식당과 서비스, 그리고 종업원으로 나눠 제시
칸	• 고객과 관계 측면을 동시에 수행 • 고객의 과정을 보다 구체적으로 함
나인마이어	• 고객 측면과 품질 측면을 구분해 강조 • 고려사항을 세분화하고 구체화함 • 마케팅 측면 강조
크렉	• 투입 과정, 산출로 시스템적 접근 • 성공적인 메뉴를 고려하여 제시 • 피드백하여 안전한 메뉴 제시

Section 2 메뉴 개발

1. 메뉴 개발의 정의

① 외식산업 성공과 직결되는 방법으로 메뉴 기획이나 메뉴계획, 그리고 메뉴개발로 이어지는 시스템적 접근법이 있다.
② 지역에 맞는 고객에 대한 업종, 업태의 메뉴 콘셉트(concept) 설정이 가장 중요하다.
③ 정치·경제·사회·문화현상에 따라 변해가는 고객의 취향에 맞게 개발이 이루어져야 한다.

2. 메뉴 개발의 필요성

(1) 수요창출의 목적

① 수요창출
② 매출증대
③ 신규고객 창출

신규고객 창출과 반복고객에 대한 배려로 고객의 수요를 늘려 매출증대에 필요성이 대두된다. 이에 관한 세부사항은 아래와 같다.

Check point

수요 창출 → 매출 증대 → 신규고객 창출

① 식당에 대한 소비자의 이용 빈도, 재고 목적
② 세분시장의 개척 및 확대 목적
③ 시장점유율 개선 목적
④ 품격이나 지명도 재고 목적
⑤ 식당의 고유성 확립 목적

3. 공헌이익증대 목적

아래 표 4-1과 같이 라면을 팔 것인가(원가 중심), 불고기를 팔 것인가(공헌이익 중심) 등을 볼 때 라면을 팔면 원가는 20%로 이상적이지만 돈은 2400원이 남는다. 불고기는 원가가 50%이지만 5000원이 남기 때문에 경영자 쪽에서는 5000원의 이익이 중점으로 둔다는 것이다.

표 4-1 공헌이익 증대 목적

품목	원가	판매가	이익금	원가(%)
라면	600원	3000원	2400원	20%
불고기	5000원	10000원	5000원	50%

4. 메뉴 개발 원칙

① 메뉴에는 부정확성이 발생할 수 있다.
② 이러한 부정확성은 고객을 속이려는 의도가 아니며, 산업용어(Industry terminology)의 장기적인 이용으로 발생한다.
③ '나와 있는 것 그대로 제공한다는 것(What you read is what you get)'은 메뉴 작성에 있어서 원칙이다.
④ 시적인 표현은 메뉴 작성에 있어 허용되지 않는다.
⑤ 기본적이면서 간단하고 정직한 원고이어야 한다.

⑥ 메뉴는 음식서비스업체와 소비자 사이의 계약을 의미하는 일종의 카탈로그이다.
⑦ 음식장비의 제조업자들은 자신의 카탈로그 음식에 대한 세부사항을 기록한다.
⑧ 장비를 구입하여 보면 알 수 있고, 생각했던 것과 다르거나 기록되어 있는 사항과 다르면 반품시킬 수 있도록 하고 있다.
⑨ 음식 서비스 소비자도 마찬가지이다.
⑩ 카탈로그(catalogue, 메뉴 목록)의 개별항목에 관한 세부적인 것들을 읽고, 제시되어 있는 것과 같이 조리되어 제공되지 않을 경우에는 거절할 수 있다.
⑪ 메뉴에 어떠한 조치가 필요하다면, 메뉴를 정직한 카탈로그나 믿을 수 있는 계약서로 만들 필요가 있다.
⑫ 소비자 만족과 정부개입 방지는 메뉴의 신뢰성에 따라 달라진다.
⑬ 쓰인 것이나 말을 한 것이나 상품, 송장, 라벨(label)로 실체화되어야 한다는 것을 주의하여야 한다.

(1) 양

① 적당한 운영 절차들은 양에 있어서 발생할 문제들을 사전에 방지하여 준다.
② 스테이크는 무게로 상품화되는데, 일반적인 관행은 조리되기 이전에 무게로 표시하는 것이다
③ 더블 마티니는 보통 크기의 두 배이다.
④ 점보 달걀이라고 기록되었다면, 이 용어들은 정확한 것이다.
⑤ 쁘띠뜨와 슈퍼컬로슬은 올리브에 대한 크기를 나타낸다.
⑥ 엑스트라 라지 샐러드나 엑스트라 톨 드링크와 같은 용어를 사용할 때, 이러한 용어가 제대로 지켜지지 않을 경우에는 문제가 발생한다.
⑦ 그러나 3개의 계란 오믈렛이나 먹을 수 있을 만큼의 양이라고 기록되어 있는 것은 별 문제가 되지 않는다.
⑧ 수프볼(Soup bowl)은 컵보다 더 많은 양의 수프를 담을 수도 있기 때문에 주의해야 한다.
⑨ 두 용어들이 내포하는 의미를 주의해야 한다.

(2) 품 질

① 메뉴에서 표시되는 품질도 정확하여야 한다.
② 제주산 옥돔이라고 메뉴에 표시하고는 수입산 도미를 제공하는 경우도 이러한 원칙을 위반한 예라고 할 수 있다.
③ 미국에서는 육류, 가금류, 알류, 낙농품류, 과일류, 야채류를 포함한 음식 서비스업체의 상품에 대해 품질 등급을 적용하고 있다.
④ 등급을 나타내기 위해 사용되는 전문용어는 프라임, A등급, Good, No.1, Choice, Pansy, AA등급, 엑스트라 스탠더드(standard)이다.
⑤ 이러한 용어로 메뉴 기술서를 준비하는 데는 주의가 필요하다. 어떤 경우에 이것들이 이용은 어떤 표준을 의미할 수도 있기 때문이다.
⑥ 초이스(choice) 설로인비프(sirloin beef)로 설명된 음식은 미 농부성의 초이스(choice) 등급의 설로인(sirloin)을 의미한다.
⑦ 프라임립(Prime Lib)이라는 용어는 그러하지 않을 수도 있다. 프라임립은 한 개의 소뼈(6번째에서 12번째 립들 중 하나)로 받아들여지기 때문이다.
⑧ 미 농무성은 그라운드비프(ground beef) 경우에 초가지방함유물이나 첨가제 또는 접합제를 허용하지 않고 있다.
⑨ 지방함유량은 30%로 제한하고 있다.
⑩ 조미료는 규정된 양만 첨가될 수 있다.
⑪ 이러한 요구조건들은 미연방 또는 주 검역소에서 만들어지고 포장된 상품들에 대해서 적용하고 있다

(3) 가 격

① 가격 결정에 봉사료가 포함된다면 고객들에게 알려야 한다.
② 추가요금이 흰살 고기 요리나 얼음이 없는 음료와 같은 요구들로부터 생긴 금액이라면 주문 시에 고객에게 말해 주어야 한다.
③ 쿠폰 또는 프리미엄을 촉진도구로 이용할 경우에는 제한을 분명히 해야 한다.
④ 가격촉진이 여러 단위로 행해진다면 해당단위가 분명히 명시되어야 한다.
⑤ 모든 메뉴는 메뉴 음식의 총 가격을 정확히 나타내어야 한다.

(4) 브랜드명

① 광고하는 상품의 브랜드(brand, 상표)는 제공할 수 있는 것이어야 한다.

② 상표권을 얻은 트레이드마크(trademark)와 브랜드명은 상품에 관해 설명하기 위하여 일반적으로 사용되어야 한다.
③ 코카콜라를 광고한 후에 다른 콜라드 링크를 제공하지 말아야 한다.
④ 한 상품에 대한 자신의 하우스브랜드는 자신의 명세서로 제조되는 한, 그것이 다른 곳에서 만들어지더라도 자신의 하우스브랜드 라벨(House Brand Label)이 붙여질 수도 있다.
⑤ 식탁에 비치된 조미료와 소스의 컨테이너 라벨(Container Label)에서 표시하는 상품을 담아야 한다.
⑥ 브랜드명 레스토랑 상품들은 코카콜라, 7-업, 스위프트 수프리움햄, 스타키스트투너, 젤오, 헤인즈 토마토 케찹, 크라프트치즈, 리쯔 크래커, 미러클위프 등이다.

(5) 식 별

① 음식들의 유사성 때문에 대용품은 원래의 식재료가 배달 또는 구매될 수 없는 상황이거나, 상품화를 위해서 혹은 가격 요인들로 인하여 종종 필요하다.
② 대용품이 사용될 경우, 그 변화는 메뉴에도 반영되어야 한다.
③ 예를 들어 단풍당밀과 단풍향당밀, 빌 커틀릿(cutlet)과 촙드(chopped)와 쉐이프드 빌페티, 아이스밀크와 아이스크림, 그라운드비프(Ground Beef)와 그라운드 설로인오브비프(Ground Sirloin of Beep), 위프드토핑(Whipped Topping)과 휘프드크림(Whipped Cream), 칠면조와 닭, 크림과 하프앤 하프(Harf and Harf), 논데어리크리머(Non-dairy creamer)와 크림, 로크포드치즈(Roquefort Cheese)와 블루치즈, 마요네즈와 샐러드 드레싱이 이런 식으로 대치되었을 경우 이러한 변화가 메뉴에 반영되어야 한다.

(6) 원산지

① 오류 가능성은 원산지에 관한 설명에서도 발생할 수 있다.
② 아이다호(Idaho)산 감자, 메인(Maine)산 랍스터, 베이(Bay)산 스콜럽, 걸프(culf)산 새우, 플로리다산 오렌지 주스, 위스콘신산 치즈, 콜러라도강 산 송어, 알라스카산의 왕게, 콜러라도산 쇠고기 등은 원산지를 중요시 하는 품목들 중 하나이다.
③ 원산지 지명은 조리방법 또는 제시방법을 나타내기 위해 속명으로 사용된다.

④ 용어는 쉽게 이해될 수 있고 고객들이 받아들일 수 있는 것으로 사용되어야 한다.

⑤ 프렌치토스트(French toast), 댄버샌드위치(Denver sandwich), 프렌치 프라이스(French fries), 저먼포테이토 샐러드(Germanpotato salad), 러시안 드레싱, 잉글리시 머핀, 맨해튼 클램 차우더(Manhattan clam chowder)가 대표적이다.

(7) 선 전

① 옳고 그름을 구분하는 데 어려운 부분은 선전문구의 이용이다. "가장 훌륭한 소고기만을 취급한다"는 미국농무성의 등급인 프라임 비프(Prime Beef)가 사용되었다는 것을 의미한다.

② 마일하이파이를 광고하는 것은 고객이 머랭(meringue)이나 이것들과 유사한 플러피토핑(Fluffy Topping)을 얹은 파이를 기대하게 한다. 그러나 발의 길이 정도가 되는 핫도그(hot dog)를 판매한다고 광고한 후에 그보다 작은 것을 제공하는 것은 고객을 기만하는 행위이다.

③ 실수는 스테이크 컷을 나타낼 때에도 발생할 수 있다. 미국육류납품업자협회(National Association of Meat Purveyors)의 육류구매안내에서 제공하는 산업표준들을 이용해야 한다.

④ 홈스타일, 홈메이드스타일, 아우어오운(ourown)은 자신의 양 목표에 따라 준비된 메뉴를 설명하기 위한 전문 용어이다.

⑤ 대부분의 음식서비스 위생법규는 자신의 시설에서 음식의 가공을 금지하고 있다.

⑥ 프레시데얼리, 플로운인데어리, 코셔미트, 에이지드 스테이크, 파이니스트 퀄리티, 오운스페셜소스 그리고 로칼로리(low calorie)와 같은 선전 문구의 사용은 증명될 수 있어야 한다.

(8) 보존방법

① 음식을 보존하는 방법은 캔에 담거나, 차갑게 하거나, 병에 담거나, 냉동하거나, 건조시키는 등의 여러 가지 방법이 있다.

② 용어로 선정된 메뉴 음식을 설명할 경우에는 정확하여야 한다.

③ 냉장한 오렌지 주스가 신선하지 않고, 통조림 캔이 냉동보관되지 않고, 사과 소스 병이 개봉된 채 보관되는 것이 부주의의 대표적인 예이다.

(9) 조리방법

① 조리방법은 고객이 앙트레(Entrée, 전채요리)를 선택하는 데에 결정적인 영향을 미치는 요소이다.

② 조리방식이 숯불구이, 튀김, 훈제, 차콜-브로이드, 디프-프라이드, 스모크드, 스크래치로 조리, 로스티드, 매스키트-그릴드, 그릴드, 바비큐(barbecue)라고 특화시킨다면 쉽게 알아볼 수 있다.

(10) 시각적·구두적 표현

① 메뉴, 벽보, 기타 공고의 식사나 플레이터에 관한 그림이 들어갈 때 그 그림은 실제의 것이여야 한다.

② 시각적으로 잘못된 예는 다음과 같다. → 딸기조각을 사용하면서 쇼트케이크 위에 딸기가 그려진 경우, 여러 개의 가느다란 슬라이스(slice) 조각의 고기가 제공되면서 한 개의 두꺼운 슬라이스 조각의 고기가 그려진 경우, 5개의 새우가 제공되면서 6개의 새우가 그려진 경우, 야채들이나 다른 것들은 제공되지 않는데 음식과 함께 그려진 경우 등이 있다.

③ 서브(serve)하는 직원도 메뉴 음식에 대해 정확히 숙지하고 있어서 설명을 할 수 있어야 한다.

④ 모조품의 사워(sour)크림이나 마가린(margarine)이 제공되면서 직원이 '감자와 함께 사워크림과 버터 중에서 어떤 걸로 하시겠습니까?' 라고 물을 때도 발생한다.

⑤ 사실 밖에서 만들어진 파이를 가지고 와서 팔면서 직접 만들었다고 하는 경우도 잘못된 경우이다.

(11) 규정식 또는 영양가

① 정확성은 규정식 또는 영양가를 표시할 때에 필요하다.

② 무염 또는 무당으로 기록이 된 음식들은, 특정의 규정식을 제한하는 고객들을 보호하기 위해서 정확해야 한다.

③ 고섬유질, 저지방, 저나트륨, 저콜레스테롤 같은 용어를 사용할 때는 주문에 따라 달리 만들어진다.

④ 높고 낮은 양은 조정되어야 한다.

⑤ 저칼로리(low calorie)는 국민영양요구량이나 특수영양요구량을 참고하여 결정되어야 한다.

5. 메뉴 개발의 목표

① 메뉴 개발의 중요한 부분은 목표를 세우는 것이다.

② 경영목표는 일반적으로 대중에게 원하고 있는 것을 반영해야 하고, 고객들에게 음식서비스 업체를 인식시킬 수 있도록 만들어야 한다.

③ 메뉴 개발의 목표는 다음과 같이 결정할 수 있다.

④ 25세부터 35세까지의 소비자 집단에게 일주일 등에서 6일 동안을 두 끼의 한정된 메뉴 식사(점심과 저녁 제공)만 제공하고 점심식사로부터 1/3, 저녁식사로부터 2/3을 소득으로 한다.

⑤ 이러한 소득은 음식 판매로부터 60%, Bar(바) 판매로부터 40%로 한다.

⑥ 이러한 샘플 목표에서 Bar(바) 사업은 중요한 역할을 한다.

⑦ 미국레스토랑협회에 따르면, 음식과 바의 비율은 음식이 80%, 바가 20%이다.

⑧ 목표를 달성하기 위해서 판매는 점심식사보다 저녁식사에 집중해야 된다는 것을 알 수가 있다.

⑨ 식사의 횟수와 음식서비스 업체의 오픈 일자도 이러한 목표에 포함되어야 한다.

⑩ 음식서비스 업체는 식사하는 곳이며, 음식·분위기·서비스로 식사 경험을 제공할 수 있다.

⑪ 음식서비스 업체의 목표는 만족시키고자 하는 욕구가 무엇인지를 나타낼 수 있어야 하고, 유인하려고 하는 세부시장을 분명히 할 수 있어야 한다.

6. 메뉴 개발의 단계

① 메뉴 개발은 일반적으로 위생적인 음식조리 및 판매와 수익성에 바탕을 두고, 레스토랑 콘셉트 설정·메뉴 계획·구매·수령 및 검사·저장·출고·조리·판매·고객반응 분석·수익성 분석의 순서로 행해지며, 판매 분석에 따라 필요한 단계로 환류가 이루어진다.

② 이러한 단계에 비추어 볼 때 메뉴의 분류와 유형이 결정된 이후의 단계는 제공하고자 하는 것에 관한 메뉴 정책을 개발하는 단계이다.

③ 이러한 메뉴 정책은 메뉴 음식의 수와 제공될 음식의 유형들에 관한 확고한 약속이다.

④ 올바른 의사결정을 내리기 위해서는 판매에 대하여 지속적으로 주의 깊은 분석을 할 필요가 있다.
⑤ 판매수치의 변화가 불가피하다면, 메뉴 정책을 올바르게 다시 조정할 필요가 있다.
⑥ 메뉴 정책을 세우기 위해서는 다음과 같은 단계를 거쳐야 한다.

(1) 제공될 메뉴 그룹 분류

정상적으로 메뉴는 6개나 7개 그룹의 메뉴 음식들, 애피타이저(appetizer), 샐러드, 앙트레, 야채, 디저트, 음료 등으로 분류된다.

(2) 메뉴 그룹 내의 음식 분류

① 표준 앙트레로는 보통 9개가 있을 수 있다.
② 이들의 각각에 대한 준비와 제시에 관한 의사결정을 할 필요가 있다.
③ 표준 앙트레는 육류가 아닌 음식 이외에도 쇠고기, 돼지고기, 생선류, 갑각류, 가금류, 양고기, 조류 등으로 이뤄진다.
④ 얼마나 많은 앙트레를 제공할 것인가를 결정하면 선택한 것들을 반영할 수 있도록 메뉴를 만들어야 한다.
⑤ 이러한 분류에서도 쇠고기 앙트레 중 하나는 고형식으로 만들고 하나는 입방형으로 만들 수도 있다.

(3) 세부적 분류

① 2개의 쇠고기, 2개의 생선류, 1개의 가금류, 2개의 송아지 고기로 결정했다면 필레 헌터 스타일(Filet Hunter Style)의 쇠고기와 베어네즈 소스의 스테이크, 게로 속이 채워진 도버 넙치와 아만디네식의 송어, 마사라식의 닭고기, 피카타식의 송아지 고기와 코든블루식의 송아지 고기로 정할 수 있다.
② 이와 같은 것이 정적 메뉴라면 항상 제공되게 한다. 이것이 순환 메뉴의 일부분이라면, 순화과정 중에 있는 한 날짜로 예를 들면 월요일과 같이 특정일을 위한 앙트레가 될 수 있다. 시장 메뉴라면 시장의 이용 가능성에 바탕을 두어야 할 것이다.
③ 이러한 의사결정과정은 모든 그룹의 메뉴 음식에서 이뤄진다. 음식의 유형은 업체마다 다를 수 있으나, 고객과 업체의 조리용이성에 바탕을 두어야 한다.

④ 메뉴 정책을 수행하는 데에 있어 특정 음식그룹들과 이들을 준비하는 여러 가지의 방법들을 기록하는 상품화 개발은 상당한 도움이 된다.
⑤ 이것을 통하여 메뉴에 있는 음식들을 위해 이용될 수 있는 준비방법들에 대한 목록을 개발할 수 있다.
⑥ 코스들 중에서 한 프로젝트는 감자를 위한 상품화 계획을 개발하는 것이다.
⑦ 약 20명의 학생들에게 감자를 제공한다고 했을 경우, 감자요리로 적어도 50가지의 다른 방식이 있기 때문에 상품화표를 만들고 조리방법을 결정하는 것이 중요하다.
⑧ 이런 과정을 통해 똑같은 것들을 똑같은 방식으로 준비하는 것을 피할 수 있게 해 준다.

Section 3 새로운 메뉴 개발

1. 상품 수명 주기

① 외식 경영은 모든 것이 메뉴로부터 시작된다고 할 만큼, 음식서비스업에 있어서 메뉴가 중요한 요소로 작용한다.
② 마케팅 믹스의 요인들 중에서 메뉴 믹스를 제외한 다른 믹스 요인만으로 마케팅 전략은 불가능하다.
③ 마케팅 전략을 세울 때 상당히 중요하게 고려되어야 할 믹스 요인이 상품수명주기다.
④ 메뉴를 효과적으로 개발하여 고객의 만족을 유도하고, 수익의 극대화를 창출시킬 수 있는 토대를 마련하기 위해서는 먼저 상품수명주기단계를 검토한다.
⑤ 메뉴 개발 단계를 살펴보고, 특별 메뉴 개발을 위한 기초이론을 검토하는 것이 올바른 순서이다.

(1) 의 의

① 모든 외식업체의 소유자에게 중요한 마케팅 문제는 메뉴 변화의 시기이다.
② 메뉴 변화는 상품수명주기의 바탕에서 이뤄져야 한다.

③ 모든 메뉴에는 불기피한 변화의 시기가 온다.
④ 시장은 변화가 요구된다는 신호를 보낸다.
⑤ 대부분의 업체들은 이러한 신호를 이해가 되지 않는다는 이유로 외면하고, 그들 메뉴에 필요한 변화를 거부하고 있다.
⑥ 지금까지 큰 이상 없이 지금의 음식을 판매해왔기 때문에 메뉴상에 음식을 그대로 유지할 것이라고 하는 식의 메뉴 전략으로는 결국 수익의 손실을 가져오게 되며, 실패의 가능성이 높아질 수밖에 없다.
⑦ 어떤 메뉴 변화를 줄 때 가장 쉽게 내리는 결정은 노(NO)이다.
⑧ 노!(NO)라는 것은 어떠한 위험을 극복하고자 하는 의욕이 없으며, 새로운 상품을 개발할 능력도 없고, 개발비용도 없음을 의미한다.
⑨ 결과적으로 변화라는 것은 존재하지 않으며, 종사자의 재교육도 필요 없음을 의미한다. 이런 식의 경영으로는 그 사업의 미래도 존재하지 않는다.
⑩ 상품 수명 주기는 일반적으로 두 가지의 기분, 즉, 판매량과 시간에 의해 측정이 된다. 첫 번째로는 상품의 판매량이 변화하고 있고, 둘째는 마케팅 믹스와 서브하고자 하는 소비자도 변하고 있을 때이다. 메뉴 음식이 더 이상 고객의 욕구들을 충족시킬 수 없을 때의 변화는 불가피하다.

(2) 상품 수명 주기

1) 콘셉트 설정

새로운 상품의 결정은 다음과 같은 과정을 바탕으로 한다.

- 아이디어
- 기회
- 투자위험
- 상품개발
- 시장전략

① 새로운 상품들에 대한 아이디어가 얻기 어려운 것만은 아니다.
② 요리에 관한 인쇄물, 광고 캠페인(campaign)에서 새로운 것을 볼 수 있고 고객들로부터 조언을 얻을 수도 있다.
③ 종사원들이 새로운 상품과 상품의 수정을 제시할 수도 있다. 따라서 그들에게 그렇게 할 수 있도록 격려해 주어야 한다. 그 상품이 충분한 장점을 지니고 있는지를 결정하도록 한다.

④ 그 상품이 외식업체의 이미지(image)에 적합한 것이어야 한다는 사실도 염두에 두어야 한다.

⑤ 새로운 상품은 위험을 내포하고 있으며 금전적 투자가 필요하다. 하지만 위험과 비용은 미래를 위한 투자와 관련된다.

⑥ 일단 한 상품을 메뉴에 새로운 음식으로 도입할 것을 결정했다면, 수익의 잠재성을 평가해야 한다.

⑦ 올바른 시장침투를 개발하기 위해 필요한 시간만이 아니라 장비·교육·재고에 필요한 투자액을 평가할 필요가 있다. 이러한 상품은 경쟁상품에 비해서 어떠한 장점들을 가질 수 있는가? 이것은 고객의 수요를 창출할 만큼이나 특이한 것일 수 있는가? 경쟁가격 수준이 상품의 판매량과 이용을 제한하게 될 것인가? 등에 관한 평가들이 이뤄져야 한다.

2) 성장 단계

① 처음에는 새로운 음식의 도입을 제한할 수 있다. 이것은 칠판, 메뉴클립, 구두 제시로 행해질 수 있다.

② 또한 메뉴 음식에 대한 고객의 수용 정도를 측정하는 데에 유용할 것이다. 대부분의 외식업체들은 새로운 음식을 도입할 때 이를 행하지 못하고 있다.

③ 이러한 시기에는 개선하기 위해 상품을 검토하고, 새로운 메뉴비용을 결정하기 이전 가격수준을 시험해야 하며, 판매효과를 결정해야 한다. 성장력이 분명할 때에만 상품을 받아들여야 한다.

④ 성장기에는 인지된 욕구를 창출하기 위해서 정상적인 광고비보다 더 높은 광고비가 필요하다. 또한 품질관리와 품질 수준의 유지는 도입단계에서 반드시 필요하다.

⑤ 고객들이 새로운 상품을 사용하고자 하는데, 어떤 메뉴가 새로운 기대하는 품질수준을 충족시키지 못하고 있다면 계속 유지되어서는 안 된다.

⑥ 상품의 가격을 도입단계에서 정상적인 가격보다 낮춘다면 수요를 자극시킬 수 있고 상품에 대한 지각을 새롭게 자극시킬 수 있다. 새로운 음식의 판매는 직원에 의해 판매되는 인적 판매가 중요하다.

3) 유지 단계

① 이 단계에서 고객들은 새로운 상품을 받아들이게 되며 그 상품에 대한 수요가 꾸준히 증가하게 된다. 여타 조정들은 이 단계 이전에 완전히 이

뤄져야 하고, 이 단계에서는 최소의 변화들만 행해져야 한다.

② 이 단계에서의 목적은 새로운 상품이 강력한 시장성을 갖게 하는 것이다.

③ 경영자는 상품 스케줄(schedule)을 분명히 하고, 보다 효과적인 통제로 상품비용을 낮추도록 해야 하며, 메뉴 음식에 대한 수익을 증가시킬 수 있어야 한다.

④ 새로운 음식의 판매를 계속 유지할 수 있다면 가격을 인상시킬 수 있는 기회가 된다. 따라서 음식 가격을 할인할 필요도 없어지게 된다.

⑤ 어떤 광고든지 고객에게 상품의 노출을 최대화하므로 광고는 판매기점에서 이뤄질 것이다.

4) 성숙 단계

성숙기의 첫 번째 징후는 판매량이 교란과 성장없이 단조로운 상태이다. 또 다른 징후는, 알고 있는 모든 음식서비스업체가 해당 음식서비스업체의 새로운 음식을 채택했을 때는 시장이 포화상태일 수도 있다. 이것은 메뉴의 트리클다운(trickle-down) 효과이다. 이러한 시점에서 중요한 요소는 음식서비스 업체가 고객의 메뉴 충성도를 계속 유지하는 것이다. 그리고 궁극적인 목적은 시장점유율을 확보하는 것이 된다.

5) 쇠 퇴

① 쇠퇴는 반드시 어떤 음식이 비수익적이라는 것을 의미하지는 않는다. 이것은 이전에 판매한 것과 같이 판매되지 않는다는 의미이다. 그러나 어떤 상품이 판매될 수 없고 메뉴 판매와 수익에 나쁜 영향을 미친다면 메뉴에서 제거해야 한다. 상품의 생명주기에서 마지막 단계에 도달한 것이기 때문이다. 손실을 낳는 상품을 제거하려는 결정을 내릴 때 주관적으로 결정해서는 안 된다.

② 상품판매에서 쇠퇴는 일반적으로 방어 전략 또는 공격 전략을 세워야 함을 뜻한다. 방어전략은 판매에 있어서 더 이상의 시장점유율의 잠식이 있어서는 안 되고 막을 수 있어야 한다. 관리는 전체 비용을 통제할 수 있어야 하며 메뉴가 되는 음식의 생산비용을 낮출 수 있어야 하고 쇠퇴를 막을 수 있어야 한다.

③ 공격 전략은 그 상품을 수정하고 대안들을 탐색하기 위해서 많은 내부판매와 촉진이 요구되는 전략이다. 상품수명주기의 처음단계로 거슬러 올라가서 새로운 상품으로 다시 시작하여 공격 전략을 계속 유지해야 한다.

이것은 시장에서 경쟁 우위를 차지하는 데 도움을 준다.

④ 첨가할 상품들과 메뉴에서 제거할 것을 결정하기 위해, 상품의 생명주기의 모든 단계에서 주의 깊은 모니터링이 필요하다. 어떤 음식들은 상품수명주기를 통하지 않고서도 잘 팔릴 수도 있고 메뉴 음식으로 계속 존재할 수 있다.

⑤ 이러한 영업 형태는 대개 평균 지불가격이 높고, 침체와 상품의 성숙에도 불구하고 수요가 계속 존재하고 있는 흰 테이블 클로스(table cloth, 식탁보) 디너하우스이다. 반복고객을 소유하고 있는 음식 서비스업체는, 대체로 메뉴에 변화를 주지 않는 경향이 있다.

⑥ 메뉴 음식들이 제대로 수행되는 시기인지 판단하는 것이 쉽지는 않다. 메뉴 엔지니어링의 여러 이론들은 제시되곤 했다. 메뉴 엔지니어링(menu engineering)에 있어서는 메뉴의 구성요소들은 분석하기 위해서 서로 다른 메뉴 음식들의 판매믹스, 메뉴믹스, 가격, 음식비용에 관하여 비교되고 있다. 메뉴 판매믹스, 메뉴믹스, 가격, 음식비용에 관하여 비교되고 있다. 메뉴 엔지니어링이 분석하는 요소들 중 하나는 메뉴에 다른 음식들과 비교해서 한 음식이 얼마나 잘 팔리는지를 비교하는 것이다.

⑦ 완벽한 메뉴라면 모든 음식은 판매된 음식들의 전체수에 동일하게 기여할 것이다. 10개 음식의 메뉴라면 각각의 음식은 판매의 10% 정도로 기여하게 된다. 5개 음식의 메뉴라면 각각의 음식은 판매의 20%로 기여하게 된다. 메뉴에 대한 공헌율을 결정하기 위해서는 단순히 음식의 수를 100으로 나누면 된다.

⑧ 물론 어떠한 메뉴도 완벽한 것은 없다. 개개의 메뉴 음식은 판매된 음식의 수에 기여정도가 서로 다르다. 프라이드 치킨(fried chicken)은 10개 음식의 메뉴 판매 중에서 오직 5%만 기여하는 반면, 설로인 스테이크(sirloin steak)는 30% 정도 기여할 수도 있다. 메뉴의 타당성은 최적의 기여요인을 결정함으로써 파악할 수 있다. 어떠한 비율이라도 선택할 수 있다. 그 다음에 최적 메뉴믹스를 결정하기 위하여 공헌율을 조정하면 된다. 마지막으로 그것이 제대로 수행되는지를 결정하기 위해, 최적 메뉴믹스를 결정하기 위해, 최적의 메뉴믹스와 음식의 실제기여를 비교하면 된다.

⑨ 다음 표는 기여요인들의 최적 메뉴믹스에 어떻게 영향을 미치는지를 보여주고 있다. 메뉴 음식이 많으면 많을 수록, 기여요인은 낮게 설정된다.

고객이 선택할 수 있는 선택안들이 많아지면 특정 음식을 선택할 기회는 적어지기 때문이다. 따라서 제공할 음식들이 많으면 많을수록 메뉴믹스 비율은 더 적어지게 된다.

표 4-2 최적 메뉴믹스 비율

메뉴 품목의 수	매출률		기여요인	최적 메뉴믹스 비율
5	20	×	90	18.0
10	10	×	80	8.0
20	5	×	70	3.5
25	4	×	60	2.4
33	3	×	50	1.5

⑩ 이를 통해 개별음식이 적합하게 판매되고 있는지를 알 수 있다. 10개의 음식 메뉴가 있다면, 각각의 음식은 메뉴믹스를 8% 정도를 기여해야 한다. 그렇다면 판매될 전체 음식의 수를 결정해야 하고, 그 다음에 얼마나 많은 개별음식이 판매되었는지를 파악해야 하며, 각각의 음식이 기여한 비율을 계산해 보아야 한다.

⑪ 총 200개의 주문이 있었는데 프라이드 치킨이 15개라면 치킨은 판매에 7.5% 기여한 것이 된다. 스테이크가 50개였다면, 스테이크는 판매에 25%를 기여한 것이 된다. 이러한 비율은 최적의 메뉴믹스와 비교해 보아야 한다. 8%보다 큰 것은 제대로 판매되고 있는 것이고, 8%보다 낮은 것은 제대로 판매되고 있는 것이 아니다. 따라서 스테이크는 매우 잘 판매되고 있으나, 치킨은 흡족할 만큼 판매되지 못하고 있음을 알 수 있다.

⑫ 모든 사람들이 만족할 그 모든 것을 제공할 수는 없으나 그러한 노력은 할 수 있다. 상품수명주기를 평가하는 모니터 컨트롤(Monitor Control)과 변화는 주기적으로 음식판매를 바탕으로 하여야 한다.

2. 메뉴 개발 단계

① 메뉴는 궁극적인 이익수단이지만, 외식업체에서 통제할 수 있는 대상이기도 하다.

② 외식 서비스 업체의 상태를 간과한다고 할지라도 메뉴를 간과해서는 안 된다.

③ 경영이 정체상태에 있거나, 외식업체가 번성하고 있거나, 수익이 감소하고 있거나, 외식업체가 어떠한 유형에서 또 다른 유형으로 전환되고 있다면 메뉴 분석은 중요한 문제가 된다.

④ 이러한 네 가지의 측면 각각에서 메뉴의 역할을 조사하고, 이해하는 것은 중요하다.

(1) 개념적 단계

① 외식업체가 개념적 단계에 있다면 계획된 메뉴는 외식업체가 어떤 종류의 시설인지를 결정하는 데 도움을 주게 된다.

② 외식업체의 이미지는 메뉴에 의해 결정된다.

③ 적합한 메뉴는 외식업체의 콘셉트를 효과적으로 전달하는 데 있어서 중요하다.

④ 메뉴는 고객에게 어떤 의미가 있다. 이것은 특정유형의 사람들을 유인하기 위해 작성된 것이기 때문이며 구매할 장비의 유형도 결정하여 준다. 메뉴는 필요로 하는 종사원의 유형을 할 수 있게 한다.

⑤ 패스트푸드점은 경험이 풍부한 종사원이 필요하지 않으며 짧은 시간만 교육시켜도 된다.

⑥ 음식준비의 기술 조건들과 음식서비스는 경영이 복잡해짐에 따라 중요하게 된다.

⑦ 메뉴는 음식서비스업체의 장식에도 영향을 미친다. 음식은 업체의 장식과 어울려야 한다.

⑧ 메뉴가 개발되었을 때에는 색깔, 벽, 식당의 분위기가 어떻게 되어야 하는지를 파악할 수 있다.

(2) 경영 단계

① 영업을 시작하고자 하는 지역에 외식업체의 분포를 조사했다면, 현재의 외식업체와 대중의 식사습관에 뒤떨어지지 않아야 한다는 것을 알 수 있을 것이다. 외식업체는 인기 있는 메뉴 음식을 보유하고 있다. 하지만 대부분의 외식업체는 오픈한 후 메뉴를 변화시키지 않고 있다. 이럴 경우 결과적으로 고객의 수는 줄어들게 된다. 외식업체가 고객의 욕구변화를 충족시킬 수 있는 음식을 제공하고 있지 못하기 때문이다.

② 개별적인 메뉴 음식의 판매를 조사하는 것은 경영의 성공에 있어서 중요하다. 주의 깊고 상세한 분석들을 통해 다른 유형의 음식 판매 증감을 알아낼 수 있게 한다. 경영자는 과거추세를 이용하면서도 판매와 수익을 증가시킬 수 있는 메뉴 음식을 첨가시키며, 잘 판매되지 않는 것과 더 이상 수익성이 없는 메뉴 음식을 제거하는 경우에는 빠르게 대처할 수 있어야 한다. 그러나 인기 있는 음식을 제공할지라도 잘 준비하지 못한다면 아무런 쓸모도 없다는 것을 염두에 두어야 한다.

(3) 쇠퇴 단계

① 경영하는 관점에서 볼 때 수익이 줄어들기 시작하고, 자본회전율이 생각하고 있는 것보다 낮으며, 위험의 가능성이 있을 경우 등에는 메뉴 분석이 중요하다. 이럴 경우 최초의 가격 결정시스템을 재평가해야 하고, 변화를 고려해야 한다. 시장의 규모와 구성도 조사되어야 한다.

② 새로운 메뉴로 외식업체의 유인하고자 하는 특정 그룹은 변화될 수 있다. 아마도 다른 음식을 제공할 필요가 있으며, 특정 음식을 포함하거나 더 수익적이거나 혹은 인기 있는 음식을 강조할 필요가 있다. 물리적인 메뉴를 변화시킴으로써 배치 고안, 컬러, 인쇄형태에 변화를 주어서 쇠퇴 속도를 줄일 수도 있다.

(4) 추세 단계

① 변화는 모든 외식산업에 있어서 불가피하다. 현재의 외식업체가 한 유형에서 다른 유형으로 바뀌고 있는 추세이며 이는 새로운 인구통계학적 변수들과 식습관의 변화들로부터 나온다. 음식 서비스업체가 유동적 시장환경에 놓여 있을 때에 이런 변화를 충분히 인지하지 못하면 안 된다.

② 추이기간은 새로움, 성장, 이익의 증가, 목표의 변화를 의미한다. 첫 번째로 필요한 것은 판매를 증가시키는 것이고, 두 번째로 필요한 것은 수익을 증가시키는 것이다. 이러한 기간에도 중요한 초점은 메뉴이다. 대부분의 외식업체는 먼저 수익을 증가시키기 위해서 비용을 줄이려고 해야 한다.

③ 하지만 비용은 수익이 증가하는 동안에 표준을 높게 유지하는 방법으로 통제되어야 한다. 특별한 음식과 준비 방법을 선택하고, 목표시장을 정확히 선정해야 메뉴를 제대로 운영하고 있다고 할 수 있으며, 비용과 수익을 반영하는 적절한 의사결정을 하고 있다고 할 수 있다.

④ 추이기간 동안에 새로운 메뉴 음식을 내놓는 것은, 큰 오류를 범하고 있는 것일 수도 있다. 경영자들은 각기 다른 사람들이 원하는 모든 음식을 제공하려고 하지 않을 것이며 계속적인 메뉴 확장은 음식과 서비스를 제대로 제공할 수 없다. 시장이 확정되고 최고의 서비스가 준비되어 있다면 최선을 다해 제공하면 된다.

⑤ "경영의 변화가 어떠한 추세 때문에 필요하다."라는 뜻이지, 일시적으로 유행하는 모든 음식을 메뉴로 해야 한다는 의미는 아니다. 고객들이 구매하고자 하는 것, 훌륭하게 준히고 서비스할 수 있는 것, 가장 수익성이 좋은 것 등을 메뉴 음식으로 결정하여야 한다. 이러한 방식으로 경영해 나간다면 그 경영은 추이기간에도 살아남을 수 있을 것이며, 수익성 또한 높일 수 있을 것이다.

Chaper 5

메뉴 가격 결정

Chapter 5 메뉴 가격 결정

Section 1 메뉴 가격 결정의 원리

① 가격은 외식업체의 성패에 큰 영향을 미치는 속성이 있다.

② 합리적인 가격 분포는 메뉴를 잘 포장해 주는 포장지와도 같다.

③ 불균형한 가격분포가 고객의 구매력에 나쁜 영향을 줌으로써 시장상황을 혼란시키거나 자사의 경영방침에도 어긋나는 가격을 설정하게 될 수도 있다.

④ 메뉴 가격이 적절하지 않다면 그것은 높은 음식비용을 발생시킬 뿐만 아니라 매출량을 감소시키는 결과를 초래하게 된다.

⑤ 메뉴 가격을 결정하는 데 있어서 시장가격과 신규 오픈되는 영업장이 경쟁의 우위를 확보하기 위해서는 다음과 같은 요소를 비교해서 고려해야 한다.

- 수요를 자극할 수 있는 가격인가?
- 경쟁력이 있는 가격인가?
- 비용과 이익이 균형을 이루고 있는가?
- 가격 리더가 될 수 있는가?

⑥ 현대인들은 그들이 지불할 가격과 가치를 식음료 가치, 서비스 가치 분위기 가치, 위생과 같은 복합적인 요소 등을 근거를 들어 판단한다.

⑦ 그리고 지불액 이상의 가치가 있는 곳이라면 어느 곳이라도 찾아간다.

⑧ 그러므로 음식의 질만을 고려한 가격 결정이 아닌, 외식업체의 총체적인 면을 고려하여 가격을 책정해야 한다.

Section 2 메뉴 가격 결정의 경제적 현실

여러 해에 걸쳐서 제조업과 기타 도매업에서 사용되었던 경제학의 원리는 경제전략들을 개발할 때 실질적으로 이용되지 않았다. 현대 산업의 업체에 대한 경제 이론들로는 다음과 같은 것들이 있다.

① 손익분기점
② 최소 판매점
③ 가격절감(수익/판매량 비율)
④ 부수적 판매
⑤ 수익 극대화
⑥ 매출 믹스
⑦ 수익체감
⑧ 시장점유율

여기서 언급하고 있는 모든 원칙은 전략적 수익계획을 준비하는 데에 많은 도움을 주게 될 것이다. 영업시간, 할인, 손익분기점과 같이 전체 수익과 관련된 계산들은 비과학적인 방법에 바탕을 두어서는 안 되며 경제학적 원리를 바탕으로 해야 한다. 예로 들고 있는 공식이 절대적이라고는 할 수 없지만, 과거에 주로 추측에 의존하였던 것에 비해서 더 과학적으로 평가할 수 있는 기회를 제공하게 될 것이다.

1. 손익분기점

손익분기점(Break-Even Point)은 수익과 판매량과 관계로, 도표나 산술계산 등에 의해 결정될 수 있다.

손익분기점을 구하기 위해서는 다음과 같은 비용요소를 결정해야 한다.

① **고정비(FC)** : 매출량과 관계없이 계속 발생하는 비용
② **변동비(VC)** : 매출량에 따라서 변동하는 비용
③ **총 비용(TC)** : 고정비와 변동비의 합계액

다음과 같은 수치들이 예로 사용된다.

총 매출액	10,000원
변동비	7,000,000원
고정비	+2,000,000원
총 비용	−9,000,000원
순이익(세전)	1,000,000원

손익분기점은 다음과 같은 공식으로도 계산될 수 있다.

$$\text{손익분기점(BEP)} = \frac{\text{고정비}}{1(100\%) - (\text{변동비}/\text{총 판매})}$$

이러한 단계를 설명하면 다음과 같다.

$$\begin{aligned} \text{BEP} &= \frac{20{,}000\text{원}}{1 - (70{,}000\text{원}/100{,}000\text{원})} \\ &= \frac{20{,}000\text{원}}{1 - 70} \\ &= \frac{20{,}000\text{원}}{30} \\ &= 67{,}000\text{원}(67{,}000\text{원}/5{,}500\text{원}) \end{aligned}$$

손익분기점은 손익분기에 필요한 고객들의 수를 바탕으로 계산할 수 있다. 그 공식은 다음과 같다.

$$\text{Q(단위매출량)} = \frac{\text{고정비}}{\text{단위(총 수익)당 공헌이익}}$$

앞의 손익분기점 계산에서 사용된 수치로 설명하면 다음과 같다.

$$\begin{aligned} \text{Q} &= \frac{20{,}000\text{원}}{5{,}500\text{원(평균음식가격)} - \text{총 변동비}} \\ &= \frac{20{,}000\text{원}}{5{,}500\text{원} - (5{,}500\text{원의 } 70\%)} \\ &= \frac{20{,}000\text{원}}{5{,}500\text{원} - 3{,}850\text{원}} = \frac{20{,}000\text{원}}{1{,}650\text{원}} \\ &= 121\text{개}(5{,}500\text{원} \times 121) \end{aligned}$$

주의해야 할 사항은 손익분기점을 지나가기 이전에는 어떠한 수익도 발생하지 않는다는 것이다. 손익분기점을 지나갔을 때에 매출량이 증가하여 수익도 증가하게 된다.

매출을 촉진하기 위해서 프로모션으로 고안한 메뉴는 손익분기점을 지나가면 수익을 촉진시킬 수 있다. 변동비의 관리는 보다 낮은 매출로도 수익을 증가시킬 것이다. 에너지의 보호와 보다 낮은 보험료를 위해서 사고를 예방하고 줄이는 것 또한 고정비를 줄이고 손익분기점을 떨어뜨릴 수 있는 방법이다.

수익발생원의 파악·관리를 개선하기 위한 시스템, 매출량과 비출비는 수익 개선계획 등을 개발하기 위하여 모든 경영자에 의해 이런 방식이 이용될 수 있다. 훌륭한 경영을 위해서는 환경들을 조정하고 관리할 수 있어야 한다.

2. 최소 판매점

영업시간은 외식업체의 수익을 극대화할 수 있도록 정해야 한다. 개장과 파장 시간의 결정은 의사결정의 도구인 영업통계수치에 바탕을 두어야 한다. 일정 기간 동안의 총 매출액과 이와 같은 시기의 영업비용 사이의 통계적 관계를 결정해야 하는데, 이것이 최저 판매기점(MSP : Minimum Sales Pint)이다. 매출액과 비용은 최저판매기점을 결정하기 위해서 사용된다.

가장 활발한 영업시기 동안에 메뉴는 수익성이 높을 수 있다. 환경과 빈약한 상품 때문에 그러한 시기 동안에 영업을 하는 시간에 비해 충분히 높은 순매출액을 달성하지 못할 수도 있을 것이다. 영업이 안되는 시기나 영업활동이 느린 시기에 외식업체를 개업해 영업하는 것은 실질적으로 더 많은 비용만을 초래하게 된다.

비용과 매출을 분석하여 영업시간을 결정해야 하는데, 최저판매기점을 알아내기 위해서는 다음과 같은 수치들이 필요하다.

① 식재료비 : 37%

② 최저급료비용 : 60,000원

③ 기타 변동비 : 11.05%

고정비는 이러한 계산에 포함되지 않는다. 매출량이 0일 때에는 고정비가 존재하지 않으며 여전히 지출되기 때문이다. 실질적으로 이것은 특정 기간 동안의 손익분기점이다. 공식은 다음과 같다.

$$\text{최저판매기점(MSP)} = \frac{\text{최저영업비}}{1(100\%) - \text{최저영업비\%}}$$

상기의 수치를 이용하여 다음과 같이 계산한다.

$$\text{MSP} = \frac{60{,}000\text{원}}{1(100\%) - 0.4805} = \frac{60{,}000\text{원}}{0.5}$$

$$= 120{,}000\text{원}$$

특정 시기에 영업 활동을 할 수 있는 최소매출액은 120,000원이다. 이 매출액이 손익분기점이 되기때문에, 업체 입장에서는 수익이나 손실이 선혀 없는 매출액이라 할 수 있다.

3. 가격 절감

오랫동안 소매업자들은 가격 절감이론(Make-Down Theory or Price Reduction)을 적용해 왔다. 특정 제품을 선택하여 그들의 가격을 인하하였다. 빈약한 구매 또는 생산방법, 경쟁, 안 좋은 날씨 때문에 가격을 인하해 왔다. 빈약한 판매를 하고 있는 소매업은 조속히 가격을 인하해야 한다. 많은 소매업자들은 또한 이러한 판매가격의 절감이 매출을 증가시켜서 수익을 증가시킬 것이라고 믿고 있다.

대부분의 외식업체에서도 마크다운이론(Mark-Down Theory)을 적용해 왔으나, 총 수익에 미칠 결과에 대한 충분한 지식을 가지고 있지 못하면서 적용해 왔다.

외식업체에 있어서 가격 인하는 해피 아워(Happy Hour), 투포원 칵테일(Two-For-One Cocktail), 다이닝 클럽(Dining Clubs)에서 취해지고 있다. 단위 매출가격을 인하하고자 한다면, 현재의 총 수익을 유지하기 위해서 얼마나 매출량이 증가되어야 하는지를 알아야 한다. 총 수익은 상품화 비용이 지불된 후에 남아 있는 금액이다.

1,500원으로 칵테일을 판매하고 22%의 리큐어 비용을 유지하고 있는, 바(Bar)를 예로 들어보자.

	1,500원	판매가격
−	330원	상품화 비용
	1,170원	매출의 78%(총 수익)

해피 아워에 750원의 가격으로 칵테일을 제공하려고 한다면, 1,170원의 총 수익을 유지하기 위한 방법을 결정하기 위해서는, 다음과 같은 계산을 이용해야 한다.

750원	새로운 판매 가격
− 330원	상품화 비용, 분량(Pouring size)이 변하지 않았다면 비용은 같게 된다.
420원	매출의 56%

1,170원이 음료당 바라는 총 수익의 비율인데, 420원만큼 줄어들었다면, 2.78개(1,170원/420원)의 음료가 더 판매되어야 한다.(2.78개의 음료 × 420원 = 1,170원) 가격이 절감되었을 때, 바라는 총 수익을 달성하기 위해서는 매출량을 178% 이상으로 증가시켜야 한다. 이러한 절감으로 인하여 이전보다 높은 매출량을 보이고 있어도 여전히 손실을 보고 있을 수도 있다. 현재의 수익을 위해 매출량을 유지하기에 필요한 시간과 절감할 금액을 결정해야 한다. 해피 아워의 설정과 절감액은 수익에 중요하기 때문이다.

단기적으로 가격 절감을 적용하는 것만 아니라 보다 장기적으로도 적용할 수도 있다. 이러한 계산은 총 수익에 미치는 해피 아워 또는 밀-클럽 맴버십(Meal-Club Membership)의 총 효과를 바탕으로 한다, 해피 아워와 밀-클럽 계획은 하루나 일주일과 같이 특정한 기간에만 효과적일 수 있다. 따라서 절감은 50%가 아니고 20% 절감과 같다.

투-밀스-포-원(Two-Meals-For-One) 가격 결정은 월요일~목요일이나 오후 5시~8시 사이에만 적용하여 이용할 수 있다. 손익분기점 그래프의 계산으로부터 나온 자료를 이용하면, 다음과 같이 계산할 수 있다.

매출량/매출액 관계 때문에 첫 번째의 계산은 매출/비용/수익 사이의 관계를 결정하는 것이다. 변동비를 결정하기 위한 공식은 다음과 같다.

$$\frac{\text{변동비}}{\text{매출}} = \text{변동비율}$$

$$\frac{7{,}000000}{10{,}000{,}000} = 70\%$$

그 다음 계산은 다음과 같은 공식을 이용한다.

$$\text{RSV} = \frac{\text{바라는 수익} + \text{고정비}}{1(100\%) - \dfrac{\text{현재의 변동비율}}{1(100\%) - \text{계획한 절감액}}}$$

$$= \frac{1{,}000{,}000 + 2{,}000{,}000}{1(100\%) - \dfrac{70\%}{1(100\%) - 20\%}}$$

$$= \frac{3{,}000{,}000}{1(100\%) - \dfrac{70\%}{(100\%) - 20\%}}$$

$$= \frac{3{,}000{,}000}{1(100\%) - \dfrac{70\%}{80\%}}$$

$$= \frac{3{,}000{,}000}{1(100\%) - 875}$$

$$= \frac{3{,}000{,}000}{125}$$

$$= 24{,}000{,}000\text{원}$$

필요한 매출량은 현재 수익수준을 유지하는 데에 필요한 것을 알려 준다. 이러한 예에서 필요한 매출량의 증가는 매년 24,000,000원일 것이다. 절감된 가격 촉진들에 대한 의사 결정을 하기 위해서 이러한 정보를 이용할 수 있다. 절감이 총 수익에 미칠 효과를 검토할 수 있고, 매출량에 있어서 필요한 장기간의 증가가 그 촉진들을 가치 있게 만들 것인지를 결정할 수 있다.

가격 절감원칙의 기본적인 경제이론이 다른 곳에서 식사하는 것보다 싸게 음식을 제공하게 된다면, 더 많은 사람들이 구매하여 매출량을 증가시킬 것이라는 뜻이다. 영업활동 기록들은 경영자의 조속한 목표설정으로 고객의 매출량과 증가된 매출액을 추정하고, 비교하기 위하여 유지되어야 한다. 매출량 증가의 목표가 달성되지 않고 있다면, 촉진책은 부분적으로나 전체적으로 수정 및 취소될 필요가 있다.

4. 부수적 판매

투-포-원에 대한 다른 중요한 한 가지 고려사항은, 부가적인 판매효과이다. 어떤 사람이 가격의 절감으로 음식서비스업체에 들어갔을 때, 식사와 함께 부수적인 음식[와인, 칵테일, 애피타이저(appetizer), 디저트, 가격에 포함되지 않는 또 다른 메뉴 음식]을 구입하는 경우, 음식이나 식사의 가격을 절약할 수 있다. 특별음식의 판매는 정규 가격으로 메뉴에서 현재 제공되고 있는 한 가지 이상의 다른 음식들의 판매를 가능하게 하는데, 이것이 부가적인 판매효과이다.

해피 아워나 밀-클럽을 정하기 위한 의사결정은, 고객의 증가가 다른 음식의 매출등재 효과를 가져올 것이라고 믿는 바탕이 된다.

상황을 가정해 보자. 매출량을 증가시키기 위한 촉진책으로서 고객에게 와인을 제공하기로 결정한다. 그의 경험·예측·예감에 바탕을 둔다면, 무료 와인 촉진으로 적어도 식사할 사람의 숫자를 두배로 증가시킬 수 있다고 예측한다. 과거의 영업활동이 표 5-1과 같다고 하자.

표 5-1 영업결과

	식사 가격	와인 가격	총액
매출액(200명, 평균 5,500원)			13,000,000원
변동비(식음료비)	1,100,000원	200,000원	507,000원
공헌이익	407,000원	100,000원	793,000원
급료	693,000원	100,000원	250,000원
소득			543,000원

이러한 정보를 바탕으로 다음과 같은 것을 기대한다고 가정해보자.

① 와인으로부터는 어떠한 소득도 없을 것이다.
② 저녁식사 매상은 200명(평균 5,500원)이 증가할 것이다.
③ 와인 소비는 100% 증가할 것이다.
④ 40,000원이 서비스 제공자에게 추가될 것이다.

와인 촉진 계획은 표 5-2와 같다.

표 5-2 와인 촉진 계획

	식사 가격	와인 가격	총액
매출액(400명, 평균 5,500원)			2,200,000원
변동비(식음료비)	12,200,000원	0원	1,014,000원
공헌이익	814,000원	200,000원	1,186,000원
급료	1,386,000원	200,000원	290,000원
소득			896,000원

이러한 촉진계획은 353,000원의 소득을 증가시킬 수 있다. 주방에서 발생하는 부수적인 비용은 고려되지 않기 때문에, 이들 비용은 촉진을 수익적인 것으로 만들 수 있다. 결국 손실을 가져오는 음식도 높은 수익의 음식을 판매하기 위해 필요하다.

와인 무제한 제공이 수익적이라는 것을 알고 있는 경영자들은 종사원들에게 부수판매효과를 위해 중요한 조건이라고 강조할 수 있다. 메뉴상에 애피타이저, 디저트, 어떤 다른 음식들을 정규적으로 판매하는 것이 수익 가능성을 높여 준다. 음식들의 전시도 수익에 기여하는 요소가 될 것이다.

이와 같은 내용은 어떤 가격절감의 판매전략에 대한 타당성 연구를 돕게 될 것이고, 가능한 한 많은 측면들을 조합한다면 최악의 결과는 면할 수 있다. 촉진의 목적은 매출량을 증가시키는 데에 있는 것이 아니라, 수익을 증가시키는 데에 있는 것이다. 수익이 반드시 매출량과 관계가 있는 것은 아니다.

5. 수익 극대화

아래는 수익 마진에 미치는 음식기여를 극대화하기 위한 가격 결정의 도표이다.(그림 5-1 참고). 경제이론에 따라 다음과 같은 것에 바탕을 둔다.

① 수요 탄력성의 이론 : 가격이 낮으면 더 많이 팔린다.
② 단위당 평균 고정비
③ 수요선과 매출선과 상호작용에 바탕을 둔 가격

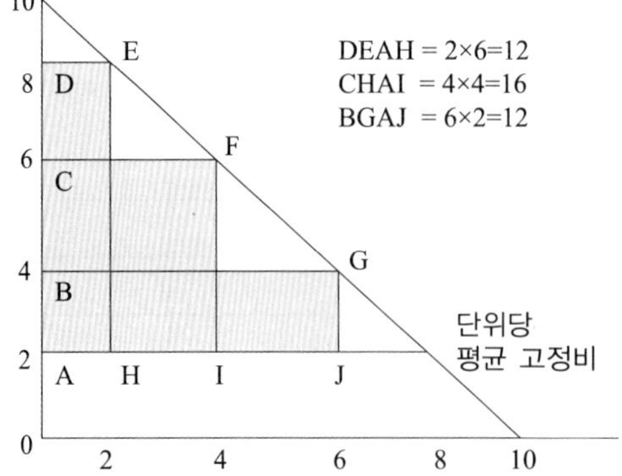

그림 5-1 수익 극대화를 위한 가격 결정 도표

④ '변동비는 같다' 라는 가정

이 도표는 가격대별로 수익 마진 구역을 정해 준다. 고정비 A선 위에 가장 큰 단위분야를 가진 구역은, 최대가격 결정편익을 제공할 것이다.

Pope's Cafeteriz Company의 시장인 H. H. Pope는 직접인건비를 총 인건비의 1/3로 감안하여 프라임코스트(Prime Cost) 가격 결정공식에 이용하고 있다. 직접인건비는 음식의 사전조리와 음식의 조리에 이용된 인건비이다. 다른 인건비는 지원, 서비스, 관리에 관한 비용이다. 많은 조리시간을 요하지 않는 음식들은 보다 낮게 가격이 책정된다. 보다 높게 가격이 책정될수록 수익에 보다 큰 기여를 하게 된다.

표 5-3 영업비

항목	원재료비	인건비	총 비용	인건비로 인한 총 비용 증가율
스테이크	4,000원	350원	4,350원	8.75%
프라이드 치킨	1,200원	1,100원	2,300원	91.67%
라자냐	1,250원	900원	2,150원	72.00%

표 5-4 영업수익

항목	메뉴 가격	총 비용	순이익	공헌이익률
스테이크	8,000원	4,350원	3,650원	45.6%
프라이드 치킨	4,000원	2,300원	1,700원	42.5%
라자냐	3,600원	2,150원	1,450원	40.3%

표 5-3과 5-4에 의하면, 낮은 원재료비가 필요한 메뉴 음식은 아주 높은 인건비를 필요로 한다. 따라서 인건비로 인한 총 비용의 증가가 더 크다. 높은 원재료비의 음식은 조리작업이 거의 필요하지 않기 때문에, 해당 총 비용의 퍼센트 증가는 작다.

결과적으로 낮은 원재료비와 높은 인건비의 메뉴 음식은 높은 원재료비와 아주 낮은 인건비의 음식보다 총 수익에 실제로 덜 공헌할 수 있다. 경영자는 고객에게 어필하고, 라자냐(Lasagna, 납작한 파스타의 일종)와 같은 낮은 원재료비와, 높은 인건비의 음식으로부터 얻을 수 있는 것보다 더 큰 공헌이익을 얻기 위해 스테이크(Steak)와 같은 높은 원재료비와 낮은 인건비 음식의 가격을 줄일 수 있다.

6. 매출 믹스

이것은 판매된 음식들의 매출 믹스이다. 표 5-3과 5-4에서는 스테이크만큼의 수익창출을 위해서 약 2.5개의 라자냐(Lasgna) 음식이 판매되어야 함을 보여주고 있다. 경영계획이나 예측은 가변성의 수익에 대한 기여도를 알아내기 위해서 필요하다.

표 5-4 매출과 수익 예측

음식	총 매출에 대한 단위매출의 예측	공헌이익(가변성의 수익)
스테이크	35%	45.6%
프라이드 치킨	40%	42.5%
라자냐	25%	40.3%

메뉴 음식별 비용/매출/수익의 특정변량을 결정하기 위해서는, 믹스 변량 공식을 이용할 수 있다.

① 매출 믹스 변량(호의적 또는 비호의적) × 예측한 공헌 이익률
= 매출 믹스 변량(호의적 또는 비호의적)
- 매출 믹스가 호의적이라면 전체도 호의적이 된다.

② 비용변량(호의적 또는 비호의적) × 예측한 매출 믹스
= 비용변량(호의적 또는 비호의적)
- 비용이 호의적이라면 전체도 호의적이 된다.

③ 믹스 변량 × 비용변량 = 믹스 비용변량
- 믹스 변량이 호의적이라면 어떤 비호의적인 비용변량을 상쇄할 수 있기 때문에 전체가 호의적이 된다.

외식업체가 Steak의 실제 매출을 35%가 아닌 40%로, 쇠고기의 가격도 45.6%가 아닌 48%로 각각 증가시켰다면, 다음과 같이 계산할 수 있다.

- 매출 믹스 변량 5%(호의적) × 45.6 = 2.28(호의적)
- 비용변량 2.4%(호의적) × 35 = 0.84
- 믹스 비용변량 2.28%(호의적) × 0.84 = 1.9152(호의적)

7. 수익체감

이 내용은 U형 곡선에 관한 부분이다. 도표는 평균비용을 알아내기 위하여 작성된다. 이것은 앞에서도 언급하였지만 모든 업체에서는 우식이 극대화되고, 비용 증가가 필요한 점 이상으로 매출량이 증가하는 점이 있기 때문에 가격 결정을 할 때 중요하다.

수익체감의 법칙(The Law of Diminishing Returns)은 여기에 적용된다.

그림 5-2는 대부분의 소득이 결혼 리셉션에서 나오는 외식업체의 예로 가장 잘 설명할 수 있다. 과거에는 고정된 가격으로 완전한 패키지를 제공하여 여러 해 동안 리셉션당 고객은 평균 200명으로, 이러한 영업은 수익적이고 성공적이었다. 반면 최근에 평균 고객 수는 약 55명 정도 감소했다. 음식의 양은 변동비를 줄이기 위해 감소된다. 그러나 오케스트라, 노동력, 건물의 고정비는 실질적으로 감소된 고객 수에 의해 영향을 받지 않는다. 비용을 줄이기 못할 정도의 비율로 소득이 감소된 결과를 낳았다. 케터링 이벤트에 대한 해결책은 전체 고객 수에 바탕을 둔 순응률 고정가격(Sliding-Scale Fixed Price)이다.

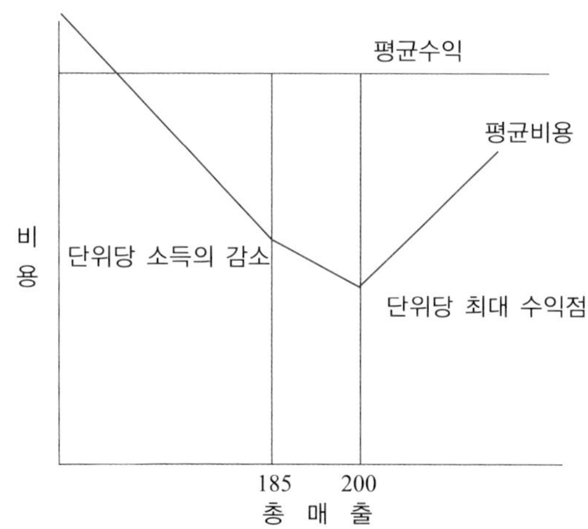

그림 5-2 수익체감의 법칙

8. 시장점유율

외식업체를 운영하는 사람들이 자주 듣는 질문은 "사업이 어때?"이다.

"사업은 어때?"에 대한 답은, 유사업체들의 세분시장과 관련한 시장점유율의 분석에서 나올 수 있다. 시장점유율은 경쟁자의 강점에 대한 상대적 강점을 나타내는 퍼센티지이다. 이것은 유사업체들의 활동 또는 판매로 나눔으로써 결정된다. 그 결과 나오는 퍼센티지가 개별 시장점유율이다.

시장점유율은 단위 매출량, 고객수, 외식업체에서 사용되고 있는 어떤 다른 측정표준을 이용하더라도 계산할 수 있다.

전체 매출량을 결정하는 것은 외식업체의 범주에 대한 다양성과 시장의 다양성 때문에 어려운 작업이다. 특히 시장점유율을 결정할 때 경쟁자와 인구의 확인이 중요하다.

Section 3 메뉴 가격 전략

1. 메뉴 가격 결정

① 경쟁가격에 의한 결정
② 추정원가에 의한 결정
③ 프라임원가에 의한 결정

2. 가격 결정 시 고려 사항

① 동일상품에 대한 경쟁자의 가격수준
② 소비자의 가처분 소득에 따른 지불 금액
③ 표적고객층에 알맞은 가격대
④ 상품의 가격탄력성과 비탄력성
⑤ 호황과 불호황 시 가격변동의 폭
⑥ 고객의 구매 동기
⑦ 수요탄력성
⑧ 경쟁상대

3. 가격 결정의 목표

가격 결정의 기본 목적은 다음과 같다.

① 가격 안정
② 지점의 표적시장 내의 마켓셰어(market share, 시장점유율)
③ 유지 및 확대
④ 염가정책을 앞세운 새로운 시장의 침투
⑤ 경쟁업자의 속출
⑥ 목표 투자수익의 획득
⑦ 업체 이미지 개선 등

4. 가격 결정 유형

① 경쟁자 가격을 하회하는 가격(시장 침투)
② 경쟁자 가격을 상회하는 가격(가격 차별화)
③ 경쟁자와 유사한 가격 결정(독가적)

5. 가격 결정 전략

① 수요와 가격 결정 → 수요는 가격에 반비례
② 경쟁가격과 가격 결정 → 판매자의 위치, 개인적 인기 메뉴의 독특한 속성 등
③ 원가와 가격 결정 → 투자된 원가에 따라
④ 가치 중심의 가격 결정 → 상류층 지역사회

Section 4 메뉴 가격 결정에 영향을 미치는 요인

어떤 레스토랑의 경영자이든 관계 없이 직면하고 있는 가장 중요한 과제 중의 하나는 메뉴의 가격 결정이다. 대부분의 가격 결정 시스템들은 하나의 추측에 불과한 경우가 많다. 가격 결정은 사실상 하나의 예술작품과 같다.

책정된 금액은 레스토랑 유일한 수입원이므로 메뉴상의 음식가격이 곧 레스토랑의 성패를 결정한다.

메뉴의 가격 결정은 하나의 수익계획절차이다. 매출량과 수익은 각 음식의

메뉴 가격에 의해 결정된다. 수익은 투자회수율과 노력에 대한 댓가로서 정의될 수 있다. 경영자는 가격 결정정책을 세우며 수익에 대한 목표를 수립해야 하는데, 경제적이면서 전략적인 목표는 가격이 설정되었을 때에만 세워져야 한다. 가격은 다음과 같은 세 가지 요인들과 관계가 있다.

① 고객
② 시장상황
③ 경제상황

메뉴 가격들은 수요탄력성의 곡선에 의해서도 조정된다. 시장은 지불액을 결정한다. 가격이 시장가격보다 높다면, 고객은 다른 곳으로 가버린다. 가격이 시장가격보다 낮으면, 손실이 발생한다. 일년에 한 번 이상 경영자들은 메뉴의 가격 결정을 재평가하고, 필요한 변화들을 취해야 한다. 가격의 변화는 매출량에 영향을 미친다. 가격 인하로 인하여 수요가 증가하고 있다면, 그 음식은 가격에 민감한 음식이다. 가격 인상으로 인하여 수요가 감소할 경우에도 마찬가지이다. 성공적적으로 가격 결정이 된 상품이란 고객이 지불할 수 있는 가격의 상품과 수익을 남길 수 있는 상품임을 의미한다.

상품원가는 책정할 수 있는 가격의 범위를 제한하고 설정한 가격범위에서 상품을 수익적으로 판매할 수 있는지를 가르쳐 준다.

상품에 대한 인지가치에 따라 메뉴 음식의 가격은 고객의 마음 속에 하나의 가치를 형성하기 때문에 서로 다른 음식들은 서로 다른 지각가치를 가진다. 모든 시장에서 메뉴 음식들은 고객들에게 서로 다르게 인지된다. 품질과 높은 지각가치는 음식의 외관, 서비스, 맛에 의해 측정된다. 보다 높은 메뉴 가격은 메뉴 음식을 상품화하고 제공할 때 독창적이라면 더 좋게 인지된다.

메뉴 가격을 결정하기 위해서는 다음과 같은 요소를 고려해야 한다.

① **외식업체의 유형** : 외식업체는 유형에 따라 패스트푸드(fast food)와 패밀리 레스토랑(Family restaurant) 등으로 분류가 된다. 이러한 유형에 따라서 메뉴 가격은 달리 책정이 된다.
② **식사상황** : 식사시기(조식, 중식, 석식)는 고객이 지불하고자 하는 액수에 영향을 미친다.
③ **서비스의 스타일과 정교함**
④ **경쟁** : 경쟁은 가격 결정에 있어서 중요하기 때문에 경제학적 이론을 바탕으로 하여야 한다.

⑤ **고객 믹스** : 이는 고객의 성, 소요경비, 직업의 비율과 기타 다른 인구 통계학적 자료에 바탕을 둔다. 모든 가격 결정 시스템들에서 고객은 궁극적으로 지불할 돈을 결정할 것이다.

⑥ **수익 목표** : 경영자들은 메뉴 음식가격을 변화시키고자 할 때 많은 어려움을 겪게 된다. 가격변화는 가격에 민감한 고객 그룹을 대상으로 하고 있든지 아니든지 간에 수요탄력성에 바탕을 두어야 한다. 고객이 가격변화에 민감하다면 변화의 시기와 그 증감폭은 성공을 위한 중요한 요소가 있다.

Section 5 가격 결정 방법

1. 비과학적인 가격 결정

단순히 다른 경쟁업체를 방문하고 그 업체의 메뉴 가격을 그대로 이용하는 것은, 두 외식업체의 상황이 다르다는 점을 고려하여 볼 때, 이상한 것일 수밖에 없다. 그러나 우리 주변에서는 그런 일이 많이 행해지고 있다. 이러한 시스템은 아마도 세계에서 가장 단순한 메뉴 가격 결정의 방법이다.

메뉴 가격을 결정할 때 안전한 시스템은 자신의 업체에 대해 자신이 직접 가격을 개발하는 것이다. 이렇게 하기 위해서는 메뉴상의 가격에 영향을 미칠 수 있는 요인들을 체크하여야 한다. 다른 업체의 메뉴 가격 결정방법이 성공적이라도 그 업체의 가격을 그대로 따라서는 안 된다. 그 업체는 나름대로 경영요인을 가지고 있을 수 있기 때문이다. 업체의 건물이 자신의 소유물일 수도 있고, 직원 중에 가족이 있어서 숙식 이외에는 어떠한 인건비도 지불하지 않고 있을 수 있다. 이러한 업체의 내부적인 측면을 알지 못하기 때문에 가격을 그대로 모방하는 것은 위험하다. 자신의 업체에 맞는 시스템을 개발하여야 한다.

2. 요인 가격 결정

(1) 식재료비 승수

요인 시스템은 오래동안 사용되어 왔다. 원재료비는 메뉴 판매가격을 결정하기 위하여 이미 결정된 가격 결정 요인에 의해 곱해진다. 바라는 식재료비는 요인을 구하기 위하여 결정되어야 한다. 식재료비를 37%라고 가정한다면, 이것으로 100을 나눈 2.7이 요인이다. 식재료비 표준으로 설정한 비율은 승수요인과 같다. 메뉴 가격을 승수요인으로 원재료비를 곱하여 결정할 수 있다.

공식은 다음과 같다.

- 원재료비 × 요인 = 가격
- 원재료비 ÷ 비율(%) = 가격

반대로 승수요인은 식재료비의 비율을 나타내 준다. 승수요인이 2라고 가정하면, 식재료비는 50%이다. 승수요인이 2.5라고 가정하면, 식재료비는 40%이다. 식재료비가 4천 원, 요인이 2(50%)라면, 가격은 8천 원(4천 원 × 2)이다. 식재료비가 4천 원, 요인이 2.5(40%)라면, 가격은 1만 원(4천 원 × 2.5)이다. 식재료비가 4천 원, 요인이 3.3(30%)라면, 가격은 13천2백 원(4천 원 × 3.3)이다.

이것을 계산하는 두 번째 방법은 기지의 식재료비 퍼센티지나 바라는 식재료비 퍼센티지로 실제의 원가를 나누는 것이다.

- 원재료비 ÷ 비율 = 가격

  5,330원 ÷ 37% = 14,400원

이와 같은 수익으로 만족해야 한다면 이러한 방법으로 가격을 결정할 수 있다.

요인 시스템은 대부분의 업체에 있어서 많이 사용되고 있다. 이것은 메뉴 가격을 결정하는 가장 쉬운 방법이지만 아래의 두 가지 요소를 고려해야 한다.

첫째, 식재료비를 37%로 결정하였을 경우 63%의 수입으로 식재료비 이외의 모든 비용을 상쇄시킬 수 있어야 한다. 이러한 수치가 모든 비용을 상쇄시키지 못한다면 또다른 가격 결정 시스템이 필요하다.

둘째, 월말까지 식재료비 이외의 비용이 63%를 초과하고 있는 상황을 알지 못할 경우가 있다. 이러한 경우에 잘못된 가격 결정을 초래하고 이는 상당한 손실을 입은 이후에야 비로소 알게 된다. 이러한 시스템의 주요 단점은 식재료비 이외에 다른 원가를 고려하지 않고 있다는 뜻이다. 고객들이 모든 음식들에 대해 정해진 수익적인 가격을 지불하지 않을 것이라는 지각가치도 고려하지 않고 있다.

(2) 프라임코스트 시스템

식재료비 이외에 직접인건비를 고려하는 프라임코스트 시스템(Prime Cost System)은 H. H. Pope에 의하여 개발되었다. 이 시스템은 그가 처음에 대상으로 하였던 카페테리아 업체에 자주 사용되어 왔다. 이 시스템의 원재료비는 표준양목표로부터 결정이 된다. 프라임코스트(Prime Cost)는 원재료비가 5,330원이고, 직접인건비가 900원일 경우에 6,230원이 된다. 조리작업에 참가한 노동력에 대한 직접인건비만이 프라임코스트에 포함된다.

어떤 주변의 노무나 관리서비스, 스톰아톰, 청소나 이와 유사한 활동들이 프라임코스트에 포함되지 않는다. 재무제표를 퐁하여 전체인건비가 결정된다. 직접인건비는 보편적으로 전체인건비의 1/3 정도가 된다. 이것은 정확한 수치라고 볼 수 없으나, 대부분의 경우에 적합할 수 있다.

메뉴 가격은 결정된 프라임코스트에 요인을 곱하여 결정된다. 요인결정은 전체인건비에서 직접인건비를 공제하는 것으로 시작된다. 37%의 식재료비를 이용하고 있기 때문에 인건비는 대략 27%로 가정할 수 있다. 직접인건비는 전체인건비 중의 1/3이므로 9%이다.

인건비는 9%는 63%의 마진에서 공제하게 된다. 공제된 53%의 요인은 1.88(100/53)이다. 메뉴 가격은 다음과 같이 계산된다.

6,230원 × 1.88 = 11,770원

Pope는 편의식품을 거의 이용하지 않았기 때문에, 자신의 시스템이 적합하다는 것으로 알고 있으며, 직접인건비가 가격 결정 시스템의 중요한 요인으로 생각하고 있다.

이 방법도 가격 결정에 직접인건비를 포함하고 있다. 하지만 다른 원가, 수익, 고객의 지각가치를 고려하지 않고 있다.

3. 평균수익 가격 결정

이 방법은 식재료비 이외에 제공되는 모든 식사에 원가가 분명하게 계산될 수 있다는 것과 모든 고객이 비식품류의 원가들과 수익을 상쇄시킬 만큼 기여할 수 있다는 것을 가정한다.

① 평균 수익 계산

표 5-6 평균 수익에 의한 가격 결정

음식	주요식재료비	부수식재료비	평균 수익	판매가격
반마리 치킨	750원	500원	3,000원	2,450원
스테이크	2,500원	500원	3,000원	6,000원
랍스터	3,500원	500원	3,000원	7,000원

• 판매가격은 표 5-6과 같이 평균 수익에 주요 원가와 부수원가를 더하면 된다.

② 부수원가 계산

표 5-7 요인에 의한 가격 결정

음식	주요식재료비	부수식재료비	평균 수익	판매가격
반마리 치킨	750원	500원	2.5	3,150원
스테이크	2,500원	500원	2.5	7,500원
랍스터	3,500원	500원	2.5	10,000원

• 이러한 가격 결정은 40%의 식재료비인 2.5(=100/40) 요인을 이용하는 가격 결정방법과 차이가 있다.

평균 수익방법을 이용하여 메뉴 가격을 결정하게 되면, 보다 높은 가격의 음식들은 보다 낮은 가격으로 설정된다. 이러한 시스템은 주로 값비싼 고급의 음식을 찾는 고객들에게 좋은 방법이 되지만, 값싼 음식들을 찾는 고객들에게는 그러하지 않다. 이 시스템은 과거의 재무기록들을 이용하며, 경영자가 사전에 고객들이 지불할 금액을 알고 있어야 한다.

이 시스템은 현재 애피타이저(appetizer), 앙트레(entrée), 디저트(dessert), 부수음식들에 대한 평균 수익이 사전에 결정된 스테이크하우스에서 이용되고 있다. 이러한 업체에서는 메뉴 범주들 개개에 대한 평균 수익이 계산되어 있다. 이 시스템은 레스토랑이 판매된 음식들에 대해 특정한 평균 수익을 얻을 것이라고 미리 결정하는 것이다. 개별 음식들은 필요한 평균 수익에 따라 가격이 결정된다.

평균 수익가격을 결정할 때 고려할 주요사항은 고객 개개인들이 음식제공과 관련된 모든 원가를 똑같이 분담하여야 한다는 것이다. 이 방법은 모든 고정비와 영업비용을 가격 시스템에 적용시키고 있다. 비용들은 일정한 액수로 배분되는데 배분 액수는 손익계산서에 나타나고 이는 과거의 영업결과에 따라 결정된다. 이 시스템은 쉽게 적용되며 연회나 기타 다른 식사제공 행사에서 이용하기에 좋다. 평균 수익 시스템은 원가 계산과 고객 수가 미리 정해져 있는 판매

가격의 결정에도 도움이 된다.

평균 수익방법은 음식을 제공할 때 일정한 회전이 필요한 병원 음식 서비스와 같은 기관업체에 더 잘 적용될 수 있다. 영업원가의 변화도 기관업체 부분에서는 심하지 않고 기록들도 더 쉽게 얻을 수 있기 때문이다. 수익이 개개범주의 음식들에 대해서 쉽게 계산될 수 있고 이러한 범주들이 전체 메뉴에 대한 것으로 나타나지 않는 상용업체에서도 이러한 방법은 적용할 수 있다.

이 시스템의 문제는 사업의 불황시에 조정하기가 어렵고, 가격을 조정하기도 어렵다는 것이다. 업자가 수익을 위해 필요한 액수를 설정하였다면 전체 고객수의 계획에 바탕을 두어야 한다. 그렇기 때문에 업체가 계속적으로 운영되지 않는다면 잘못될 수도 있다.

급격한 가격변동이나 고객 수의 변화가 없다면 평균 수익방법은 좋은 방법이다. 이러한 변화들은 식재료비가 이 시스템들에서 중요한 관심문제가 아니기에 실제원가나 비용을 왜곡시킬 우려가 있다. 평균 수익은 중요한 요소이며 업체의 순이익을 지속적으로 보장하여 준다.

4. 목표 수익가격 결정

이 방법은 가격을 결정하기 위하여 모든 원가들을 목표 수익에 더하는 것으로 다음과 같이 행해진다.

(1) 계산방법 I

- 식재료비 : 3,700원, 변동비율 : 매출의 11.05%
- 인건비 : 2,600원, 고정비율 : 매출의 20%
- 수익률 : 매출의 10%
- 식재료비와 인건비 : 6,300원, 총 비율 : 매출의 41.05%

① 판매가격 = x 또는 100%

② 총 비율 = 41.05%

③ 식재료비와 인건비 = 6,300원

④ 식재료비와 인건비 비율 = 100% = 41.05% = 58.95%

⑤ 0.5895x = 6,300원

⑥ x = 6,300원 ÷ 0.5895

⑦ x = 10,690원

표 5-8 30인분의 포트로스트(Pot Roast)를 조리하는 데 필요한 인건비 계산

필요한 시간	노동력 분류	시간당 원가	로스트당 원가	1인분당 원가
20분	숙련자	12,000원	4,000원	13,300원
40분	보통사람	9,000원	6,000원	20,000원
20분	비숙련자	6,000원	2,000원	6,700원
합 계			12,000원	40,000원

표 5-8에서 필요한 시간에는 준비, 조리, 로스트(rost) 슬라이스(slice)의 시간이 포함되어 있다.

또 다른 접근방법은 식사수와 그들을 조리하는 데에 필요한 시간을 고려하는 것으로, 표 5-9와 같이 계산할 수 있다.

표 5-9 평균 인건비

식사	조리시간	평균 시간임금	인건비	매출량	평균 인건비
조식	40	6,000원	240,000원	480	500원
중식	80	6,000원	480,000원	640	750원
석식	60	6,250원	375,000원	396	950원

이러한 유형의 분석은 생산, 서비스, 위생, 행정과 같은 부분을 제외하고 계산한다.

인건비를 계산하는 또 하나의 유형은 조리시간으로 모든 음식을 분류하는 것이다. 생산시간을 5분, 10분, 15분으로 구분할 수 있다고 가정한다.

매출량이 60개, 인건비가 20,000원이었다면, 5분 간격으로 조리되는 음식의 인건비는 표 5-10과 같이 계산된다.

표 5-10 단위 인건비

범주	조리시간	음식수	노동력	인건비	평균 인건비
가	5분	10개	1명		2,900원
나	10분	30개	3명		5,800원
다	15분	20개	3명		8,700원
합계		60개	7명	20,000원	

20,000원의 인건비로 60개의 음식을 생산하는데, 7명의 노동력이 필요하다면, 5분의 평균 인건비는 (20,000원 / 7명 =)2,900원이다. 10분의 평균 인건비는 이것의 두 배로 5,800원이다. 15분의 원가는 (3 × 2,900원 =)8,700원이다.

음식의 '나'와 '다'는 음식 '가'와 비교된다. '나'가 10분이면 '가'의 2배가 된다. '나'가 7.5분이면, '가'의 1.5배가 된다.

(2) 계산방법 Ⅱ

① 식재료비 + 인건비 + [(변동비율 + 고정비율 + 수익률) 가격] = 100% 가격
4만 원 + 1만5천 원 + [(0.10 + 0.15 + 0.15) 가격] = 1.0 가격
5만5천 원 + 0.40 가격 = 1.0 가격
5만5천 원 = 0.60 가격
가격 = 5만5천 원 ÷ 0.60 가격

② 100% 가격 − (변동비율 + 고정비율 + 수익률) 가격 = x
1.0 가격 − (0.10 + 0.15 + 0.15) 가격 = x
x = 1.0 가격 − 0.40 가격 = 0.60
(식재료비 + 인건비) / x = 가격
가격 = (4만 원 + 1만5천 원 = 5만5천 원) ÷ 0.60 = 91,600원

가격은 (55,000 / 0.60 =)91,600원이다. 91,000원에서 92,500원 사이가 된다.

실제의 원가 방법은 가격에 모든 원가들과 기대수익을 포함하고 있는 이점을 가지고 있다. 지금까지 설명했던 다른 방법들과 마찬가지로, 이것은 다른 비정량적인 요인들을 고려하지 않고 있으며, 모든 음식들에 이용될 수 없는 단점을 가지고 있다.

그리고 이 방법과 유사한 방법이 있으나, 원가들이나 수익들보다는 기대 판매가격과 관련되어 있다는 점에서 이미 앞에서 논의한 것들과는 상당히 다르다. 이것은 판매가격을 원가에 바탕을 두는 것보다 가치를 고려하는 것이다. 게스트 체크(Guest Check)나 여타 다른 자료는, 어떠한 것이 가장 인기있는 가격인지 기대범위인지를 결정하기 위하여 사용된다.

기초 가격을 위해 타당한 가격 범위로 결정되는 것으로 음식들의 선택을 결정하는 기대 범위이다. 적합한 원가를 가지고 거대가격으로 판매될 수 있는 음식들이 선택되어야 한다. 그리고 수익, 인건비, 고정비에 대한 판매의 비율이 계산되어야 한다. 만 원의 가격이 기꺼이 지불할 가격이라고 가정하고, 기대하는 수익률이 15%, 인건비율이 30%, 고정비율이 15%라면 다음과 같이 계산된다.

100% 가격 = (수익율 + 인건비율 + 고정비율) 가격 + 식재료비
100% 가격 + 60% 가격 + 식재료비
40% 가격 = 식재료비
4천 원 = 식재료비

4천 원 식재료비는 4천 원 가격의 40%이기 때문에, 식재료에 소비될 수 있는 액수가 된다.

이러한 방법의 더 단순한 접근 방법은 기대가격에 식재료의 기대비율을 곱하는 것으로, 식재료비를 위해 소비될 수 있는 액수를 나타낸다. 40%의 식재료 비율로 만 원에 판매하는 음식이 바람직하다면 4천 원이 음식을 위해 소비될 수 있다. 업체는 4천 원으로 식품을 구매할 수 있는 음식들을 알아내고 구매하면 된다.

이 방법은 고객이 어느 정도 지불할 것인지를 고려하고 있으며 모든 원가들과 수익을 고려하고 있는 이점을 가지고 있다. 여러 서로 다른 가격이 있을 수 있으며, 수익성을 띠면서 인기 있는 가격 범위의 결정은 어려울 수 있다.

그러나 대부분의 업체들은 그들의 고객들이 원하고 있는 것과 그들이 지불할 수 있는 지불액을 알고 있기 때문에 쉽게 접근할 수 있는 방법이기도 하다.

(3) 계산방법 Ⅲ

이러한 방법은 어떤 이들에게는 가격 결정의 정량적 방법 중에서 최적의 방법으로 받아들여지고 있다. 이것도 요인을 이용하나, 요인은 경쟁적 가격 결정 또는 낮은 판매량의 음식이나 높은 판매량의 음식들 및 사업에 도움이 되는 가격을 위하여 수정된다. 이 시스템을 이용하기 위하여 필요한 자료에 기타 비용으로 비식품류의 원가가 있는데, 이러한 원가를 계산하는 방법도 강구하여야 한다. 16인분의 스테이크는 시간당 10kw를 소비하는 전기오븐에서 2시간 동안을 구워야 한다고 가정하자. 전기료는 1kw에 80원이라고 한다면 다음과 같이 계산된다.

① 에너지 소비는 2시간 × 10kw이다.
② 에너지 비용은 20 × 80원 = 1,600원이다.
③ 16인분을 위한 에너지 비용이 1,600원이므로 스테이크 1인분의 에너지 비용은 100원이 된다.

이러한 수치는 사전가열 시간이나 장비를 켜는 시간과 같은 음식을 조리하지 않는 시간을 포함하지 않고 있으나, 하나의 기준으로 받아들일 수 있다. 그러나 가격에 있어, 특정메뉴 음식을 위한 높고 낮은 에너지 비용을 고려하는 것이 바람직하다.

(기타 비용비율 + 인건비) 가격의 비율은 비식품류원가와 수익에 할당된 가격의 총 비율이다. 이들 비율을 100% 가격에서 감하면 식재료비를 위해서 가능한 가격의 비율이 나온다. 그래서 가격은 식재료비를 이 비율로 나누면 계산된다.

이런 계산을 할 때 수익을 위한 비율은 중요하다. 왜냐하면 이것은 판매된 음식의 매출량, 경쟁가격, 업체가 중요하다고 생각하는 다른 요인들에 따라 다르기 때문이다.

보통으로 표 5-11과 같은 범주를 이용한다.

표 5-11 메뉴별 이윤의 범주

구 분	이 윤(%)
애피타이저류	20~50
샐 러 드 류	10~40
앙 트 레 류	10~25
야 채 류	25~50
음 료 류	10~20
빵 류	10~20
디 저 트 류	15~35

특정상황으로 인하여 변화가 불가피한 경우에는 이들의 범위를 바꿀 수 있다. 개개의 특정 음식이 어떤 범주 안에 있어야 하는지도 결정해야 한다.

햄버거를 판매한다고 가정하면, 영업 흐름은 빨라야 하고 판매되지 않을 위험이 거의 없다고 보고 경쟁적으로 가격을 결정해야 하기 때문에 앙트레의 최소 수익폭인 10%가 선택된다. 인건비는 매출액의 25%이고 기타 원가도 25%라고 한다면, 총 원가와 수익의 비율은 다음과 같게 된다.

25% + 25% + 10% = 가격의 60%

여기서 식재료비에 이용될 수 있는 비율은 가격의 40%이다. 식재료비는 가격을 산출하기 위하여 이 비율로 나누어진다. 식재료비가 4만 원이라면, 가격은 1만 원이 된다.

프라이드 치킨점	프라이드 치킨 레시피
영업비용 27% 인건비 26% 목표 수익 17%	닭고기 500원 밀가루 10원 계 란 15원 빵가루 15원
식재료비가 포함되지 않은 총 원가와 수익의 비율 70%, 식재료비의 비율 30%	식재료비 540원

가격은 (540원 / 0.30 = 18원 × 100 =) 1,800원이다.

총 원가와 수익의 비율이 70%이므로, 총 원가와 수익은 [(540원 / 30% =)18원 × 70% =] 1,260원이 된다. 가격은 (540원 + 1,260원 =) 1,800원이 된다.

경우에 따라서 목표 수익비율을 계산하기 위하여 다른 방법을 이용할 수 있다. 특정 음식을 목표 수익 범위의 연속체 선상의 한 부분에 두는 것으로, '높음', '보통', '낮음' 등보다는 오히려 '보통보다 조금 높음', '보통보다 조금 낮음' 등과 같이 구분할 수도 있다.

이것을 적용하려면, 표 5-12와 같이 비용/위험요인과 매출량에 바탕을 두어서 어떠한 수익 폭이 적합한지를 결정해야 한다. 아이스크림을 예로 들자면, 보통 냉동으로 유지되어 위험이 따르지 않는 것으로 생각할 수 있으나 서비스하는 과정에서 제품이 손실될 가능성이 높다는 이유 때문에 많은 어려움을 지닌 품목이 되고 있다.

표 5-12 변형된 이윤의 범주

구분	매출량		비용/위험		항목	이윤
	높음	낮음	높음	낮음		
1		○	○		Apple Pie	높음
2	○		○		Shrimp Cocktail	보통
3		○		○	Strip Steak	보통
4		○	○		Lobster Tail	높음
5	○			○	French Fried	낮음
6	○		○		Hamburger	보통
7		○	○		Club Sandwich	높음
8	○			○	Milk Shake	낮음
9				○	Fried Chicken	보통
10	○		○		Rib of Beef	보통

5. 비교가격 결정

메뉴 가격을 결정하는 데에 있어서는 하나의 어떠한 절대적인 방법이나 간단한 방법이 없다. 표 5-13과 같이 강구할 수 있는 방법들을 비교하여 가격을 결정하는 것도 좋은 가격 결정방법이 될 수 있다.

표 5-13 비교 가격 결정

메뉴 음식	요인	평균 수익	목표 수익	경쟁 업체	경쟁 업체	최종 메뉴 가격	가치 판단

여기에는 각각의 메뉴 음식에 대해서 이용할 수 있는 가격 결정 시스템이 기록된다. 경쟁업체들과도 비교하기 위하여 유사 경쟁 업체의 가격, 품질과 분위기를 점검하고, 경쟁업체의 가격을 인용한다. 여기서의 가정은 분명히 경쟁업체와 상품의 품질, 서비스의 분위기와 같다는 것이다.

이와 같이 비교하여 적합한 가격을 결정하고, 최종적으로 매출과 수익에 관련하여 가치판단이나 정책을 세운다.

6. 연회음식 가격 결정

레스토랑을 경영하다 보면 손님이 예약만 해놓고 실제로 나타나지 않는 경우를 종종 볼 수 있다. 음식제공이 업체 안에서 행해지던지 업체에 의해서 행해지든지 간에 연회음식 제공업자들은 이러한 문제에 자주 접하게 된다. 이와 같이 연회음식을 제공하는 업차들은 실제의 참석인원수보다 연회예약시의 고객수가 항상 더 많다는 것을 알고 있다. 업체가 견적가격에 바탕을 두고 영업을 할 경우에는 소요된 비용을 상쇄시킬 수 없을 뿐만 아니라, 참석인원 수가 줄어드는 데에 따라 모든 영업비용들이 감소하지 않는 경우가 있다.

연회가격 결정 시스템은 제스크(Lee Zesch)에 의해 개발되었다. 이 시스템은 수익극대화의 원리, 평균 수익 가격 결정 시스템, 수익/매출량 비율에 바탕을 두고 있다.

제스크 시스템에 따라 아래와 같이 연회음식 가격 결정표는 총 비율을 산출하기 위하여 작성한다.

1. 식재료비
2. 조리 인건비
3. 고정비(1과 2 합계액의 10%)
4. 수익(1,2와 3 합계액의 50%)

소합계

5. 부수적인 비용
6. 식료비(1인당 500원에 7시간 동안 제공, 50명 × 500원 = 25,000원, 7시간 × 25,000원)
7. 음료비(1인당 400원에 7시간 동안 제공, 50명 × 400원 = 20,000원, 7시간 × 20,000원)
8. 장비 임대료

총합계

총 비용 880,000원
참가 수 50명
참가한 개인당 비용 17,600원
개인당 식재료비 4,000원

10명일 경우에 식재료비는 4만 원이 된다. 10명이 빠진다면 840,000원의 새로운 총 비용이 산출된다. 40명일 경우에 개인당 총 비용은 21,000원으로 50명일 경우의 17,600원과는 3,400원의 차이가 생긴다.

이것을 참석하지 않는 인원 10명으로 나누면, 개인당 340원이 된다. 따라서 49명일에 경우에 개인당 가격은 340원이 늘어나서 17,940원이 된다. 그리고 48명일 경우에 개인당 가격은 720원이 늘어나서 18,280원이 된다.

이러한 가격 결정 시스템은 인원 수가 줄어들면 가격은 증가하게 되므로 일반적인 메뉴 가격 결정과는 다르다. 업체가 감당할 수 없는 고정비와 줄어들지 않는 비용들은 고객들에게 떠넘기게 되는 것이다.

40명과 30명의 가격 변화를 순응률에 따라 재계산하게 된다.

이러한 가격 결정 시스템은 연회 사업자의 보호를 위하여 개발된 것이어서, 이것을 사용할 경우에는 가격이 참석인원 수에 따라 차이가 있다는 것을 고객에게 설명해 주어야 한다. 연회 계약은 1인당 가격에 바탕을 두고서 이루어져야 한다

7. 심리적 가격 결정

1982년 8월 코넬커터리에서 크롤(M. Kreul)과 스톡(A. M. Stock)은 매직넘버(Magic Number)라고 불리는 논문을 발표했다. 이 논문은 이러한 가격 결정을 오드센트 가격 결정(Odd Cents Pricing) 또는 소비자에게 미치는 가격의 심리적인 영향(Psychological Impact of Prices on the consumer)이라고 하였다.

오드센트 가격 결정은 일반적으로 음식가격의 마지막 숫자로서 9나 5를 사용한다. 이러한 방법으로 가격이 결정된 메뉴들이 효과적일 것이라는 보장은 없으나, 이러한 숫자는 소비자행동을 이끌어낼 수 있을 것이다.

사용되고 있는 대부분의 방법들이 다소 애매모호한 것들인데, 오드센트 가격결정이 이러한 범주에 속한다. 이 방법은 소매 시스템에 여러 해 동안 계속해서 사용되었다. 이것은 수익을 극대화하고 소비자에게 심리적으로 영향을 끼쳐 보고자 하는 시도였다. 매직넘버는 소비자 구매행동을 자극하게 된다는 논리였다.

크롤과 스탁은 오드센트 가격을 다음과 같이 결정했다고 한다.

- 가격이 오드넘버로 끝난다.
- 가격이 영이 아닌 수로 끝난다.
- 가격이 영 바로 밑의 수이다.

오드센트 가격 결정의 이유는 가격이 할인 혜택을 준다는 느낌을 들게 하고, 구매저항을 감소시켜 준다는 것이다. 두 번째의 이유는, 가격에 대해 생각하는 것이 고급레스토랑과 중급레스토랑에서 서로 다르다는 것이다. 오드센트 가격결정은 밖에서 식사할 수밖에 없는 사람들을 대상으로 하는 것이며, 만찬을 하고자 하는 사람들을 대상으로 하고자 하는 것은 아니다.

이것의 주요대상은 가격을 의식하는 고객이라는 것이다. 9로 끝나는 가격들이, 보다 낮은 품질의 서비스나 패스트푸드점을 가리킨다는 한 예이다.

가격 결정의 심리적인 측면에서 고려해야 할 또다른 점은 소비자가 첫 번째 숫자를 가장 중요한 것으로 여긴다는 것이다. 이 숫자가 음식가치에 대한 이미지를 만들어 낸다고 할 수 있다. 심리적인 가격 결정에 반응을 보이는 고객은 세 가지 양상을 보인다.

대체로 390원의 가격 결정에 반응을 보인 고객은 이보다 낮은 가격에서 구매의사 결정을 하고자 하고, 400~790원의 가격 결정에 반응을 보인 고객은 500원에서 구매의사 결정을 하고자 하며, 800원 이상의 가격 결정에 반응을 보이는 고객은 가격 그대로 구매의사 결정을 한다.

심리적인 가격 결정은 외식산업에서 자주 이용된다. 이것은 모든 사람이 값이 싼 물건을 찾는다는 것을 가정한 것이다. 이러한 가정에 문제가 아예 없는 것은 아니지만, 음식선택과 구매가격 사이에는 어떠한 관계가 존재하고 있다는 사실을 알 수 있다.

Chaper 6 메뉴 디자인

Chapter 6 메뉴 디자인

Section 1 메뉴 디자인의 유형

메뉴를 고안하는 사람의 중요한 임무는 외식업체가 판매하고자 하는 메뉴 음식들로 고객의 시선을 집중시키는 일이다. 메뉴 고안은 제공되는 메뉴 음식 만큼이나 다양하고 독창적일 수 있기 때문에, 메뉴 디자인은 경영자의 독자적인 상상에 의해 큰 영향을 받는다고 할 수 있다. 그러나 메뉴는 판매량과 수익을 증가시킬 수 있는 방향으로 고안되어야 한다.

외식업체의 메뉴는 구두로 고객에게 제시할 수 있고 보드에 써 놓을 수 있으며 인쇄물로 만들어질 수도 있다. 여기에서는 인쇄물로 메뉴가 제시될 경우에 필요한 내용들을 중심으로 설명한다. 메뉴가 어떻게 제시되든지 메뉴 디자인의 목적은 같기 때문에, 고객들을 유치하기 위한 방식으로서 그들이 구입해 주기를 바라는 메뉴를 제시하기만 하면 된다.

일반적으로 메뉴 고안자는 고객이 가장 먼저 메뉴에 자신의 눈을 둘 것이라 생각하고 메뉴를 고안한다. 따라서 잘 계획된 디자인은 고객의 주의를 끌 수 있으며, 특정한 곳이나 메뉴로 시선을 유도해낼 수 있다.

메뉴 디자인은 보통 네 가지 형태로 나눌 수 있다.

① 단일 페이지 메뉴(Single-Page Menu)
② 두 겹 메뉴(Two-Fold Menu)
③ 편지접이식 메뉴(Letter-Fold Menu)
④ 세 겹 메뉴(Three-Fold Menu)

첫 번째와 두 번째 유형은 메뉴의 전문가이면서 디자이너인 윌리엄 도에플러(W. Doerfler)에 의해 고안된 것이다.

그림 6-1 단일 페이지 메뉴

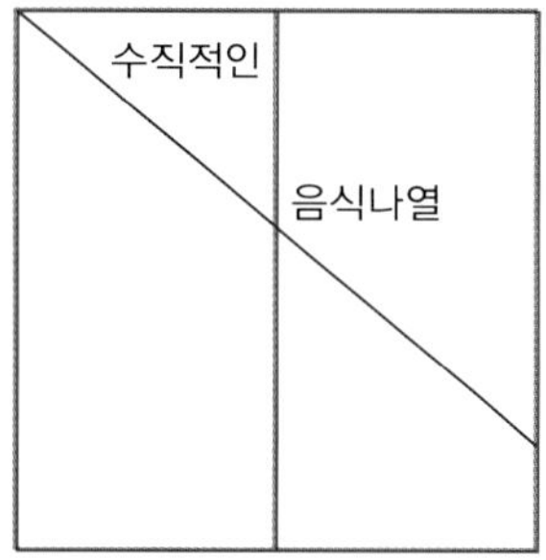

그림 6-2 두 겹 메뉴

① **단일 페이지 메뉴**의 경우는, 그림 6-1에서 보는 바와 같이 메뉴를 이등분하여 볼 때, 상단부분이 메뉴의 초점으로 가장 수익적인 음식들을 나열하는 형태라고 도에플러는 주장한다.

② **두 겹 메뉴**는 수익적인 음식을 그림 6-2에서 보는 바와 같이 좌측면 윗부분과 우측면 윗부분에 나열하는 메뉴이다.

③ **편지접이식 메뉴**는 세 부분으로 접게 된다. 이것은 세 부분의 앞뒷면을 로고, 광고, 인스티튜셔널 카피(Institutional copy), 음식나열, 설명을 위하여 이용한다. 이것은 안쪽 네 부분과 바깥쪽의 두 부분을 사용할 수 있게 고안된 것이다.

이 유형에 있어서 메뉴의 한 부분은 메뉴가 촉진의 일부분이 되거나, 기념품이 될 수 있도록 메일링 라벨(Mailing Label)을 위해 이용될 수도 있다.

④ **세 겹 메뉴**는 중앙부분의 중심에서 만나도록 접게 되는 왼쪽 부분과 오른쪽 부분을 모두 가지고 있다. 왼쪽 부분은 메뉴의 1/4이고, 중앙부분은 1/2이고, 오른쪽 부분은 1/4이다.

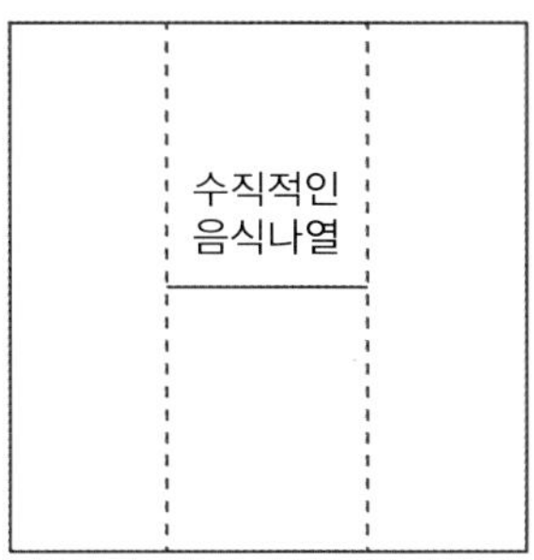

그림 6-3 수평적 접이 메뉴

그림 6-4 수직적 접이 메뉴

이러한 메뉴에 시선의 초점은 중앙 부분에 집중되는 경향이 있다. 그러므로 음식의 판매량은 이 부분에서 집중적으로 발생할 것이다.

네 가지 메뉴 디자인들 중에서 세 겹 메뉴 또는 편지접이식 메뉴가 과학적이라 할 수 있다. 왜냐하면 메뉴는 이러한 포맷(format)이 효과적으로 시선을 모아주어 판매를 유도하기 때문이다. 중심부는 사람이 메뉴를 펼 때 처음으로 보게 되는 곳이기 때문에, 두 겹의 메뉴에 있어서와 같이 두면 눈을 유도하는 것은 바람직하지 않을 수도 있다.

두 겹의 메뉴를 사용하고자 한다면, 종업원은 테이블 위에서 90도의 각도로 왼손을 이용하여 메뉴를 펴고 제시해야 한다. 이러한 경우에 고객은 특별판매를 하고자 하는 메뉴 음식들이 위치하고 있는 메뉴의 오른편을 보게 될 것이다. 고객 자신이 두 겹의 메뉴를 폈다면 중앙부분을 보게 될 것이며, 중앙에나 있는 접이 부분에 펴는 것을 용이하게 하기 위하여 만들어 놓은 끈만 보게 될지도 모른다.

중앙에 초점을 둔 후 고객은 오른쪽 상단 코너로 눈의 초점을 옮길 것이고, 그 다음에 왼쪽 상단 코너로 옮긴 다음에 밑부분 왼쪽 코너로 옮긴다. 그 다음에도 그는 똑같은 과정을 거꾸로 다시 행하고, 최종적으로 다시 앞과 뒤를 보게 된다. 눈의 초점에 관한 연구들에 따르면 고객은 메뉴의 중앙부분을 가로질러 일곱 번이나 반복해서 본다. 그러므로 가장 많이 판매하고자 하는 음식이 속하여 있는 중앙부분은, 판매전략과 메뉴 계획에 있어서 매우 중요하다.

메뉴 음식의 배열은 고객이 음식을 선택할 순서로 되어 있어야 한다. 고객이 음식을 얼마나 잘 선택할 수 있느냐는, 배열에 얼마나 많은 시간을 소요하고 특별음식을 얼마나 잘 강조했느냐에 따라 달라진다.

메뉴 배열은 수익적인 음식들을 강조할 수 있도록 고안되어야 한다. 특별 메뉴에 박스를 그려놓는 것은 고객의 시선을 끌기 위한 배열일 수 있다. 그 박스가 없으면 시선을 그릴 수 없으며, 혼잡한 배열이 될 수도 있다. 경영자가 판매하고자 하는 음식을 강조하는 박스에 시선을 집중할 수 있도록 해야 한다.

메뉴 디자인 시 고려사항

메뉴 디자인은 특정 메뉴로서의 조건에 적합해야 한다. 디자인이 이러한 조건을 적당하게 충족시킬 수 없다면 빈약하게 만들어진 디자인이 될 수 있다. 따라서 다음과 같은 두 가지를 고려하며 메뉴를 고안할 필요가 있다.

1) 고객이 메뉴를 쉽게 다룰 수 있는가?

- 글씨가 너무 크거나 작거나 또는 너무 배열이 복잡하지 않은가?

2) 메뉴는 닳거나 찢어질 우려는 없는가?

- 디자인이 기능적으로 되어 있는가?
- 종이는 단단한가?
- 페이지 표시는 안 할 것인가 또는 페이지를 분리할 것인가?

Section 2 메뉴 표지

메뉴 표지는 원하는 분위기를 만들고자 할 때 중요하다.

외식업체에 관하여 어떠한 의미를 줄 수 있어야 하고, 소비자의 수요를 환기시킬 수 있어야 한다. 메뉴 커버는 전체 광고 프로그램의 중요한 일부분임을 명심해야 한다.

메뉴 커버는 원하는 이미지를 전달할 수 있고, 고객에게 커뮤니케이션 과정이 시작되는 단어들과 그래픽들의 조화가 이루어질 수 있어야 한다. 중요한 기능은 고객을 음식서비스업체로 유인하고 메뉴를 인지시키는 것이다.

쇠고기 전문점일 경우에는 메뉴 표지에 황소 그림을 넣거나, 생선 전문점일 경우에는 대표적인 생선 그림을 넣어 특정 음식을 전문으로 하는 외식업체라는 것을 인지시키는 것이 한 예이다.

1. 표지 사이즈

미국레스토랑협회(NRA)에 의해 행해진 조사에서 이상적인 메뉴 크기는 넓이 9인치(23cm)에 길이 12인치(30cm)로 밝혀졌다. 이것은 대부분의 사람들이 다루기 쉬운 크기이다. 이 사이즈가 이상적이라고 할 수 있지만 여러 사이즈와 형태가 있을 수 있으며 다른 크기가 더 성공적일 수도 있다. 크기와 형태를 다양하게 하는 메뉴들은 일반적으로 극적인 효과를 얻기 위하여 만들어진다.

2. 표지 재료

메뉴 표지의 재료 선정은 메뉴가 사용될 기간에 바탕을 두어야 한다. 메뉴를 영구적으로 사용할 것이라면 오랫동안 사용할 수 있는 재료로 만들어야 한다. 이 때 메뉴는 그 자체를 인쇄하거나 커버에 넣어 이용할 수 있다. 얇은 코팅이 결국은 오래도록 사용하여 낡기 시작할지라도, 청결을 유지 하는 측면에서는 유용하다.

메뉴 커버는 대개 종이로 만든다고 하더라도 거의 같은 재료가 커버 또는 메뉴가 자체를 위해서 사용될 수 있다. 예컨대 한 스테이크 체인점은 메뉴를 육류용 큰칼에 인쇄를 한다. 어떤 음식서비스업체는 깃털을 입힌 병을 사용하고 있다. 그리고 나무 스푼에 인쇄하거나, 런치버킷에 인쇄하거나 아이스크림바의 형태로 만들어진 메뉴도 있다.

메뉴 표지 또는 메뉴 그 자체는 음식서비스업체 장식과 조화를 이룰 수 있어야 한다. 색상은 메뉴 표지에 중요한 요소로 고려되고 있으며 고객에게 심리적인 영향을 주게 되며, 외식업체에 대한 특정한 이미지를 전달할 수도 있다. 선택한 색상 이미지가 메뉴 표지의 색상 이미지든 식당장식의 색상 이미지이든 식사 분위기에 맞게 설정되어야 한다. 고객이 식당에서의 경험을 중요하게 여기고 있다면, 그가 외식업체의 색상 또는 로고를 볼 때마다 기억을 떠올리게 되어 결국은 업체를 다시 찾게 되는 바탕이 된다.

색을 많이 사용하면 할수록 메뉴의 비용은 비싸지기 때문에, 색종이에 사용되는 색 잉크는 메뉴 표지에 있어서 색상의 효과를 얻을 수 있는 값싼 방법일 수도 있다. 또 다른 방법은 메뉴 표지에 리본(ribbon)을 달든지 대부분의 카드점에서 구입할 수 있는 여러 색의 스티커(sticker)를 이용하는 것이다.

3. 예술성

모든 외식업체들은 고객들에게 알리고자 하는 것을 알리고 고객들의 지각에 영향을 미칠 수 있는 메뉴 표지를 만들기 위하여 독창적이면서 값싼 방법들을 강구하고 있다. 유구한 역사를 가진 거리에 위치한 외식업체에서 오래된 사진이나 그 지역을 상징하는 그림을 이용하는 것이 그 한 예이다. 국립도서관이나 역사적인 건물들도 좋은 자료원이 된다. 빼어난 지방경관 그림도 외식업체를 인식시키거나 위치를 인식시키는 데에 적합하다.

어떤 외식업체는 디저트 메뉴를 위한 표지로서 홀마크 카드(Hallmark card)를 이용하여, 여기에 매력적이고 손으로 쓴 메뉴를 삽입시키기도 한다. 카드의 앞면에 그림은 수요를 환기시키게 되며, 좋은 인상을 고객들에게 심어줄 수 있다. 물론 이와 같이 하려면 카드의 발행인으로부터 그것의 이용에 대해 허락을 받아야 한다. 이것은 제고안 비용을 절약하게 되며, 약간의 변화는 약간의 비용으로도 가능할 수 있다.

4. 기본적인 표지 정보

메뉴 표지는 다음과 같은 것을 원칙으로 하여야 한다. 먼저 메뉴 표지는 로고, 이름 또는 둘 모두로 외식업체를 차별화할 수 있어야 한다. 둘째로 외식업체의 위치, 시간, 특별 서비스를 포함시키는 것이 자주 행해지는 것은 아니지만 현명하다. 처음 보았을 때 어떤 특정한 인상을 심어주는 메뉴를 수집한다. 그러나 시간이 지나고 기억이 사라져 버린다면 외식업체의 위치를 기억하지 못할 수도 있기 때문이다.

Section 3 메뉴 음식의 배열

1. 음식명

음식의 이름은 고객에게 정식적인 이미지를 주기 때문에 중요하다. 식사에 대한 만족은 고객들의 기대를 충족시키는 음식으로부터 나온다.

미국 레스토랑 사업자는 음식이름에 관한 조사를 한 적이 있다. 그 결과 대부분의 사람들은 메뉴 음식에 사용하는 특별한 용어(예 : Cute, Strange, Cutesy 등) 사용을 좋아하지 않는 것으로 나타났다. 다만, 그와 같은 용어로 특별한 개별 클립과 같은 외식업체에서는 사용될 수 있다.

대중적인 외식업체와 같은 곳에서의 음식명은 쉽게 알 수 있는 용어를 사용해야 한다. 물론 새로운 이름을 사용하여 성공하는 사례들도 있으나, 보편적으로 보면 그러한 특별한 명칭은 외식업체의 테마를 전달하거나 특정한 촉진 목적을 위해서만 사용해야 한다.

2. 음식 설명

음식에 대한 설명은 적절한 음식 설명을 통해 고객들의 구매동기를 자극하고자 하는 것이다. 예를 들어 스테이크는 미국 중부의 아이오와(Iowa) 옥수수를 먹인 쇠고기로 육즙이 풍부한 쇠고기라고 묘사될 수 있다. 그러나 이러한 설명도 역효과를 초래할 경우가 있다.

예를 들자면, 후렌치 프라이에 대해 고객이 알고 있다면 감자기 미국 서·북부 아이다호(Idaho)주에서 생산된 것이라고 설명할 필요가 없다. 또한 그것을 어떠한 방법으로 자르거나 황갈색으로 튀겼다고 설명할 필요가 없으며, 주위를 주기 위한 경우를 제외하고는 그것이 뜨겁거나 소금을 뿌렸다는 것을 설명할 필요가 없다.

독일어를 구사하는 사람만이 이용할 수 있는 독일식당의 메뉴는 독일어를 구사하지 못하는 사람들은 이용하지 못한다. 이용고객이 독일어를 구사하는 사람들이라면, 잘 알고 있는 내용을 너무 세부적으로 설명하는 것도 바람직하다고 볼 수 없다.

다양한 고객을 가지고 있는 국적외식업체는 메뉴 음식에 대해 상세한 설명을 할 필요가 있다. 그리스 지역의 사람들 이외의 고객들을 끌어들이고자 하는 그리스 외식 업체는 음식을 처음으로 경험하는 고객들이 알 수 있도록 충분한 설명을 덧붙여야 한다.

해외국적 외식업체가 아닐지라도 이질적인 메뉴 음식을 제공하는 외식업체는 음식의 이름을 정확하게 기입하여야 한다. 명성이 있는 외식업체일지라도 잘못된 프랑스어, 영어 등 외국어로 표기된 메뉴들은 고객들을 당황하게 할 수 있다.

메뉴 음식의 설명에는 다음과 같은 것에 대한 내용이 포함되어야 한다.

- 조리 방법
- 기본 재료
- 서비스 방법
- 상품의 질
- 부위
- 상품의 크기

상품의 크기를 반드시 메뉴 상의 음식 설명에 포함시킬 필요가 없으나, 이러하 상품의 크기로 인해 고객들이 불만을 가질 수 있는 여지를 만들 수 있기 때문에 가능한 한 포함시키는 것이 좋다.

가격의 명시는 고객에게 심리적으로 영향을 미칠 수 있다. 보통 세 가지 형태로 표시된다. 첫 번째는 가능한 한 가격을 메뉴 음식명 가까이에 기록하는 것이다(그림 6-5). 두 번째는 음식명과 가격 사이를 점선으로 연결하는 것이다(그림 6-6). 세 번째는 가격을 기입하지 않는 것이다. 이것은 고객에게 보다 더 높은 가격의 메뉴 음식들을 구매하게 하고, 식사하는 데에 더 많은 돈을 지불할 수 있다는 생각이 들게 한다(그림 6-7).

메뉴 음식의 설명은 메뉴의 정확성 규정이 생긴 이후에 다소 변화되었다. 바로 고객들에게 이해하기 쉽고 정확하게 설명하여야 한다는 의무가 외식업체 경영자에게 제공된 것이다. 과거에 이용되었던 복잡하고 부정확한 설명과는 달리, 현재는 정확하게 설명되고 있다.

레시피의 보안이나 자체 개발하여 조리한 음식은, 올바른 상품과 상품의 구성요소들의 이름으로 대치되었다. 그러나 이러한 것은 고객의 구매행동결정을 혼란시킴으로써 구매 결정을 하지 않는 결과를 초래할 수도 있다.

SPKCIAL ENTREES

CALVES LIVER MARSALA 11,000원
Sauteed with Proscuitio Ham, Mushrooms and Onions
STRIP SIRLOIN 13,000원
Served Medium Rare, with Rosemary, Black Pepper, Olive Oil and Lemon
SHRIMP DIJON 13,000원
Sauteed with White Wine, Dijon Mustard Sauce
VEAL SPEDINI 11,000원
Stuffed with Egg, Mushrooms, Tomato, Cheese and Proscuitto
CHICKEN SOTTO 10,000원
Marinated, Brcaded and Broiled, Lemon Mushroom Sauce
VKAL CHOPS 13,000원
Pressed witli Romano Cheese, Sauteed and Served with Fresh Lemon
FILET OF BEEF 15,000원
Sauteed, Served with Wild Mushrooms and Red Wine Sauce

Entrees include Choice of Angel Hair with Oil, Butter and Garlic or
New Potatoes, Fried with Onions and Tossed with Herbs
and Seasonings and House Salad

그림 6-5 가격의 인쇄 형태 I

ENTREES

GRILLED SWORDFISH··························21,000원
Fresh Atlantic swordfish steak grilled over pecan flames.
Served with a rich hollandaise sauce and fresh vegetable.

SHRIMP AND TASSO FETFUCINI··························15,000원
Gulf shrimp and spicy cajun ham sauteed and tossed with fettucini,
served with grilled creole tomato slices and wilted spinach.

VEAL with ROQUEFORT and PEARS··························25,000원
Scallops of milk-fed veal sauteed with pears
topped with a light roquefort sauce and served with fresh vegetable.

SOFTSHELL CRABS··························21,000원
Two fresh jumbo softshell crabs stuffed with
Mr B's seafood dressing, breaded and deep fried.
Served with lemon butter sauce and boiled new potatoes.

그림 6-6 가격의 인쇄 형태 II

Sauteed Scallops en Bouchee
Cream Sauce with Mushrooms
Fourteen Ninety-Five

Alaskan King Crab Begs South Afrian Lobster Tails
Seventeen ninty-five Nineteen ninety-five
Swordfish Red Snapper Noisette

Char Broiled Topped with Crabmeat
Thirteen twenty-five Twelev ninety-five
Dover Sole Almondine
Boned tableside
Seventeen ninety-five

그림 6-7 가격의 인쇄 형태 III

3. 인스티튜셔널 카피(Institutional Copy)

인스티튜셔널 카피란 외식업체의 질, 역사, 어떤 특별한 사리에 관한 내용을 강조하는 메뉴이다. 이것은 고객에게 외식업체의 특징을 인지시켜 준다.

이러한 형태는 다음과 같은 네 가지가 있다.

① 한 음식서비스업체가 유구한 역사를 가지고 있는 건물에 위치하고 있을 때, 이 건물에 대한 역사를 설명함으로써 상징성을 부각시키는 경우이다.
② 레스토랑의 전통성을 부각시키는 경우이다.
③ 조상으로부터 비법을 전수받아 음식을 조리하는 레스토랑이라는 것을 부각시키는 형태이다.
④ 특정분위기를 강조하는 형태이다. 이것은 전문성을 강조하기 위해 일본풍, 영국풍, 프랑스풍, 중국풍 등 외국 분위기의 사진을 첨부한다.

4. 보일러플레이트 정보(Boilerplate Information)

이러한 유형의 메뉴는 다음과 같은 내용들을 중심으로 만들어진다.

① 업체의 이름
② 업체의 주소
③ 업체가 위치한 지역
④ 영업시간과 영업일
⑤ 특정한 서비스

메뉴 음식의 위치는 마케팅 도구로서 메뉴의 중요한 측면이다. 마케팅 원칙은, 고객이 관심을 처음에 두었던 음식이나 마지막에 두었던 음식이 고객의 마음속에 가장 많이 남는다는 것을 바탕으로 할 필요가 있다.

가장 수익성이 높은 음식들을 특화시켜 이러한 원칙을 적용하는 것은 결국 판매하고자 하는 음식의 판매량을 증가시키는 데에 도움이 될 것이다.

10개의 메뉴 음식에서 처음에 나열한 음식, 두 번째로 나열한 음식, 마지막에 나열한 음식은 가장 많이 판매되는 음식들이라는 것이 연구 결과에서도 나왔다. 가장 싼 음식에서 가장 비싼 음식의 순이다. 가장 비싼 음식에서 싼 음식의 순으로, 메뉴 음식들을 나열하여서는 안 된다. 가장 수익적인 음식들의 순으로 나열하여야 한다. 만약 가장 비싼 음식이 수익적인 음식이라면, 이 음식은 처음이나 마지막에 나열하여야 한다.

고객들은 보통 메뉴를 열어서 얼핏 보고는 닫아버린다. 종업원이 주문을 받기 위해서 다가갔을 때에 고객들이 다시 메뉴를 펴 보는 경우도 없다. 메뉴에 있어서 처음의 음식과 두 번째의 음식, 마지막 음식만 보고 주문하였다면 고객의 주의를 끌지 못한 중간 음식들은 대체되거나 제거되는 것이 바람직하다.

ENTREES

Half Grilled Spring Chicken······7,500원
Seasoned with lemon and fresh thyme and served with fresh seasonal vegetables.

Sauteed Creole Catfish······7,800원
Breaded in commeal and sauteed untill golden brown and served with two tartaar sauces – one tomato and one jalepeno.

Shrimp and Angel Hair······8,800원
SaGulf shrimp over angel hair pasta, with a creamy fresh herb and garlic sauces.

Shrimp Chippewa······9,000원
Gulf Shrimp in a beer batter, rolled in gratedcoconut and crisply fried, served with crpole marmalade sauce.

Pasta Primavera······8,000원
Fresh vegetables, Prosciutto and Romano Cheese Tossed with pasta in a cream sauce flavored with sweet basil and green onions.

Pasta Carbonara······8,000원
Spaghetti tossed with Prosciutto, parmeasan and Romano cheese, cream and crisp crumbled bacon.

Paneed Veal and Frttucini······10,000원
Milk–fed veal breaded and pan sauteed, served with fettucini Alfredo.

Hickory Grilled Shrimp and Andouille Sausage······10,000원
Derved with a Creole mustard sauce on a bed of rice.

Mr. B's Chopped Steak······8,800원
Freshly ground tenderloin wrapped with bacon and hickory grilled, served with potaoes and a Crpole tomato salad.

그림 6-8 가격의 인쇄 형태 Ⅳ

메뉴에 관한 통계연구의 결과를 보면, 메뉴 음식의 수에 관계없이 실제 판매는 8~10개의 음식들에 집중되어야 한다는 것을 알 수 있다. 메뉴 음식의 수를 제한하는 것은, 종업원들로 하여금 메뉴 음식에 대한 지식을 지니게 해서 고객에게 고품질의 정보를 제공하게 되는 결과를 얻게 된다. 그러므로 판매되지 않는 음식은 메뉴상에서 제거되어야 한다.

음식을 만드는 데 필요한 식재료의 재고는 원가상승의 원인이 되며 불규칙적인 주문으로 음식의 품질을 떨어뜨릴 수 있다. 이상적인 메뉴 음식의 수는 앙트레(Entrée)의 경우 전체판매의 10%인 10개이다. 그러나 이러한 수도 합리적이라 할 수 없으며, 철저한 분석을 통하여 메뉴 음식의 수를 결정하는 것이 이상적이다.

고객의 관심을 끌 수 있을 만큼으로 메뉴를 다양화하여야 하나, 통제가 가능한 범위까지로 제한해야 한다는 것을 유념해야 한다. 제한된 메뉴를 가지고 있는 패스트푸드의 경우에 인력과 장비의 최대 가용선까지 메뉴 음식의 수를 확대하여 품질을 떨어뜨리게 되고, 원가관리가 되지 않아 수익적인 영업활동을 기대할 수 없게 된다.

제한된 메뉴의 장점은 고객이 음식을 선택하는 데 많은 시간이 필요하지 않는다는 것이다.

특정한 이유로 인하여 음식의 수요 확대가 불가피하다면, 소스나 조리방법을 다양화함으로써 똑같은 크기의 고기, 생선, 가금류로 여러 음식을 만들 수 있도록 하여야 한다. 그렇게 함으로써 메뉴 음식의 수가 늘어나더라도 재고는 늘어나지 않는다.

업체가 소규모일수록 메뉴 음식의 수와 이들의 배치는 더 쉬워진다. 하지만, 경영자가 계속적으로 고객과 관계를 가지고 음식을 조리하여 제공하고 있을 때 메뉴상에 잘못된 것은 구두환류과정을 통하여 듣게 되거나 직접적으로 알 수 있게 된다.

결국 메뉴는 오감 모두를 충족시킬 수 있도록 작성되어야 한다. 단지 입과 위장을 만족시키기 위해서 먹는 것만은 아니라는 사실에 유념해야 한다.

① 시각적(Sight)인 효과
② 미각적(Taste)인 효과
③ 촉감(Touch)인 효과
④ 후각(Smell)인 효과
⑤ 청각(Hearing)인 효과

Section 4 활자체

메뉴카피의 준비가 끝나면 종이, 활자체, 인쇄의 크기를 선택해야 한다.

메뉴의 활자체는 외식업체의 분위기를 반영할 수 있어야 한다. 기업의 로고와 트레이드마크가 기업의 이미지에 중요한 요소인 것과 마찬가지로 메뉴는 외식업체의 이미지를 전달하게 된다. 외식업체의 색, 로고, 트레이드마크(trad-mark)는 메뉴의 일부분이 되어야 하며, 외식업체의 모든 음식을 쉽게 식별할 수 있도록 이용되어야 한다.

결정된 활자체와 그래픽 요소들은 냅킨(Napkin), 플레스매트(Placemet), 테이블텐트(Table Tent), 메뉴 클립온스(Menu Clip-ons) 그 밖에도 접객 공간에 이용한다. 매력적이면서 쉽게 인식할 수 있는 물리적 특성들의 이용은 고객에게 품질, 음식, 서비스의 일관성을 보여준다.

또한, 메뉴는 읽기 쉬어야 하고, 이해하기 어려운 유형의 형태이거나 글자 크기는 너무 작지 않아야 한다. 활자체에는 여러 가지의 형태와 크기가 있다. 그 중 세리프(Serif), 산세리프(Sans serif), 초서체(Script)가 많이 애용되는 것들 중 하나이다.

1. 세리프

글자의 끝에 가는 선이 있는 세리프 활자체는 우아하고 읽기가 쉬우며 그리고 견고한 느낌을 준다. 그러나 요즘 이러한 활자체는 시대에 뒤떨어지거나 전통적인 것으로 취급되고 있다.

2. 산세리프

세리프가 없는 산세리프 활자체는 일반적으로 벽돌형이어서 단순하고 약간 현대적인 느낌을 준다.

3. 초서체

초서체는 메뉴에 적합하나 조심스럽게 이용되어야 한다. 인쇄에 다양성을 부여해 줄 수 있고 촉진하고자 하는 음식들을 잘 식별할 수 있게 하여 줄 수 있으나, 경사진 글자들의 각도로 인하여 눈을 피곤하게 할 수 있다.

메뉴는 영문체일 경우에 대문자와 소문자를 둘 다 이용하여 인쇄되어야 한다. 소문자의 비율은 대문자의 약 2배 정도이면 쉽게 읽을 수 있어 효과적이다.

생소한 활자체와 자유로운 인쇄형태들은 메뉴에 있어서 아주 조심스럽게 이용되어야 한다. 그것들은 해석하는 데 어려움을 주게 되고 쉽게 읽을 수 없게 된다.

활자체의 굵기는 메뉴의 고안에 있어서 중요한 또 다른 요소이다. 활자체들은 가벼운 것, 중간 정도인 것, 굵은 것이 있을 수 있다.

앞에서 언급한 것과 같이 메뉴는 외식업체의 이미지를 전달함으로써 인쇄는 외식업체를 위해 개발한 장식에 어울려야 한다.

COFFEE–OUR OWN BLEND…………50
COFFEE–OUR OWN BLEND…………50
COFFEE–OUR OWN BLEND…………50
COFFEE–OUR OWN BLEND…………50
COFFEE–OUR OWN BLEND…………50

그림 6-9 세리프 활자체

COFFEE-OUR OWN BLEND............50
COFFEE-OUR OWN BLEND............50
COFFEE-OUR OWN BLEND............50
COFFEE-OUR OWN BLEND............50
COFFEE-OUR OWN BLEND............50

그림 6-10 산세리프 활자체

COFFEE-OUR OWN BLEND............50
COFFEE-OUR OWN BLEND............50
COFFEE-OUR OWN BLEND............50
COFFEE-OUR OWN BLEND............50
COFFEE-OUR OWN BLEND............50

그림 6-11 초서체

따라서 활자체 유형과 글자의 크기는 외식업체의 분위기와 일관되어야 한다. 메뉴상에 세 가지 이상의 다른 활자체를 이용하는 것은 바람직하지 않다. 메뉴 음식의 나열을 복잡하게 하며 보기가 싫어서 고객에게 잘못된 메시지를 전달할 수도 있다.

4. 글자의 크기와 공간

메뉴 작성의 궁극적 목표가 읽기 쉽게 하는 것이기 때문에, 이용 가능한 공간에 적합한 유형 크기를 선택해야 한다. 그 유형은 쉽게 읽을 수 있을 만큼 충분해야 하고, 그 메뉴는 너무 복잡하거 난잡해 보여서는 안 된다. 글자의 크기는 보통 인치당 7~10포인트이다. 메뉴가 10포인트보다 작은 크기로 인쇄되는 것도 바람직하지 않다.

줄(행) 사이의 공간을 리딩(Leading)이라고 칭한다. 메뉴를 쉽게 읽을 수 있게 하려면 3포인트 리딩이 필요하다. 그림 6-11에서 보면 3포인트 리딩을 부여한 카피는 리딩을 전혀 부여하지 않은 카피보다 읽기가 쉽다.

리딩을 전혀 부여하지 않은 프린팅은 셋 솔리드(Set Solid)라고 말한다.

또한 글자 사이의 공간도 적당하여야 한다. 글자 사이의 공간이 주는 느낌은 그림에서 보는 바와 같이 크게 두 가지로 구분된다. 하나는 커닝(Kerning) 문자 사이의 공간을 제거하여 특이하게 보이기는 하지만, 잘 식별할 수 없는 경우이다. 두 번째 글자 사이에 일정한 공간을 부여한 레터 공간(Letter Spacing)으로, 쉽게 식별할 수 있도록 한 유형이다.

5. 종이와 잉크

메뉴는 흰 종이 위에 검정 잉크로 인쇄되는 것이 일반적이지만, 외식업체의 분위기와 색상 계획에 적합한 색종이와 컬러 잉크를 이용할 수 있다. 그러나 혼합된 색의 이용이 조명 아래에 쉽게 읽혀지지 않을 수도 있다는 것을 염두에 둬야 한다. 의사결정을 내리기 전 세팅의 조화를 시험해야 한다.

메뉴는 대개 종이에 인쇄된다. 인테리어의 표준재료는 종이이지만, 종이의 질과 유형은 메뉴의 영구성에 의해 달라진다. 외식업체의 성격과 유형은 종이의 질을 결정하게 된다. 메뉴가 매일 또는 자주 바뀐다면, 보다 낮은 질의 종이를 이용하게 된다. 그렇지 않으면 종이는 폐용이 빨리 된다.

CGORIGOMTANG YOOKGAEJANG BOSHINTANG
BULGOGI BIBIMBAB ORITANG
BULGALBI ABALONE CONGE HAEGANGKUK

그림 6-12 12포인트 유형의 예

SERIF GOTHIC 12/3

THE GOURMET-with grilled onions,

souteed mushrooms and swiss cheese·····················4.50

12/0

THE GOURMET-with grilled onions,
souteed mushrooms and swiss cheese·····················4.50

그림 6-13 3포인트 리딩의 유형

SERIF GOTHIC 12/3

THE GOURMET-with grilled onions,

souteed mushrooms and swiss cheese··············4.50

12/0

THE GOURMET-with grilled onions,
souteed mushrooms and swiss cheese·····················4.50

그림 6-14 글자 사이의 공간주기의 예

반면에 패스트푸드 업체들은 메뉴를 장기적으로 이용하기 위해서 종종 코팅한 메뉴를 선호한다. 재사용할 수 있는 메뉴는 고객들과 종업원 들의 많은 이용에도 쉽게 손상되지 않을 만큼의 영구적인 종이여야 한다.

메뉴가 인쇄될 종이의 질감과 무게는 영구성과 직결된다. 메뉴의 종이를 선택할 때는 그것이 외식업체의 이미지를 전달할 수 있는 것인지를 고려해야 한다. 최종 인쇄를 하기 전에는 목록을 시험하여야 한다. 여러 가지 색과 무게 및 질감에 있어서 몇 가지 종이의 샘플들을 평가하는 등 합리적이면서도 경제적으로 결정해야 한다.

메뉴 종이는 내용측면에서도 전체 메뉴 비용의 10~15% 이상이 되어서는 안 되며 크기 측면에서도 일반적으로 9~12인치에 해당하는 크기의 종이를 구매하는 것이 바람직하다.

6. 여 백

여기에서 여백은 인쇄되지 않은 부분을 말한다. 메뉴에는 여백이 필요하다.

메뉴 음식의 나열, 그림 그리고 기타 다른 것들을 위하여 이용 가능한 전체 여백 중에서 50% 이상을 차지하게끔 하는 것은 바람직하지 않다. 여백은 유형을 강조하게 되고 메뉴를 쉽게 읽을 수 있게 하며 어지럽게 보이는 것을 피할 수 있게 한다. 여백이 50%도 안 된다면 메뉴는 상당히 복잡하게 보이게 되며, 고객들이 메뉴를 읽고 음식을 결정할 때 어려움을 느낄 수 있다.

TREASURES FROM THE SEA

FRENCH FRID lOUISIANA SHRIMP	8.95
ICE GULF CHANNEL CATFISH	8.95
NORTHERN CHANNEL CATFISH	6.95
ROCKY MOUNTAIN RAINBOW	7.30
HALIBUT, Broiled or Breaded	8.50
DEEP FRIED FORG LEGS	7.50
BROILED AFRICAN ROCK LOBSTER TAIL	Market Prices

SEAFOOD CATCH OF THE DAY
YOUR SERVER WILL MAKE TODAY'S CATCH AVAILABLE TO YOU
ALL SEAFOOD IS SUBJECT TO SEASON – WEATHER – AND FISHING LUCK

그림 6-15 여백 이용의 예

가장자리, 즉 메뉴의 테두리는 여백의 한 형태로 일관되어야 한다. 이것은 메뉴의 균형을 유지할 수 있게 하며 쉽게 읽을 수 있게 한다. 좌측에 그 유형의 균형이 잡히지 않는다면 우측의 유형도 균형이 잡히지 않을 수 있다.

메뉴의 밑줄 여백은 특정의 것들을 촉진하기 위해 효과적으로 이용될 수 있다. 예컨대 조식 메뉴의 밑줄 여백은 일요일의 브런치(Brunch)를 촉진하기 위해서 이용될 수도 있다. 메뉴의 항목과 그림의 배열에 있어서 밑줄 여백을 두게 된다면, 그것을 효과적으로 이용할 수도 있다. 꼭 밑줄을 남길 필요는 없다.

7. 메뉴 색상

색상은 특정 메뉴 음식을 프로모션(promotion)하기 위해 사용될 수 있다. 이것은 앞에서도 설명한 바와 같이 외식업체의 테마와 장식을 위해 메뉴 표지에 이용된다. 사용될 색상은 값이 비싸기 때문에 예산을 고려하여 결정해야 한다.

Chaper 7

메뉴 분석 및 평가

Chapter 7 메뉴 분석 및 평가

Section 1 메뉴 분석의 개요

메뉴 분석(Menu Analysis)에는 여러 종류가 있으며, 메뉴가 식당 명칭이 맞는지 메뉴 이미지 분석에서부터 메뉴 가격에 대한 비교분석, 메뉴 원가에 대한 가격분석, 메뉴에 대한 고객 선호도 분석, 메뉴 중요도 분석, 메뉴 인기도 분석, 메뉴 원가 분석, 메뉴 총 수익 분석, 메뉴 매출액 분석, 메뉴별 고객수요 분석 등 다양한 분석을 할 수 있다.

그러나 대체적으로 메뉴 분석은 경쟁 업체 간의 비교 분석이나 한 업체 내에서 같은 종류의 메뉴끼리 비교분석하기 위하여 많이 이용한다. 이러한 메뉴 분석을 통하여 메뉴의 원가를 분석하여 수익성·인기성을 결정하고 메뉴 비교점수 등을 이용하여 메뉴 판매가능성을 측정하고 메뉴 변화가능성과 메뉴 가격을 변화시킬 수 있으며 판매촉진전략을 통한 매출증대나 메뉴를 삭제하여 영업향상을 가져오게 하는 데 큰 의의를 찾을 수 있다.

외식산업에 있어서 메뉴 분석이란 고객의 선호도에 따른 최고의 만족, 종업원 능력에 따른 최대 매출량 증가, 식당경영자에게 순이익 증가시키기 위한 메뉴를 구성하는 일련의 행위라고 개념정의를 내릴 수 있다.

Section 2 메뉴 분석의 종류

1. 메뉴 ABC 분석방법

대부분의 식당들이 가장 많이 사용하는 간단한 분석방법으로 메뉴아이템의 20%가 전체 매출액의 80%를 차지한다는 20:80 법칙을 적용하는 분석기법이다. 고객이 좋아하는 메뉴의 대부분은 극히 일부분의 메뉴에 의해 구성되는 것을 알아볼 수 있는 분석기법이다. 이 분석방법은 메뉴 부분만을 대상으로 고객이 좋아하는 메뉴가 무엇인지를 찾아내어 보다 많이 계속해서 인기를 유지하며 판매증가를 가져올 수 있도록 하는 방법이다.

메뉴 ABC 분석방법은, 첫째로 어느 일정한 기간(보통 1개월 단위) 동안 판매된 메뉴의 수와 매출액을 합한다. 둘째로 매출액이 많은 메뉴 순으로 모든 메뉴를 기재한다. 셋째로 메뉴의 매출 전체를 총합계 낸다. 넷째로 각각 메뉴의 매출액을 총 합계로 나누어 전체에서 차지하는 비율(%)을 나타낸다. 다섯째로 비율(%)의 누계를 낸다. 여섯째로 메뉴순서별 누계치의 75~80%를 A부분, 85~90%까지를 B부분, 그리고 나머지 100%를 C부분으로 한다.

이와 같은 ABC 분석방법은 잘 팔리는 메뉴의 성향이 파악되므로 고객의 메뉴 선호도나 메뉴 제공시간 등을 단축시킬 수 있는 장점이 있으나, 메뉴 조리과정에서 일어나는 인력에 대해 인건비가 무시되기 때문에 정확한 분석결과를 얻기 어려운 한계점이 있다.

2. SWOT 메뉴 분석방법

SWOT(Strength, Weakness, Opportynities, Threats) 메뉴 분석방법은 James. F. Keiser가 주장하였으며 각 외식업체 내에서 메뉴의 강점과 약점을 결합시켜 효과적인 메뉴 전략을 모색하는 것이다. 따라서 SWOT분석은 강점을 최대로 살리고 약점을 최소화하여 기회요소를 최대로 살리고 위협요소를 최소화하는 방법이다.

표 7-1 SWOT 분석

강점 Strength	약점 Weakness
기회 Opportunities	위협 Threats

3. 밀러의 메뉴 분석방법

밀러(Jack. E. Miller)가 1980년에 메뉴 가격 결정과 전략에서 주장한 방식은 일정기간 동안 판매한 메뉴 원가 비율과 판매량과의 상관관계를 나타내는 방법이다.

표 7-2 원가/매출량

Ⅰ. Winner 높은 인기, 낮은 원가	Ⅱ. Marginals 높은 인기, 높은 원가
Ⅲ. Marginals 낮은 원가, 낮은 원가	Ⅳ. Loser 낮은 인기, 높은 원가

이 방법은 가장 낮은 원가 메뉴와 가장 높은 매출량의 메뉴들이 가장 좋은 영업성과를 가져오는 메뉴라는 접근방법이다. 그러나 원가율이 낮은 메뉴는 판매가격도 낮을 수 있어 수익성이 없을 수도 있는 동시에 수익성을 높이기 위해 가격을 올리면 고객감소를 초래할 수 있다. 또한, 낮은 원가율과 높은 판매량의 메뉴들이 있을 수 있으나 매출액이나 공헌이익을 나타낼 수 없는 한계가 있다.

4. 카사바나와 스미스의 분석방법

카사바나(M. L. Kasavana)와 스미스(D. Smith)가 1982년에 제안한 Menu Engineering이라는 체계화된 메뉴 분석 프로그램 기법으로 높은 공헌이익과 판매량이 많은 메뉴의 상관관계를 나타내는 분석기법이다.

표 7-3 판매량(인기도)/수익성(공헌이익)

Ⅰ. Plow Horse 높은 인기, 낮은 수익	Ⅱ. Star 높은 인기, 높은 수익
Ⅲ. Dog 낮은 인기, 낮은 수익	Ⅳ. Puzzle 낮은 인기, 높은 수익

5. 메뉴 엔지니어링

메뉴 음식을 분석하는 도구를 메뉴 엔지니어링(Menu Engineering)이라 부른다. 메뉴 엔지니어링은 메뉴 믹스와 공헌이익과 관련되어 있다.

(1) 메뉴 믹스

메뉴 믹스는 고객의 수요나 인기성에 관한 것이다.

(2) 공헌이익

이것은 모든 메뉴 음식의 총 수익과 식품원가 이외에 원가와 수익에 미치는 영향에 관한 것이다.

분석 이후에 항목들은 매트릭스(원래 Boston Consulting Group에 의해 개발된)에서 스타(Star), 플로호스(Plowhorse), 퍼즐(Puzzle), 그리고 도그(Dog)로 분류된다. 한 메뉴 음식이 평균항목판매는 10%이다.

스타 품목은 인기도와 공헌이익에 있어서 높은 음식들이다. 플로호스 품목은 인기도에 있어서는 높으나, 공헌이익에 있어서는 낮은 음식들이다. 이러한 음식들은 높은 판매량을 제공하나, 공헌이익이 수익 마진보다 낮다.

이 품목은 인상이 어렵고, 다른 메뉴를 강조하여야 한다. 이러한 음식들은 공헌이익을 높이기 위하여 부수적인 음식으로 판매될 수 있다. 퍼즐 품목은 수익성이 높으나 인기도에 있어서 낮은 음식들이다.

이러한 음식들은 수익성이 높으나, 판매하기가 어렵다. 따라서 메뉴상에서 이러한 음식들은 제한되어야 한다. 낮은 수요를 가지는 음식들은 생산과 재고 및 원가문제를 일으킬 수 있다. 도그 품목은 인기도와 공헌이익 모두에서 낮다. 이들은 보통 메뉴상에서 제거되어야 한다. 특정고객들을 위하여 그들을 유지해야 한다면, 높은 가격의 아라카르트(A la Carte, 단품 메뉴) 음식으로 판매될 수 있다.

표 7-4 메뉴 엔지니어링의 예

메뉴 음식 평가				
메뉴 음식명	수익	원가	공헌이익	매출량
Boston Scrod	1,000.00	367.00	633.00	100
Chicken Cordon	1,007.40	543.12	464.28	146
Chicken Tenderloin	836.00	272.08	563.92	76
Chicken Menu	288.00	84.96	203.04	72
Chowder & Salad	198.00	63.36	134.64	22
London Broil	1,840.70	871.42	969.28	232
Prime Rib	2,247.00	1,588.95	658.05	321
Prime Rib, Chick	742.00	248.57	493.43	53
Prime Rib, Shrimp	864.00	494.40	369.60	96
Scallops de J.	839.16	294.00	545.16	84
Sole/Shrimp/Crab	184.00	95.50	88.55	23
Swordfish	168.00	70.80	97.20	12
합계	10,214.26	4,994.11	5,220.15	1,238

① 평균 판매 믹스(인기성) = (전체매출량 ÷ 12) × 0.7

= (1,238 ÷ 12) × 0.7

= 72.20

② 평균공헌이익 = (5,220.15 ÷ 12)

= 435.01

표 7-5 메뉴 음식의 분류

평균공헌이익	평균 판매 믹스(인기성)	분 류
H	H	Super/Winner
L	H	Try Hard/Runner
H	L	Lazy/Sleeper
L	L	No Good/Loser

1) Super

① 대체적으로 이 품목에는 수정을 가하지 않는다.

② 높은 이윤을 제공하고 고객에게 인기가 높은 품목이다.

③ 가격조정을 고려하나 Lazy가 되지 않도록 한다.

2) Try Hard

① 고객이 긍정적으로 생각하는 품목이다.

② 인기도는 높지만 이윤이 낮다.

③ 가능하면 표준분량을 조정하여 공헌이익을 상향시킨다.

④ No Good이 되지 않도록 주의한다.

3) Lazy

① 가격이 높다.

② 매력적인 품목으로 바꿀 필요가 있다.

③ 메뉴상에서 잘 보이는 곳에 위치시킬 필요가 있다.

④ 가격을 약간 하향시킬 필요가 있다.

4) No Good

① 일반적으로 메뉴상에서 도태시킨다.

② 인기도와 이윤이 모두 저조하다.

③ 메뉴상에서 도태시키기가 불가능할 경우, Lazy가 되도록 가격을 상향 조절한다.

④ 요리 모양을 변형하여 Daily Special로 시험해 볼 필요가 있다.

표 7-6 판매 믹스(인기성) 매트릭스

평균공헌이익(435.01)		평균판매 믹스 (72.2)
Try Hard 9. Prime Eib, Shrimp	Super 1. Boston Scord 2. Chicken Cordon 3. Chicken Tenderloin 6. London Broil 7. Prime Rib 10. Scallop	
No Good 4. Childern Menu 5. Chowder & Salas 11. Sole/Shrimp/Crab 12. Swordfish	Lazy 8. Prime Rib, Chicken	

이 방법에서는 가장 좋은 메뉴는 단위당 공헌이익이 높은 판매량이 가장 많은 메뉴가 가장 좋다는 접근방법이다. 이 분석방법의 장점은 사용자측에서 분석 프로그램을 쉽게 사용할 수 있는 장점도 있지만 이 방법 역시 식자재원가를 제외한 인건비와 같은 것을 고려하지 않은 단점이 있다.

6. 파베직의 분석방법

파베직(David V. Pavesic)이 주장하는 분석방법은 카사바나와 스미스, 그리고 밀러의 분석방법들을 보완하기 위하여 식자재원가율(Food cost %), 공헌이익(contribution Margin), 판매량(Sales Volume)의 세 가지 변수를 혼합한 분석방법이다.

표 7-7 원가율/수익중심

Ⅰ. Prime 낮은 원가, 높은 수익	Ⅱ. Standards 높은 원가, 높은 수익
Ⅲ. Sleeper 낮은 원가, 낮은 수익	Ⅳ. Problem 높은 원가, 낮은 수익

이 방법은 판매량에 따라서 낮은 식재료원가율과 높은 공헌이익을 내는 메뉴가 가장 좋은 메뉴라고 하면서 이 분석기법을 CMA(Cost Margin Analysis)라고 하였다. 그러나 이 방법은 식재료비 이외의 비용까지 포함된 순이익을 고려하지 않은 한계점이 있다.

7. 허스트의 Menu Scoring 분석방법

미국 플로리다 주립대학(FLU) 허스트(Micheal Hust) 교수가 1960년 발표한 메뉴 분석방법으로 메뉴 가격의 변화, 인기도, 원가, 이익공헌 등 판매에 미치는 영향을 측정하는 분석방법이다. 이 분석방법은 그 자체만으로는 큰 의미를 갖지 못하기 때문에 판매량과 가격변화, 원가, 메뉴 교체 등 서로 상호작용을 파악해 보아야 한다. 즉, 효과를 증가시키기 위해서는 평가기간이 다른 여러 개의 메뉴 스코어(Menu Score)를 상호 비교한다. 메뉴 스코어가 낮거나 등락이 심하면 정밀조사가 필요하다.

계속 스코어가 낮아지면 메뉴 교환이나 이익이 높은 메뉴에 나타내기 때문에 원가율 개선이나 다른 메뉴를 교체하는 것 등은 검토해야 한다.

이 방법은 다음과 같다.

첫째, 일정한 기간을 정한 뒤 총 매출액에 대한 공헌도가 높은 메뉴들은 평가대상으로 선별한다.

둘째, 선별된 메뉴의 총 판매량에 남아 있는 메뉴들은 판매량을 모두 합하여 업체의 총 판매량을 정한다.

셋째, 선별된 메뉴들의 매출액과 식재료원가를 계산한다.

넷째, 총 매출액에서 총 식재료 원가를 빼고 난 총 이익 즉, 총 매출액대비 총 이익을 계산한다.

다섯째, 평균 수익(평균 객 단가×총 수익률)을 계산한다.

여섯째, 선별메뉴의 총 판매수/업체전체 메뉴 총 판매수로 나누어 계산한다.

일곱째, 메뉴 스코어(메뉴 평균 수익×선별메뉴 판매율)을 산출해낸다.

8. 메뉴 스코어링

메뉴별 분석(Menu Scoring)은 한 업체의 어떤 메뉴를 같은 업체의 다른 메뉴들과 비교·분석하기 위하여 이용되는 것이다. 이것은 어떠한 메뉴가 수익적인지를 판가름하여 준다. 메뉴 점수를 산출하기 위하여 인기성과 결합시키며, 이 점수가 높을수록 좋은 메뉴가 된다.

새로운 메뉴 음식의 판매를 측정함으로써 메뉴 변화를 꾀하는데, 지금도 이용될 수 있고 새로운 메뉴 점수가 어느 정도인지를 파악하기 위한 자료로도 이용될 수 있다. 결국 메뉴 가격을 변화시킬 수 있고, 인기성과 수익성이 어떻게 영향을 미치고, 결과적으로 계산된 메뉴 점수가 어떻게 영향을 미치는지도 알 수 있다.

메뉴별 분석은 일정기간을 기준으로 하여 결정하고자 하는 메뉴가 다른 메뉴들과 비교하였을 때, 그것의 수익성과 인기성이 어느 정도인가를 평가하여 메뉴의 효과성을 측정하고자 하는 기법이라고 정의할 수 있다. 그러나 메뉴별 분석의 독자적인 기법만으로도, 수익성과 인기성이 어느 정도인가를 평가하여 메뉴의 효과성을 측정할 수 있다고는 할 수 없다. 다른 수익성과 인기성의 분석기법이 동시에 이용되어야만 합리적인 메뉴의 효과성을 측정할 수 있는 기법이기 때문에 메뉴의 효과성에 영향을 미치는 요소까지 함께 분석할 수 있는 일반균형 효과 분석이 되어야 한다.

메뉴별 분석은 다음과 같이 크게 6가지 단계로 접근하게 된다.

① 앙트레(Entrée)나 주요 음식들이 계산될 수 있는지를 결정하고, 판매의 주요 부분을 대표하는 것이라 가정하여 칼럼 1을 만든다.
② 계산된 각 음식들의 주문수를 산출하여 칼럼 2를 만든다.
③ 메뉴 음식의 판매가격을 위하여 칼럼 3을 만든다.
④ 선택된 각 음식의 식재료 원가율을 계산하여 칼럼 4를 만든다.
⑤ 메뉴 스코어링의 기간 동안의 제공된 식사수를 계산하여 칼럼 11을 만든다.
⑥ 메뉴 스코어, 즉 식사당 총 수익 평균×전체 식사수에 대한 선택된 각 음식의 이용비율을 계산하기 위한 세부계산단계를 위하여 칼럼 6, 7, 8, 9, 10 그리고 12를 만든다.

2개의 샘플 메뉴 A와 B의 비교는, 그림 7-1과 7-2에서 제시하고 있다.

메뉴 A와 B를 비교하면 메뉴 A는 메뉴 B의 스코어 5.51qhek 낮은 4.81의 스코어를 가진다는 것을 알 수 있다. 인기성을 보더라도 메뉴 A는 80%에, 메뉴 B는 84%이다. 그러나 메뉴 A에 대한 식사평균가격은 10,210원이고, 수익은 6,014원이다. 서로 다른 항목들은 메뉴 A의 레인보(Rainbow) 송어와 필레 미뇽(Filet Mignon), 메뉴 B 베이크드햄(Baked Ham)과 로브스터 테일(Lobster Tail)이다.

메 뉴 A					
1단계	2단계	3단계	4단계	5단계	6단계
항목	판매수(개수)	판매가격(원)	원가율(%)	총 매출액(원)	총 원가(원)
로스트 비프 레인보 송어 필레 미뇽 로스트 터키	85 58 85 100	11,000 8,500 12,000 9,000	38.2 42.1 50.0 33.3	935,000 493,000 1,020,000 900,000	357,170 207,550 510,000 300,000
합계	328			3,348,000	1,374,720
7단계		8단계		9단계	
평균매출액		총 수익		총 수익률	
(5 ÷ 2) = 10,210		(5 − 6) = 1,972,280		(8 ÷ 5) = 58.9%	
10단계		11단계		12단계	
식사별 총 수익 평균		총 매출량		고객의 구매비율	
(7 × 9) 6,014		410개		(2 ÷ 11) 80%	
13단계					
매뉴 스코어					
(10 × 12) = 4.81					

그림 7-1 메뉴 A의 분석

메 뉴 B					
1단계	2단계	3단계	4단계	5단계	6단계
항목	판매수(개수)	판매가격(원)	원가율(%)	총 매출액(원)	총 원가(원)
로스트 비프 베이크드햄 로스트 터키 로브스터 테일	120 65 110 45	11,000 8,500 9,000 15,000	38.2 36.5 33.3 40.0	1,320,000 552,000 999,000 675,000	504,240 201,660 330,000 270,000
합계	340			3,537,000	1,305,900
7단계		8단계		9단계	
평균매출액		총 수익		총 수익률	
(5 ÷ 2) = 10,210		(5 − 6) = 1,972,280		(8 ÷ 5) = 58.9%	
10단계		11단계		12단계	
식사별 총 수익 평균		총 매출량		고객의 구매비율	
(7 × 9) 6,014		410개		(2 ÷ 11) 80%	
13단계					
매뉴 스코어					
(10 × 12) = 4.81					

그림 7-2 메뉴 B의 분석

이들 항목들의 믹스는 6,560원의 식사당 더 높은 총 수익 평균치와 더 높은 스코어를 제공하기에 충분하다.

메뉴별 분석의 궁극적인 목표는 업체의 유형에 합당한 원가로 매력적이고 적합한 식사를 계획하여 조리·첨가·제공하는 것이다. 단체급식소의 경영자는 영양적인 것도 고려하여야 한다. 메뉴별 분석의 목표는 원가관리, 소비자 선호도, 시장이용 가능성, 판매촉진, 주방 레이아웃, 직원 능력, 식품예산, 판매가격과 관련하여 세워져야 한다.

메뉴별 분석이 음식판매 과거기록카드와 같은 과거기록에 입각하여 행할 수 있지만 거래지로부터 아이디어와 쉽게 접근할 수 있는 판매 예측으로 메뉴별 분석을 행하는 것이 훨씬 더 좋다.

메뉴별 분석은 메뉴 변화주기별로 행할 필요가 있다. 매일 새로운 메뉴를 제공하는 대부분의 업체들은, 표준항목들과 아라카르트 음식들을 가지고 있어야 한다. 이것은 실제로 매일 메뉴의 한 부분을 바꾸는 셈이다. 어떤 업체들은 주일별로 특정 음식을 정한다. 계획한 날에 특정 음식에 대하여 서로 다른 고객들을 유도할 수 있기 때문에, 화요일은 스테이크 음식의 요일로, 수요일은 생선음식의 요일로 계획할 수 있다.

메뉴는 계절적으로 수정될 필요가 있다. 계절 음식은 최고의 가치를 지니고, 가장 값쌀 때에 포함되어야 한다. 고객들은 일반적으로 따뜻한 날씨에서는 다소 가벼운 식품들을 원하기 때문에 관례적이어야 한다.

일단 앙트레(Entrée)들이 결정되면, 그들을 보완할 수 있는 야채가 선택된다. 스위트포테이토는 본래 베이크드햄과 어울리고, 프렌치 프라이드 포테이토는 디프 프라이드 생선류와 어울리며, 스튜드 토마토(Stewed Tomato)는 구운 마카로니와 어울린다. 대부분의 경우에 있어, 샐러드는 앙트레 선택을 보완할 수 있다. 월도프 샐러드(Waldorf Salad)는 로스트 포크(Roast Pork)와 어울리고, 콜스로(Cloeslaw)는 생선류와 어울린다. 애피타이저(appetizer), 디저트(dessert), 빵은 마지막에 선택한다.

메뉴 음식은 형태, 맛, 질감과 색채의 조화를 고려해야 한다. 하나의 플레이터(Plater)에 베이크드 햄, 레드비트(Red Beet), 토마토와 같은 빨간색의 음식들이 포함되어서는 안 된다. 또한 질감의 조화는 토스트 위에 푸리즐드 비프(Frizzled Beef), 애플 소스와 크림드 어니언(Creamed Onion)을 첨가하는 식이 되어서는 안 된다. 혀에서의 단조로운 조화는 생선 스틱, 프렌치 프라이, 그리고 아스파라거스 스피어(Asparagus Spear)와 같이 길이가 긴 음식들을 이용함으로써 가능해진다. 그리고 맛도 다양한 것이어야 한다.

메뉴별 분석의 또 다른 목표는 코스별 비교에 두어야 한다. 그리고 그러한 코스별 선택 메뉴 항목들의 형태, 맛, 질감, 색채의 조화를 이끌어 낼 수 있는 방향으로 메뉴별 분석이 행해지도록 하는 것이어야 한다.

메뉴별 분석은 메뉴 형태별로도 이루어질 필요가 있다. 호텔레스토랑에 있어서 메뉴에는 크게 커피숍 메뉴, 이국적 메뉴(보통 프랑스 메뉴, 이탈리아 메뉴, 한식 메뉴, 일식 메뉴, 프로모션 메뉴 등으로 구분이 된다.), 뷔페 메뉴, 연회 메뉴로 분류가 된다. 메뉴별 분석은 이와 같이 메뉴별 특징을 고려하여, 어느 메뉴의 형태가 수익성과 인기성에 더 큰 영향을 미치는지를 비교할 수 있어야 한다.

그러나 이와 같이 메뉴 형태별에만 초점을 두어서는 메뉴별 분석의 일반 균형론적 목표를 달성하기 힘들 것이다. 따라서 커피숍의 메뉴 음식에 어떠한 이국적 메뉴가 가미되었을 때, 메뉴 스코어가 더 높고 낮은가를 판단할 수 있는 결과를 도출할 수 있어야 한다. 이와 같은 결과에 바탕을 두고 원가관리, 소비자 선호, 시장이용 가능성, 판매촉진, 주방 레이아웃, 직원 능력, 식품예산, 판매가격, 메뉴 항목들의 형태, 맛, 질감과 색채의 조화를 메뉴별 분석의 상수로 고려한 결과치를 계산하는 새로운 방법의 메뉴별 분석이 필요하다.

9. 헤이스와 허프만의 분석방법

헤이스(David K. Hayes)와 허프만(Lynn Huffman)의 분석방법은 표준순이익을 계산하고 이것을 개별 메뉴들의 순이익과 비교하여 높고 낮음을 찾아내어 메뉴 성과를 분석하는 방법이다.

이 분석방법은 순수익을 기준으로 메뉴에 대한 수익성을 평가했기 때문에 식재료원가뿐만 아니라 각 메뉴마다 고정비는 각 메뉴에 균등하게 배분하고 변동비는 원가비율에 따라 균등하게 배분하여 각 메뉴마다 손익계산서를 만들어 각 메뉴에 대하여 순수이익이 높은 순서대로 서열을 정하고 난 후에 목표이익과 비교한 방법이다.

또한 순이익의 계산법을 두 가지 방법인데, 하나는 총 원가에서 식재료비와 비식재료비의 합계를 차감하여 계산하는 방법이고 또다른 하나는 총 원가에서 비식재료비와 고정비의 비율을 곱하여 계산한다. 원래 헤이스와 허프만은 후자의 방법으로 순이익을 계산하고 있었으며 변동비를 특정원가로 가정하여 접근하고 있다.

즉, 표준순이익은 개별 메뉴들의 순이익과 비교하기 위한 전체평균치를 말한다.

> **표준 순이익** = [(1 − 전체식재료비율) × 평균매출량 비율(전체 매출량의 합계 / 메뉴 수) × 평균 메뉴 가격(전체 메뉴 가격 합계 / 메뉴 수) × (1 − 〈변동비율 + 식재료비율〉)]

그러나 이 분석방법도 순이익에만 중점을 두고 있어 매출량, 식재료비 또는 총 수익과의 상관관계가 잘 파악되지 못하는 문제점과, 식재료원가를 제외한 변동비와 고정비의 배분도 계산과 배분에서도 많은 문제점을 가지고 있다.

10. 메뉴 분석의 적용방안

외식산업에 있어 메뉴 분석방법은 다양하다. 많은 사람이 권하는 최선책은 가장 고객에게 인기도 있으면서 가장 수익성이 좋은 메뉴로만 영업할 수 있도록 메뉴를 골라내는 분석방법이 제일 좋은 방법이다. 그러나 업체별 영업하는 메뉴의 특성, 종류, 다양성, 디자인 등 수많은 요소들의 영향을 받기 때문에 이에 따른 업종·업체별 운영상의 특성으로 인하여 어느 특정 메뉴 분석방법의 적용이 쉽지는 않다.

첫째, ABC 분석방법의 경우는 메뉴별 단순 판매수와 판매금액을 기준으로 하여 선호도가 높은 메뉴에 집중하는 방법으로 일반적으로 패스트푸드형 업체에서 이용한다.

둘째, SWOT 분석 기법은 모든 외식업체 중 프랜차이즈 형태의 외식업체에서 이용한다.

셋째, 밀러의 분석방법은 가장 낮은 원가 메뉴와 가장 높은 매출량의 메뉴들이 가장 좋은 영업성과를 가져오는 접근방법으로 각 파트별 메뉴를 구성하고 있는, 즉 전채코스, 수프(Soup), 주요리, 샐러드, 후식 등으로 메뉴 구성이 된 F.D.R(고급 레스토랑)이나 패밀리 레스토랑, 고급 한정식, 고급 룸식당, 고급 일식당 등에서 이용한다.

넷째, 메뉴 엔지니어링을 통한 인기성과 수익성 메뉴 분석방법은 전체매출액에 대한 각각 메뉴들의 상대적 비중을 나타내 주기 때문에 일품요리를 영업하는 외식업체나 단품 메뉴들로 구성되어 있는 업체, 패밀리 레스토랑(Family Restaurant), 호텔에서 운영하는 레스토랑 등 다양한 업체에서 다 이용할 수 있다.

다섯째, 파베식(Pavesic)의 분석방법은 판매량에 따라 낮은 식재료원가율과 높은 공헌이익을 내는 메뉴가 가장 좋은 메뉴이다. 즉, 총 수익과 식재료 비율을 고려한 방법이기 때문에 김밥 전문점, 돈까스 전문점, 우동 전문점, 피자 전문점, 샌드위치 전문점, 탕 전문점 등 단품 메뉴를 주로 취급하는 전문점에서 이용한다.

여섯째, 메뉴 스코어링의 분석방법은 메뉴 가격의 변화, 인기도, 원가, 이익 공헌도 등이 판매에 미치는 영향을 측정하는 분석방법이기 때문에 불특정 다수를 고객으로 하는 역주변의 외식업체들과 최고의 상권을 자랑하는 특급지역이나 1급 지역 등에서 영업하는 외식업체, 커피숍, 푸드코트(food court)업체 등에서 이용한다.

일곱째, 헤이스(Hayes)와 허프만(Huffman)의 분석방법은 순수익을 기준으로 메뉴에 대한 수익성을 분석하고 식재료 원가뿐만 아니라 고정비와 변동비를 고려하여 손익계산서를 만들어 순이익이 높은 메뉴에 기준을 두기 때문에 뷔페 레스토랑과 출장 파티를 주로 하는 외식업체 샐러드 바를 중심으로 한 영업을 하고 있는 외식업체에서 이용한다.

Section 3 메뉴 분석의 최선책

외식산업에 있어 외식업체의 메뉴 분석은 이용고객 욕구에 만족을 최대로 높여주며 식당경영자에게 이익 창출의 극대화하는 메뉴를 찾아내는 데에 그 의의가 있다.

이러한 이유에서 많은 연구자들에 의해 메뉴 구성방법이 개발되었으며 계속 개발되고 있다. 특히 외식산업경영에 전산화가 도입되면서 메뉴 분석방법은 각 업체마다 눈부신 발전을 하고 있는 반면, 아직도 외식종사원들의 인식부족으로 협조가 미비하여 메뉴 분석방법이 전혀 적용되지 못하는 업체 또한 많다.

메뉴 분석방법 중에서 원가관리 측면의 수익성에 중점을 둔 분석방법이나 메뉴 인기도(선호성)에 중심을 둔 분석방법으로는 외식산업경영의 메뉴 분석은 많은 한계점이 있다. 외식산업은 실제 외부영향 요인과 내부영향 요인이 다른 업종에 비하여 많기 때문이다.

앞으로는 메뉴 분석의 중요성을 감안하여 메뉴 분석을 통한 외식업체의 영업성과를 높여야 하며 외식업체의 업종·업태별에 따라 자기 업체에 알 맞는 메뉴 분석방법을 개발해야 할 필요성이 요구된다.

현재 외식업체에서 메뉴 분석의 실시와 관리를 위해 정확한 원가산출이 중요한데, 현장에서 이 부분이 제일 어려운 실정이다. 또한, 원가뿐만 아니라 프라임코스트(prime cost)를 통한 메뉴 분석이라든지 식재료비, 인건비, 경비를 통한 메뉴 분석은 이루어져야 한다. 그리고 메뉴 분석을 통한 메뉴 개발과 메뉴관리가 지속적이어야만 외식산업의 발전을 기대할 수 있다.

Section 4 메뉴 원가

1. 전문가 집단의 맛 평가

양 목표는 정기적으로 평가되어야 한다. 아직도 양목표는 주방에서 평가가 행해진다. 업체의 성공이 메뉴 음식의 인기성이나 구매에 달려 있기 때문에, 효과적인 메뉴 음식 평가 시스템을 유지하여야 한다. 따라서, 업체 안에 경험이 풍부한 맛 평가 전문가들로 구성된 팀을 만들어 평가에 임하도록 할 필요가 있다. 브랜드명과 계절에 따라 변화가 있을 수 있기 때문에 정기적인 평가가 이루어져야 한다는 것이다. 이러한 평가를 위한 양식이 그림 7-3이다.

2. 고객의 평가

새로운 음식들이 도입될 때만이 아니라, 이미 제공되고 있는 음식들에 대하여서도 고객이 어떻게 생각하고 있는지를 평가하는 분석이 행하여지는 것이 바람직하다. 설문지는 업체 입구나 테이블 앞에, 또는 식사 중에 건네질 수도 있다. 이런 과정을 통해 고객들의 관심을 자극하게 되며 메뉴 개발을 보다 합리적으로 할 수 있는 바탕이 된다. 이러한 평가를 위한 양식이 그림 7-4이다. 고객들의 평가를 위한 양식은 가능한 한 단순하여야 하고, 문제의 수가 제한되어야 한다.

양목표 : ______________________ 날짜 : _____년___월___일

음식의 맛평가를 위한 조사에 협조하여 주시면 감사하겠습니다.
귀하의 생각에 맞게 V 표시를 해주시길 바랍니다.

문 항	매우 좋지 않다	좋지 않다	보통 이다	좋다	매우 좋다
모 양	①	②	③	④	⑤
색 깔	①	②	③	④	⑤
질 감	①	②	③	④	⑤
향 미	①	②	③	④	⑤
전반적인 느낌	①	②	③	④	⑤

떠나실 때에는 설문지를 되돌려 주십시오. 감사합니다.

그림 7-3 전문가 집단의 맛 평가방법

음식의 맛을 평가하는 데 협조하여 주시면 감사하겠습니다.

음식의 이름 : ______________________

1. 음식을 평가하여 주십시오.
① 아주 좋지 않음 ② 좋지 않음 ③ 보통 ④ 좋음 ⑤ 아주 좋음

2. 이와 같은 음식을 먹어 본 적이 있습니까?
① 예(어디에서) ② 아니요

3. 음식을 선택하게 된 계기
① 서빙 직원의 권유 ② 앞의 고객이 선택해서
③ 같이 매장을 방문한 사람 ④ 기타 이유

4. 메뉴를 선택하게 된 이유의 순서를 선택해 주십시오.
① 음식의 이름 ② 호기심 ③ 모양 ④ 맛 ⑤ 이전 경험
⑥ 영양가치 ⑦ 가격 ⑧ 야채 ⑨ 크기 ⑩ 기타

5. 다음에도 이 음식을 주문하시겠습니까? 예______ 아니요______

6. 평하실 말씀이 있으시면 아래에 적어 주십시오.

요금을 지불할 때, 설문지를 되돌려 주십시오. 감사합니다.

그림 7-4 고객의 반응조사방법

Chaper 8 메뉴 마케팅 믹스

Chapter 8 메뉴 마케팅 믹스

Section 1 메뉴 마케팅 믹스

1. 메뉴 상품 믹스

외식업체에서 가장 중요한 이슈는 고객의 욕구만족이다. 고객만족은 크게 기능적 만족과 심리적 만족으로 나누어진다. 좁은 의미에서 상품은 물리적·화학적 속성들만의 결합체로서, 각 상품은 보편적으로 이해되는 상품계층명칭(Generic Names)을 갖게 되어 기능적 속성을 의미하는 것이 된다.

넓은 의미에서 상품은 고객행동의 동기화 또는 구매행위에 호소하는 상품의 상징적 속성까지 포함된 개념이 된다. 고객이 단지 상품의 물리적 속성(디자인, 색채, 구격, 포장 등)만을 구매하는 것이 아니라, 자신의 사회적 지위나 자유로움의 심리적 만족을 얻기 위해서 구매하기도 하기 때문이다.

물리적 속성 측면에서 발생하는 약간의 차이에 의해서 다른 상품으로 지각되기도 하지만, 상이한 서비스방법에 의해서 판매된다면 이러한 경우에도 별개의 상품으로 인식되기도 한다.

외식업체의 상품은 메뉴라는 물리적 속성만이 아니다. 서비스, 시설, 분위기의 상징적 이미지인 상징적 속성만이 아니라 서비스 시설과 분위기의 상징적 이미지인 상징적 속성까지 포함되는 개념으로, 상품 믹스(Product Mix)는 고객의 욕구만족을 유도하기 위하여 고안된 물리적·상징적 속성 및 서비스의 결합체로 정의될 수 있다.

경영자는 현재의 상품 믹스가 장기적으로 매출액 증대나 매출액 안정, 또는 수익을 보장할 수 있는지를 평가해야 한다.

최적의 상태(상품의 추가, 폐기, 또는 수정을 통하여 기업의 목표를 더 이상 효율적으로 달성할 수 없는 상태)에 있는 상품 믹스라고 할지라도, 고객의 욕구와 선호도의 변화, 그리고 시장에 새롭게 침입하거나 자신의 마케팅 전략을 변경시키는 경쟁자 발생과 같은 거시환경의 변화는 상품 믹스를 재구성할 수밖에 없도록 한다.

따라서 현행의 상품계열에 대한 자원을 재할당(주력상품의 변경 등)하거나, 새로운 상품 믹스 전략의 구사가 필요하다.

최적의 상품 믹스는 크게 두 가지의 개념으로 구분될 수 있다.

첫째는 상품 믹스의 정적인 최적화이다. 몇 개의 가능한 메뉴 품목이 제공되더라도 위험이 증대와 제약조건의 출현으로 인해 더 이상 기존의 상품 믹스를 유지하기 어려울 때가 있다. 이 때에 향후 매출액 증대, 매출액 한정, 또는 수익을 증대시킬 수 있는 몇 가지 품목을 선정하게 된다.

둘째는 상품 믹스의 동적인 최적화이다. 이 경우에 최적의 상태를 유지할 목적으로 시장기회의 변화에 따라 현재의 상품 믹스에 대해 적절하게 메뉴 품목을 추가 또는 폐기하게 된다.

2. 서비스 믹스

현대생활은 서비스 문화를 창조하면서 생활하고 있다. 서비스는 우리 생활에 밀접한 관계를 가지고 있다고 말할 수 있다. 서비스라는 용어는 라틴어 Sorvenor에서 Servant로 변천되어 오늘날의 Service가 되었다. 서비스의 정의는 학자들마다 다르게 주장하고 있기 때문에 정확하게 개념을 정립하기는 어렵다.

일반적으로 서비스란 타인의 이익을 도모하기 위한 정신적·육체적 행위라 정의할 수 있다. 그 행위는 영리목적일 수도 있고, 비영리목적일 수도 있다. 외식업체의 서비스는 영리목적의 행위라 할 수 있다.

이러한 서비스는 상황에 따라 이질성(Heterogeneity), 무형성(Intangibility), 소멸성(Perishability), 불가분성(Inseparability)의 특징을 띠기도 한다.

외식업체에서 서비스는 여러 방식으로 분류되고 있으나, 일반적으로 예를 들면 표 8-1과 같다. 서비스의 질을 평가하는 척도에 대해서 윌리암 마틴은 표 8-2와 같이 크게 두 가지로 분류하고, 각각의 기준에 대한 세부사항을 제시하고 있다.

표 8-1 서비스 분류

대분류	소분류
접객 서비스	
식당 서비스	• 연회 서비스 • 양식 서비스 • 한식 서비스 • 일식 서비스 • 중식 서비스 • 패밀리 서비스 • 카페테리아 서비스 • 뷔페 서비스 • 스낵바 서비스 • 즉석 및 간이 서비스 • 해시 하우스(Hash House) 서비스
음료 서비스	• 커피 서비스 • 주류 서비스
주장 서비스	• 주류 서비스 • 주장 서비스
급식 서비스	• 회사 급식 서비스 • 학교 급식 서비스 • 병원 급식 서비스 • 군대 급식 서비스 • 형무소 급식 서비스
자동판매기 서비스	

표 8-2 서비스 질의 평가

절차적 서비스	인격적 서비스
• 서비스 과정 • 적시성 • 수용력 • 예측력 • 커뮤니케이션 • 고객의 환류 • 감독	• 태도 • 제스처 • 목소리 크기 • 재치 • 고객 이름 기억 • 정중함 • 안내 • 제안 • 문제 해결

Section 2 입지 믹스

외식업체에서 유통 믹스는 크게 식자재 구매유통 과정을 대상으로 하는 경우와 고객의 유인과정을 대상으로 하는 경우로 구분된다. 유통적인 특면에서 외식업체의 식자재는 일련의 유통형태를 취하며, 고객과의 관계측면에서 외식업체의 상품은 고객을 단위영업장으로 흡인하는 유인력을 갖고 있어서 위치 자체가 상품의 일부가 된다.

이와 같이 유도 문제를 대상으로 하는 믹스 전략을 입지 믹스라고 하는데, 위치 문제를 대상으로 하는 믹스 전략과 구분할 필요가 있다.

위치적인 유통 믹스 범위에는 첫째로 입지선택, 둘째로 입지개선, 셋째로 입지이동, 넷째로 입지분산 등이 포함된다. 외식업체는 장기적으로 입지 고려 대상으로 한다.

외식업체에서 입지 믹스의 주된 관심은 입지개선이다. 교통 편의성, 주차 편의성 및 주변경관의 활용 문제 등이 이러한 입지 개선의 세부내용으로 나타나 있다.

Section 3 촉진 믹스

외식업체가 질적인 메뉴와 서비스를 개발하다고 하더라도, 고객이 그 메뉴의 존재유무, 구매가능성 또는 욕구충족의 가능성을 인지하지 못하는 경우가 대부분이다. 경쟁업체의 증가로 인한 메뉴와 상표의 복잡 다양함은 고객이 외식업체를 선택할 때의 선택폭을 크게 만들었다.

더구나 고객은 자신의 경험이나 제한된 정보를 바탕으로 구매의사를 결정하므로, 새로 개발한 메뉴나 서비스에 대해 무관심할 수밖에 없다. 고객으로 하여금 구매 태도나 라이프스타일의 수정을 요구하는 특정 메뉴와 서비스는 구매저항을 받을 수밖에 없다.

경영자는 고객의 이용태도를 수정하거나, 기존의 이용태도를 더욱 강화할 수 있는 촉진, 정보 제공적 촉진, 설득적 촉진, 회상적 촉진의 촉진활동을 통하여 고객을 유도해야 한다.

여기서 촉진이란, 외식업체가 고객에게 정보를 제공해 주고 고객을 설득하여 구매하도록 유도하는 도구의 사용을 말한다. 이 도구는 프러모툴(Promotools = Promotion+Tools)이라고 한다. 이는 촉진활동의 구성요소를 말하는 것으로, 촉진 믹스는 촉진도구의 특정한 조합과 각 도구에 지출되는 촉진예산의 상대적 크기라고 할 수 있다. 촉진 믹스의 구성요소는 인적 판매와 비인적 판매로 분류된다. 비인적 판매의 수단은 광고와 홍보 그리고 판매촉진이 있다.

하나의 촉진도구로 전체 촉진 믹스는 되지 못하므로, 경영자에게 중요한 이슈는 이러한 촉진도구들을 어떻게 적절히 믹스하느냐 하는 것이다.

어느 하나의 촉진도구가 다른 촉진도구보다 유용하다고 말할 수 없는 상호 교환적인 성격을 가지고 있기 때문에, 촉진 믹스는 하나의 촉진도구의 역할을 강화하면서, 다른 촉진도구를 부수적으로 사용하여 구사되어야 한다. 촉진 믹스에 모든 촉진도구들이 반드시 사용되어야 한다는 것은 아니다. 가용자금의 크기, 시장의 지역적 범위, 고객의 유형, 잠재고객의 수, 메뉴의 성격, 커뮤니케이션 과업, 상품수명주기상의 간계를 고려하여 선정해야 한다.

Section 4 가격 믹스

가격이란 달러(Dollar), 파운드(Pound), 프랑(Franc), 원(Won)과 같은 교환의 화폐적 수단으로 표현된 가치이다. 효용은 가치를 가지며 그 가치는 가격으로 측정된다. 메뉴가 단순히 물리적 측면만을 강조하여 판매되는 것이 아니다. 가격은 물리적 특면과 서비스, 외식업체의 이미지 또는 메뉴 이미지, 품질을 보장해 줄 수 있는 것과 같이 고객의 욕구를 충족시켜 줄 수 있는 혜택속성들을 종합하여 결정되어야 한다.

가격은 상품(메뉴) 또는 서비스를 구매하기 위해 지불하는 화폐의 양으로 정의되고 있는데, 외식업체에 있어서 많은 영향을 주고 있다. 그 영향요소를 집약하면 다음과 같다.

첫째, 외식업체의 수익과 순이익은 관계되어 있다. 메뉴 가격은 그 메뉴 음식에 대한 시장수요의 결정요소로 시장점유율에 영향을 미치고 경쟁적 위치를 확보하는 데에 영향을 미치기 때문에, 부적합한 가격 결정은 손실을 초래할 수 있다.

둘째, 외식업체의 마케팅 전략과 관계가 있다. 외식업체의 경영자가 차별적 특징을 부여하기 위해 메뉴의 품질을 개선하는 마케팅 전략을 세울지라도, 고객이 받아들일 수 없는 가격이라면 그 전략은 수행될 수 없는 전략이 된다.

셋째, 외식업체의 메뉴 음식에 대한 고객지각과 관계가 있다. 고객은 가격을 메뉴 품질의 지표로서 생각하고 있다. 경기불황 등의 경제여건에 있어서 가격은 고객의 신뢰 또는 구매행동에 중요한 결정요소가 된다.

넷째, 외식업체의 수요와 공급의 결정과 관계가 있다. 가격은 외식업체가 무엇을 생산하여 고객에게 제공할 것인가를 결정할 수 있게 하여 주며, 고객의 이용률을 결정하여 준다.

가격은 일련의 과정을 거치면서 결정하게 된다. 먼저 가격 결정의 목표를 설정한 다음, 수요 및 원가를 추정하고, 경쟁업체의 가격을 분석하며, 메뉴 가격 결정방법을 채택하여 기준 가격을 결정한다. 이 기준 가격은 여러 가지의 가격 정책을 통하여 조정된 후에 시장가격으로 결정하게 된다. 또한 시장가격이 결정된 뒤에도 시장 환경 변화에 따라 가격변경에 대한 대안과 경쟁업체의 가격 변경에 대한 대안을 마련하여 적절히 환경에 대응해 나가야 한다.

가격 인상

대부분의 경우, 외식업체는 가격을 인상하기 위해 너무 많은 시간을 소비하곤 한다. 그들은 반드시 가격 인상을 성사시키려 하나, 적절한 인상시기를 놓쳐 버리는 경향이 있다. 다음의 접근 방법들은 가격 인상 과정을 보다 더 쉽게 할 수 있는 데 도움이 될 수 있다.

분량 크기를 현저하게 변화시키지 말고 필요한 수익을 얻기에 충분할 정도로만 변화시켜야 한다. 메뉴의 진실성 규정들을 위반해서는 안 된다는 것을 주의해야 한다. 또 다른 접근방법은 다소 높은 가격으로 판매할 수 있는 새로운 패키지(package)를 만드는 표준음식에 어떤 것을 더하는 것이다.

인기있는 샌드위치에 낮은 비용의 포테이토칩(Potato chip), 또는 두 개의 딜 피클칩(Dill Pickle chip)을 더할 수 있다. 이것은 가격을 인상하더라도 고객이 지불하는 돈에 대한 가치를 제공할 수 있어야 한다는 원칙인 것이다.

분량통제 시스템은 효과적이어야 한다는 것을 필히 염두에 두어야 한다. 종사원들에게 4온스를 제공하라고 했을 때, 그들이 4온스만을 제공하리라고 기대할 수 없다.

분량통제를 개선하기 위해서 앞에서 언급한 가격과 분량표를 만들어서 이용할 수 있다. 포셔닝(Potioning)을 매일 체크하지 않는다면 적절한 분량 크기로 제공되고 있는지를 알지 못한다. 수익을 증가시킬 수 있는 방향에서, 보다 과학적인 방법으로 분량 크기를 계산하고 시행하는 것이 중요하다.

외식업체들은 높은 가격을 보다 더 높은 질, 보다 더 높은 서비스와 동일하게 생각하기도 한다. 그러나 가격을 이와 같은 요소로 제한하여 보지 않는 레스토랑들이 있다. 이런 업체들에 있어서도 질적 상품과 훌륭한 서비스 제공이 이루어진다. 고객들은 이런 외식업체를 찾아가서 기꺼이 돈을 지불한다.

짧은 시간 동안에 급격한 가격 인상은 피하여야 한다. 시기적절함은 가격을 증가시키는 데에 있어서 가장 중요한 요소이다.

품질수준의 유지는 어떤 가격의 증가한 후에 불가피한 것이다. 품질에 있어서 가장 느린 변화는 고객의 태도를 즉시 바꾸어 버릴 수도 있다. 음식의 품질을 대치할 수 있는 것은 없다. 특정한 조리방법에 있어서도 쉬운 방법이 없다. 빈약한 품질로 제공된 음식에 대한 변명이 있을 수 없다. 경영자는 가격 인상의 충격을 완화시키기 위해서 아주 작은 세부사항들에도 주의를 기울이지 않으면 안 된다.

가격의 마지막 아라비아 숫자나 9나 5인 '매직넘버' 중의 하나일 때, 인기 있는 음식에 대한 가격 인상은 가능한 한 피해야 한다. 메뉴의 가격이 변했을 때 고객들은 민감하게 받아들이기 때문이다. 새로운 메뉴를 작성하고 모든 가격을 인상시키고자 할 경우 대부분의 고객은 이러한 경우에 즉시 반응을 보인다. 새로운 메뉴가 인쇄될 때에 전면적인 인상을 피해야 한다. 전면적인 인상은 고객들이 가격 인상을 기대할 때인 높은 인플레이션 기간에만 가능하다.

가격 변화를 쉽게 할 수 있는 메뉴 형태를 선택할 필요가 있다. 칠판, 수기 메뉴, 테이블텐트(table tent), 클립온(clip on)은 가격 변화를 쉽게 할 수 있는 메뉴 형태들이다. 이것들 중에서 어떠한 것은 적합하지 않을 수도 있다. 메뉴는 계절적인 변동을 반영할 수 있어야 한다. 계절 음식들을 이용할 경우에 가격 차이는 불가피하다. 메뉴에 가격이 고시되어야 하고 일일 시가에 바탕을 두고 가격이 결정된다. 가격을 변화시키고자 한다면, 변화시켰을 때의 판매량을 분석해야 한다.

Dallas, Taxas에 있는 하이랜드 파크 카페테리아(Highland Park Cafeteria)의 소유자인 예이츠(Edumund Yates)는, 1979년에 그의 양목표를 계산했는데, 모든 메뉴 음식들의 가격을 시장가격을 바탕으로 하여 매일 바꾸었다. 가격을 자주 올리고 내렸으나, 고객들은 그것을 공정한 것으로 받아들였다고 한다.

일반적으로 정상적인 것이라 생각할 수 있는 가격범위로 메뉴 가격을 제한한다면, 고객들은 기꺼이 돈을 지불한다. 어떤 음식서비스업체들은 가장 값비싼 음식이 가장 낮은 가격의 음식보다 2배 이상이나 되는 가격범위를 제시한다. 또 다른 음식서비스업체들은 가장 높은 음식과 가장 낮은 음식들 사이에 5,000원~10,000원의 차별가격을 제시하고 있다. 가격범위를 정할 때에는 외식업체의 유형이 고려되어야 하고, 살아있는 로브스터와 같은 높은 가격의 음식에서는 제외되어야 한다. 가격범위는 지불가격 분포 또는 견적예산을 분석하는 차트(chart)에 의해서 결정될 필요도 있다.

Section 5 미래의 메뉴 마케팅 전략

가장 뛰어난 메뉴 상품화 전략가에도 메뉴 전략은 주관적인 것일 수도 있다. 메뉴에 관한 모든 것은 고객의 반응에서 비롯된다. 고객의 반응 이외에 다음과 같은 요소들도 고려할 필요가 있다.

항상 손으로 쓰는 것이 오히려 이상한 것으로 생각되지만, 적절하게 행해진다면 마케팅 도구가 될 수 있다. 씨에틀에서 운영되고 있는 호라시오(Horatio)의 메뉴 일면에는 필적으로 "우리의 소테 머시룸(Sauted Mushroom)을 드셔 보셨나요?"라고 하는 주의 문구가 있다. 외식업체가 적절한 품질로 훌륭하게 제공되고, 고객들이 이를 긍정적으로 받아들였다면 고객은 자신들을 상당히 많이 생각하는 문구로 받아들인 것이다.

호라시오 메뉴(Horatio menu)의 모든 가격은 잉크로 산뜻하게 작성되어 있어서 오히려 매력적으로 보인다. 가격을 변화시킬 필요가 있다면 특정 메뉴들을 버릴 수도 있고 이미 인쇄된 메뉴에 새로운 가격을 붙여서 새롭게 작성할 수도 있다. 그 때 그들은 재인쇄하는 데 드는 비용을 절약할 수 있다.

판매와 수익을 증가시키는 데에 있어서 또 다른 메뉴 전략은 와인 판매를 증가시키는 것이다. 보통의 고객은 와인에 관하여 상당히 많은 지식을 가지고 있다. 고객은 가격이 높게 책정되었을 때에 가격이 너무 높게 책정되었다는 것을 알고 있다.

가격 결정에 있어서는 정직하고 공평해야 한다. 보다 낮은 총 수익으로도 더 많이 판매할 수 있다. 고객들이 주문하는 데에 있어서 관심을 가지도록 그것을 가능한 한 쉽게 만들고, 빈넘버(Bin Number)와 와인 설명(Wine Suggestion)을 이용해야 한다. 이것은 식사와 함께 와인 판매가 이루어질 수 있도록 한 것이다.

메뉴에 칵테일을 기록하는 경우, 외식업체들 사이에서 서로 다른 의견을 보이고 있다. 대부분의 경영자는 메뉴상에 그 자신이 개발한 몇 가지 하우스드링크의 강조에 치우친 유사한 칵테일들의 리스트를 고집한다.

맨해튼과 마티니와 같은 음료를 리스트하는 것은 메뉴상의 촉진공간을 잘 이용한 것이라고 볼 수 없다. 특별하고 할증가격이 가능한 칵테일들은, 판매량과 순이익을 증가시키는 일종의 스타빌링(Star Billing; 광고지의 최상단)의 요소로 분류되어야 한다(그림 8-1 참고).

From Ye King's Arm Pub

Buckingham······2,500원
A Delicate blend of apple jack Brendy Carnberry juice and lime juice.

Red Fox······2,500원
A Champagne and cranberry juice cocktail.

Bobbie Burns······2,900원
A Poetic Scotch Manhattan.

King Arthur Cooler······2,500원
A Blending of run, orange and lemon juice.

Hurrican Guinevere······2,500원
Passion Fruit juice with West Indian Rum.

Brighton Punch······2,500원
The other ingredients are a sercet, but the punch comes from a favorite rare old bourbon.

Sir Lancelot······2,500원
Rum and Brandies with lemon juice.

King' s cay······2,500원
Passion Fruit juice, Brandy and rum, a green mist in a hurricane.

London Fog······2,500원
Rum Vodka, Triple Sec, Apricot brany, orange and lemon(Sweetned) Juices evoke a foogy London night.

그림 8-1 칵테일 메뉴 예시

컨디멘트(Condiment)가 음식을 표시하는 데에 있어서 중요하지 않다면, 메뉴에 리스트할 필요가 없다. 반면 특정조미료가 외식업체를 알리려고 하는 재료들 중의 하나라면 메뉴상에 제시되어야 한다. 그런 특정 재료를 표기함으로써 고객으로 하여금 관심을 갖게 하는 일종의 도구를 이용함으로써 판매하고자 하는 것을 표현할 수 있다.

메뉴는 항상 깨끗하게 유지되도록 종사원으로 하여금 수시로 체크하도록 하여야 한다. 오래된 메뉴와 지저분한 메뉴는, 고객에게 그 업체가 아무렇게나 영업한다는 인식과 함께 위생이 중요한 관심사항으로 여기지 않고 있으며 고객에 대해 관심이 없는 경영을 하고 있음을 말하는 것과 같다. 이것은 주방의 상태가 메뉴에서 보이는 것과 같이 부주의하다는 인상을 주게 된다. 고객에게 보여서는 안 될 메뉴는 깨끗하게 다시 만들거나 버려야 한다.

변화하는 음식 비용에 따르려고 하는 외식업체들 중에서 어떤 업체들은, 인쇄비용을 줄이려고 메뉴에 음식 가격들이나 음식 사진들을 인쇄하지 않고 붙이기로 인쇄한다. 그 때에 그들은 메뉴에 음식과 가격을 쓰거나 가격이 변할 때는 준비한 표에 집어넣거나 새로운 메뉴 제공을 서비스에 추가한다.

고객 수가 늘어나고 평균지불가격을 올렸으나 경영자가 판매하고자 하는 음식들을 판매하고 있다면, 그 인쇄된 메뉴는 성공적인 것이 된다. 즐거운 식사 분위기, 훌륭한 음식의 질, 정중한 서비스, 잘 생각하여 만들어 낸 메뉴의 제공은 외식업체에게 성공의 열쇠가 될 수 있다.

Chaper 9 양 식

Chapter 9 양식

Section 1 전채요리

1. 전채요리의 정리

전채요리(前菜料理 : Appetizer; Hors d'oeuvre)는 일정한 순서의 차림표(메뉴)대로 요리가 나오기 전에 고객에게 식욕촉진제로 제공되는 소품 요리이다.

전채는 서양요리에서 빼놓을 수 없는 것으로서 프랑스에서는 Hors d'oeuvre라고 하며 영·미에서는 Apptizer라고 한다. Hors d'oeuver의 Hors는 '앞'을 의미하고 Oeuver은 '식사'를, 즉 식사 전에 제공되는 요리를 의미한다.

식사 전에 제공되는 점에서 그 목적도 당연 식욕자극제의 역할을 다하여야 하므로 Appetissant(식욕을 일으킴)이라든지, Appetizer(식욕촉진물)라는 뜻을 가지게 되었다. 그리고 북유럽에서는 스모가스보드(Smogasbord), 중국에서는 리앵반(冷飯), 러시아에서는 자쿠스키(Zakuski)라 부르고 있다.

2. 전채요리의 형태

형태로는 찬 애피타이저와 더운 애피타이저가 식당 한 곳에 준비되어 고객이 직접 원하는 전채를 선택하는 북아프리카식인 Hors d'oeuvre à la Suédoise가 있으며, 큰 쟁반에 바닷가재를 중심으로 다양한 전채를 담아서 제공하는 프랑스식인 Hors d'oeuvre à la Parisienne가 있다.

3. 전채요리의 역사

전채의 기원은 러시아에서 연회를 하기 전에 별실에서 기다리는 참석자들에게 주류와 함께 간단한 요리를 제공한 데서 시작됐다는 설이 있다.

한편 16세기 초기에 당시 프랑스보다 선진국이었던 이탈리아에서 전채가 기타 여러 요리와 함께 프랑스로 건너갔다고 하는 설도 있으며, 또 다른 설로는 13세기 때 마르코 폴로(Marco polo)가 중국을 두 번 왕래하면서 중국 냉채요리를 본따서 오드볼(Hors d'oeuvre)을 창안하였다고 한다.

4. 전채요리 조건

전채는 식사를 더욱 맛있게 먹을 수 있도록 식욕을 돋워 주는 데에 그 목적이 있으므로 다음과 같은 조건을 갖추는 것이 좋다.

① 모양이 좋고 맛이 있으며 주요리와 균형이 잡히도록 고려한다.
② 짠맛, 신맛이 가미되어 그 자극으로 타액의 분비물 촉진시켜 식욕을 돋워 주어야 한다.
③ 계절감이 흐르거나 지방색이 풍부한 것이라면 더욱 좋다.

이 세 가지 조건을 갖춘 요리라면 어떠한 식품이든 전채로서의 구실을 다할 수가 있다. 조리사의 솜씨와 기술에 따라 그 재료나 조리방법도 다양하게 창조할 수 있으므로 조리사의 솜씨와 능력을 자랑할 수 있는 요리로 알려져 있다.

5. 전채요리의 종류

전채의 종류는 크게 나누어 더운 것과 찬 것이 있는데 더운 것은 Hors d'oeuvre Chaud(Hot)이라 부르며, 찬 것은 Hors d'oevre froid(Cold)라 부른다. 다시 세분하여 나눈다면, Canape, 오르되브르(Hors d'oeuvre), Alcohol & Cocktail, Relish, Snack 등으로 분류한다.

6. 전채요리 형태에 의한 종류

(1) 칵테일(Cocktail)

칵테일의 재료로는 매우 다양한 종류를 사용할 수 있지만, 일반적으로 많이 사용하는 것에는 Shrimp, Lobster, Crabmeat, Shellfish와 Fruits, Vegetable Juice 등을 들 수가 있다. 칵테일 글라스를 사용하여 겉모습이 산뜻하고 매력있게 만든 전채요리이다.

(2) 카나페(Canape)

빵을 여러 가지 모양으로 얇게 잘라 튀기거나 토스트하여 버터를 바른 다음, 그 위에 여러 가지 재료[생선알, 안초비(anchovy), 야채, 치즈, 살라미, 소시지, 굴, 캐비아(caviar), 훈제연어 등]를 얹어 작게 만든 요리이다.

(3) 바게트(Barquette)

밀가루 반죽으로 작은 배모양을 만들어 그 안에 생선알이나 고기를 갈아 채워서 만든 것이다.

(4) 부셰(Bouchee)

밀가루 반죽을 얇게 하여 치즈나 계란을 넣어 주사위나 만두같이 만든 요리이다.

(5) 베니에(Beignet)

밀가루를 발라 기름에 튀긴 요리이다.

(6) 애피타이저 샐러드(Appetizer Salad)

Pickled Herring, Smoked Fish류, Stuffed Eggs 등을 작은 양의 야채와 양념을 곁들인 요리이다.

(7) 브로세(Broche)

육류, 생선, 야채 등을 꼬치에 끼워 요리한 것을 말한다.

(8) 렐리시(Relish)

Relish라는 말은 맛을 즐긴다. 풍미가 있다는 의미와 함께 Appetizer란 뜻도 포함되어 있다. 약간 깊은 유리 Bowl이나 Glass에 분쇄한 얼음을 채우고 그 사이에 무, 셀러리, 당근, 오이 등을 꽂아 내놓는 경우가 일반적이다.

Section 2 수프(Soup; potage)

1. 수프의 정의

수프는 고기뼈나 조각을 야채와 향료를 섞어 끓여낸 국물인 스톡(Stock=Fond)을 기초로 하여 만들거나, 야채나 과일을 기초로 하여 만드는 것이다. 맑은 수프(Potage Clair : Clear Soup)와 진한 수프(Potage Lies : Thick Soup)의 두 가지로 나누며, 전체적으로 수프를 통칭하는 말인 포타주(Potage)를 가리켜 진한 수프, 맑은 수프를 가리켜 콩소메(Consommé)라고 일반적으로 부른다.

2. 수프의 어원

수프의 어원은 중세 프랑스인들이 soup란 빵에 브로스, 와인, 소스 등을 끼얹어 먹었던 빵 이름으로 보고 있다. 예전에 수프는 완전한 식사로 취급되었다. 과거의 위대한 주방장들 중의 한 사람인 Lareme는, 가벼운 수프(light soup)가 식욕을 촉진시킨다고 생각하여 가장 먼저 메뉴 코스 중에서 첫 번째 코스로 개발했다.

오늘날에도 가벼운 수프는 메뉴 코스 중에 첫 번째 코스로 이용되고 있지만, 무거운 수프(Heavier Soup)는 여전히 완전한 한 끼 식사로 이용되고 있다.

3. 수프의 분류

분류	종류
Clear Soup(Potaoges Clairs)	• Meat Bouillon • Consommé
Thick Soup(Potages Lies)	• Cream Coup • Purée Soup • Vegetable Soup
Special Soup(Potages Speciaux)	• Beef Tea Soup • Bisque Soup
National Soup(Potages Nationaux)	• Goulash Soup(Hungarian) • Minestrine(Italian) • Gazpach(Spanish) • Chicken Broth(English)

4. 수프의 종류

수프는 온도에 따라 Hot Soup(Potage Chaud)와 Cold Soup(Potage Froid)로 나누며, 농도에 따라 Clear Soup(Potage Claire)와 Thick Soup(Potage Lie)로 나눈다.

(1) Clear Soup (Potage Calire)

맑은 스톡(Stock)이나 브로스(Broth)를 사용하여 만든 수프이다.

1) 콩소메(Consommé)

콩소메는 부용(Bouillon, 맑은 고기 수프)을 졸인 것이 아니라 맑게 한 것이다. 부용이 맑고 풍미를 잃지 않도록 하기 위해 지방분이 제거된 고기를 잘게 썰거나 기계에 갈아서 사용하며, 양파·당근·백리향·파슬리 등과 함께 서서히 끓이면서 계란 흰자를 넣어 빠른 속도로 젓는다.

이 때 주의해야 할 점은 부용을 아주 펄펄 끓이는 것(Boiling)이 아니라 천천히 끓여야 한다(Simmering). 이렇게 1~2시간 끓인 후 White Wine이나 Sherry Wine을 첨가하여 완성시킨 후 천을 대고 걸러 내어 이중용기에 넣어 식지 않게 한다.

조리된 콩소메는 가미한 재료에 따라 명칭을 달리하는데, 그 종류가 400여 가지가 넘는다.

콩소메의 대표적인 종류는 다음과 같다.

① Consommé Brunoise : 당근, 무, 파, 셀러리를 아주 작은 주사위 모양으로 잘라 버터로 살짝 볶아서 쇠고기 콩소메에 띄운 것이다.

② Consommé Celestine : 타피오카(Tapioka : 식용 녹말)를 약간 넣은 콩소메이다. 밀가루, 계란 우유, 소금 및 후추로 만든 크레이프(Crepe : 얇게 부친 케이크)를 살짝 구워 좁게 잘라 콩소메에 띄운다.

③ Consommé Julienne : 당근, 무, 양파, 파, 셀러리(celery), 양배추 등을 썰어서 버터로 볶은 것을 콩소메에 띄운 것이다.

④ Consommé Paysanne : 야채를 은행잎 모양으로 잘라 버터로 볶은 것을 띄운 것으로 Paysanne란 말은 시골 처녀의 티가 난다는 의미이다.

⑤ Consommé Printanier : 콩소메에 신선한 야채 여섯 가지 이상을 작은 주사위 모양으로 만들어 띄운 것이다. 여기에 살짝 익힌 계란을 넣으면 Consommé Printanier Colbert가 되고, 계란과 두부를 넣으면 Consommé Printanier Royale이 된다.

⑥ Consommé à la Royale : 로열을 다이아몬드 형으로 잘라 띄운 것이다. 로열은 계란의 노른자와 흰자를 3:1의 비율로 배합하여 버터를 발라 15~20분 정도 오븐으로 구운 것이다.
⑦ Consommé Vermicelli : 콩소메에 이탈리아국수(Vermicelli)를 넣은 것이다.
⑧ Consommé Noodles : 콩소메에 서양국수(Noodles)를 넣은 것이다.
⑨ Consommé Rice : 콩소메에 Rice를 넣은 것이다.
⑩ Consommé en Tasse : 콩소메를 찻잔에 담아 제공하는 것을 말한다.

2) 부 용(Bouillon)

부용(Bouillon)은 White Stock을 기본으로 하여, 뼈 대신 고깃덩어리(Rump나 Round Steak)을 크게 잘라 넣고 고아낸 국물인데, 위에 뜬 기름을 천을 대고 여과시켜 제거한다. 이때 삶은 고깃덩어리는 주요리(Main Dish)로 제공되기도 하는데 대표적인 것으로 오스트리아에서 유명한 요리인 Boiled Table Beef (Gekochter Tafelspitz)를 들 수가 있다.

부용을 보관할 때는 용기(보통 스테인리스 용기)에 담아서 찬 곳에 두어야 하며, 뚜껑을 덮으면 변질될 위험이 있다. 또 식은 국물에 뜨거운 국물을 섞어 보관하여도 변질될 수 있다.

3) 야채 수프(Vegetable Soup)

① 프렌치 어니언 수프(French Onion Soup) : 양파와 마늘을 넣고 끓인 스톡(Stock)에 크루통(Crouton, 버터로 구운 빵의 조각)과 치즈를 뿌려 샐러맨더(Salamander)에 넣어 갈색으로 구워 제공되는 수프이다.
② 미네스트로네 수프(Minestrone Soup) : 베이컨, 양파, 셀러리, 당근, 감자, Tomato paste를 볶아 Stock에 넣은 후 향료를 첨가하여 끓인 수프이다. Cabbage, Tomato Dice Peas를 첨가하여 제공한다.

(2) Thick Soup(Potage Lie)

리에종(Liaison)을 사용하여 탁하고 농도가 진하게 만든 수프이다.

1) 크림 수프[Cream Soup(Potage Creme)]

베차멜(Bechamel)이나 블루테(Veloute)를 기본으로 하여 만든 수프이다.

① Bechamel : Roux에 우유와 Cream을 첨가하여 만든다.
② Veloute : Roux에 Stock을 혼합하여 만든다.

2) 퓌레 수프[Purée Soup(Potage Purée)]

야채를 잘게 분쇄한 것을 퓌레(Purée)라고 하며, 이것을 부용(Bouillon)과 혼합하여 조리한 수프이다.

3) 차우더(Chowder)

조개, 새우, 게, 생선류 등과 감자를 이용하여 만든 수프이다.

4) 비스크(Bisque)

새우, 게 가재 등으로 만든 어패류 수프이다.

Check point

① 리에종(Liaison) : 두 개의 별개의 물질을 결합시켜 새로운 하나의 물질을 만드는 역할을 하는 것으로, Butter, Roux Cream, Starch 등의 종류가 있다. 사용 목적은 맛, 색깔, 농도를 조절하는 데 있다.
② 루(Roux) : 밀가루와 버터(반고체 상태)를 1:1의 비율로 배합하여 Pan이나 Oven을 이용하여 볶거나 구운 것이다. 종류에는 Roux Blanc, Roux Blond, Roux Brun 등이 있다. 일반적으로 Stock과 결합시켜 소스를 만드는 데 이용한다.

(3) Cold Soup(Potage Froid)

1) 찬 콩소메(Cold Consommé)

Hot Consommé를 가벼운 젤리 상태가 될 때까지 식힌 후 Sherry Wine과 Pimento Concasse 등으로 장식한 수프이다.

2) 비시수아즈[Vichyssoise(Cold Potato Soup)]

감자 양파, 부추를 버터로 볶아 스톡에 넣어 Cream을 첨가하여 만든 수프이다.

3) 안달루시안 가스파초(Andalusian Gazpacho)

토마토, 양파, 마늘, 식초, 샐러드유 등을 이용해 만든 수프이다.

4) Cold Pear and Watercress Soup

배, Chicken Broth, Purée, Lemon Juice, Whipped Cream, Watercress잎을 이용한 수프이다.

(4) 나라별 수프(National Soup)

다음은 나라별로 독특하고 대표적인 수프이다.

1) 부야베스(Bouillabaisse)

프랑스 남쪽 지방에서부터 시작된 수프로, 생선 스톡에 여러 가지 생선과 바다가재, 야채, 올리브유를 넣어 끓인 생선 수프이다.

2) 올라 포드리다(Olla Podrida)

스페인의 수프로 콩, 양파, 셀러리(celery), 마늘, 쌀 등을 이용한 것이다.

3) 소꼬리 수프(Ox-Tail Soup)

영국의 수프로 Ox-Tail, Bacon, Tomato Purée 등을 사용한 수프이다.

Check point

① 부케 가르니(Bouquet Garni) : Stock이나 Sauce에 향을 내기 위해 사용하는 것으로 Herbs(Thyme, Bay Leaves, Parsley, Rose-marry)와 야채(부추, 셀러리, 파슬리, 당근, 양파 등)를 천에 싸서 실로 묶은 것이다. 요리에 따라 사용하는 향신료와 야채가 다르다.

② 미르푸아(Mire Poix) : 18세기 Levis-Mirepoix 공작의 요리사가 개발하였으며, Stock이나 Sauce의 맛을 내기 위하여 사용한다. 여러 가지 야채(당근, 셀러리, 양파, 부추, 파슬리 등)와 각종 향신료 그리고 Jambon Cru(훈연시킨 햄조각) 등을 잘게 또는 Brunoise(야채를 주사위 모양으로 자르는 것)로 썰어서 기름과 함께 Saute한 것이다.

Section 3 생선요리(Fish; Poisson)

1. 생선요리의 개요

수프 다음에 제공되는 요리순서가 생선이다. 그러나 요즘은 정찬이 아니고는 생선 코스를 생략하는 경우가 많고 또는 하나의 훌륭한 주요리(Main Dish)로 제공되고 있다.

특히 가톨릭 신자들은 금요일이면 육식을 하지 않고 생선을 먹기 때문에 많은 호텔의 식당이나 일반식당에서도 금요일 메뉴에는 대부분 생선요리를 낸다.

2. 생선요리의 중요성

생선은 육류보다 섬유질이 연하고 맛이 담백하며 열량이 적다. 또한 소화가 잘 되고 단백질, 지방, 칼슘, 비타민(A, B, C) 등이 풍부하여 건강식으로 육류에 비해 선호도가 높아지는 추세이다. 그러나 부패하기 쉬운 결점이 있어 신선도를 유지하는 데 유의하여야 한다.

3. 기본 생선요리방법 분류

- Cold
  - Poached
    - Plain
    - Chaud froid
  - Marinated
    - Wine Oil
    - Vinegar Oil
  - Smoked
    - Cold Smoking : Salmon, Tuna
    - Hot Smoking : Halibut, Eel, Trout, etc
- Hot
  - Boiling
    - Basic Court Bouillon
    - White Court Bouillon
    - Vinegar & Water
  - Braising
  - Deep Fat Frying
    - Plain
    - Plain Batter
    - Breaded
    - Egg Batter
    - Special Batter
  - Gratinating
  - Grilling & Boiling
  - Poaching
    - Lemon Water
    - White Wine
    - Red Wine
  - Sauteing
    - Meuniere
    - Egg
    - Breaded

4. 생선의 기본 조리법

(1) Boiling(Cuire) → 삶기

① Basic Court Bouillon → 기본 쿠르브용에 삶기

② White Court Bouillon → 흰 쿠르브용에 삶기

③ Acidulated Water(Vinegar Water) → (산성)식초 물에 삶기

(2) Poaching(Poacher) → 포칭

① White Wine Poaching → 백포도주에 포칭하기

② Red Wine Poaching → 적포도주에 포칭하기

(3) Braising(Braiser) → 브레이징(조림, 브레제)

White Wine(백포도주) Red Wine(적포도주), Fish Stock(생선 스톡) 등을 넣고 조려 익히는 방법

(4) Sauteing(Sauter) → 소테

① A la meuniere → 밀가루를 묻혀 버터에 소테하는 방법

② Sauteing in Egg → 계란을 입혀 소테하는 방법

③ Sauteing in Breaded → 빵가루를 입혀 소테하는 방법

(5) Deep Fat Frying(Frive) → 튀김

① Deep Fat Fried in Basic → 밀가루를 묻혀 튀기는 방법

② Deep Fat Fried in Breaded → 빵가루를 묻혀 튀기는 방법

③ Deep Fat Fried in Egg Batter → 계란을 묻혀 튀기는 방법

④ Deep Fat Fried in Plain Batter → 밀가루로 만든 버터를 묻혀 튀기는 방법

⑤ Deep Fat Fried in Special Batter → 특수한 버터를 묻혀 튀기는 방법

(6) Grilling & Boiling Griller → 석쇠구이

(7) Gratimating(Gratin) → 그라탱

(8) Smoking → 훈제(연기)로 요리하는 방법

① Cold Smoking → 18℃~24℃에서 Smoking

② Hot Smoking → 24℃ 이상에서 Smoking

(9) Marinated → 매리네이트

식초와 향신료물 또는 식초와 와인을 1:3으로 절여서 요리하는 방법

5. 생선요리의 종류

일반적으로 생선요리는 바다생선(Sea Fish), 민물고기(Fresh Water Fish), 조개류(Shell Fish), 갑각류(Crustacea) 연채류(Mollusca), 식용 개구리, 달팽이 등을 들 수가 있다. 이들의 저장방법에 따라 생(生) 생선(Fresh fish), 얼린 생선(Frozen Fish), 절인 생선(Cured Fish), 통조림(Canned Fish) 등으로 나누어진다.

(1) 바다생선의 종류

① 대구(Cod : Cabillaud) : 육질은 회백색이고, 육식성으로 날카로운 이빨을 가지고 있다.

② 해덕(Haddock : Aigrehin) : 대구과의 일종으로 심해에 산다. 육질은 백색이고 지방이 적으며 단백질이 많다.

③ 명태(Whiting : Merlan) : 대구과의 일종으로 심해에 산다. 육질은 백색이고 지방이 적으며 단백질이 많다.

④ 멸치(Anchovy : Anchois) : 청어과의 일종. 맛이 깨끗하고 신선하며 향긋하다.

⑤ 청어(Herring : Hareng) : 은색비늘에 푸른 등이며, 은백색의 배로 육질이 희고 맛이 좋다.

⑥ 정어리(Sardine : Sardine) : 청어과의 일종으로 등푸른 생선이다. 단백질이 풍부하고 기름을 많이 함유하고 있다.

⑦ 고등어(Mackerel : Maquereau) : 육식성에, 육질의 색은 불그스레한 색으로 살의 조직력이 좋고 맛이 좋다.

⑧ 참치(Tuna : Thon) : 고등어과의 육식성 물고기. 최대무게 500kg, 불그스레한 색의 살은 맛이 뛰어남, 송아지 고기의 조리방식으로 조리한다.

⑨ 붕장어(Conger Eel : Congre) : 바다장어, 뱀같이 생겼음. 뼈가 많아 양식에서는 별로 사용치 않으나 동양식에는 중요한 생선회의 일종이다.

⑩ 회색숭어(Gray Mullet : Meuille) : 연어과에 속하고 Grayling과 비슷함. 육질은 독특하고 풍미가 있다.

⑪ 적도미(Red Snapper : Surmullet) : 바다숭어과의 일종. 일명 '바다의 도요새'. 육질이 희고 향기가 좋다.

⑫ 할리벗(Halibut : Fletan) : 북방 해양산의 넙치과. 매우 큰 종류의 하나로 육질이 희고 맛은 부드럽다.

⑬ 혀가자미(Sole : Plymouth Sole) : 혀넙치, 가장 맛이 좋고 최고의 질을 가졌으며, 껍질이 쉽게 벗겨진다. 가장 많은 요리법이 개발되어 있는 생선이다.

⑭ 광어(Turbot : Turbot) : 넙치과에 속하고 해수어 중 가장 선호되는 종류이다. 육질은 희고 단단하여 저장이 용이하고 4~9월 사이의 육질이 제일 좋다.

⑮ 홍어(Shate : Raie) : 가오리과, 연골생선. 날개 모양의 몸통과 가슴 지느러미만이 요리에 사용되므로 낭비가 큰 생선이다. 육질은 매우 맛있다.

(2) 민물고기의 종류

① 뱀장어(Eel : Anguille) : 이주성 어종으로 해수와 담수에서 산다. 고지방을 함유하고 있어 소화하기 쉽지 않다. 중간 크기의 뱀장어가 제일 품질이 좋다.

② 농어(Perch : Perche) : 육식성, 해수 및 담수성. 비늘이 많고 날카로운 지느러미를 가지고 있다. 육질은 희고 탄력이 있으며 맛이 좋고 부드럽다.

③ 골든 트라우트(Golden Trout[Truite de Lac]) : 연어과에 속하며 호수에 서식하는 금빛 송어, 색깔은 연수성 지역에 따라 다양하다. 육질은 맛이 좋고 인기가 있는 생선이다.

④ 레이크 트라우트(Lake Trout[Truite de Lac]) : 연어과에 속하며 알을 낳기 위해 강으로 거슬러 올라가는 이주성 물고기. 어린 것이 소화하기 쉽다.

⑤ 레인보 트라우트(Rainbow Trout[Truite Arcenciel]) : 맑고 서늘한 오염되지 않은 깨끗한 물에 서식 머리부터 꼬리까지 양쪽면에 붉은 띠가 뻗어 있으며 무지개 빛이다. 육질은 최상급이다.

⑥ 리버 트라우트(River Trout[Truite de Riviere]) : 강이나 냇가에 서식하며, 바다로 이동하면 바다송어가 된다. 서식 환경에 따라 Wood 송어, Mountain 송어, Stone 송어 등의 이름이 붙는다. 육질은 희고 소화가 용이하나 물 밑바닥에 사는 송어는 흐린 살을 가지고 있다.

⑦ 연어(Salmon : Saumon) : 산란기는 10~12월. 강 상류에 산란한다. 산란 전은 살이 붉고 중량감이 있으나, 산란 후에는 중량감이 줄어든다. 수컷보다는 암컷이 좋다.

⑧ 철갑상어(Sturgeon : Estrurgeon) : 흑해와 카스피해에 서식, 종류에는 스털릿(Sterlet), 스터젼(Sturgeon), 하우젠(Hausen)이 있다. 깨끗한 물에서 서식하기 때문에 민물고기로 간주된다.

이 고기의 알은 캐비아(Caviar)로서 알젓을 만드는 데 사용한다.

⑨ 잉어(Carp : Carpe) : 흐르는 물이나 연못에 서식한다. 등뼈 물고기로 분류되며 종류에는 Mirror, Scale, Leather 3종이 있다. 육질은 부드럽고 소화가 잘되며 겨울에 질이 가장 좋다.

⑩ 메기(Sheatfish : Silurus Glanis) : 강·호수에 서식한다. 철갑상어 다음으로 무거운 종류. 2대의 긴 수염과 4개의 짧은 수염이 있으며 색깔은 갈색이다. 강이나 호수의 밑바닥에 살며 물고기·게·개구리 등을 잡아 먹고 산다. 특히, 물새도 잡아 먹는 것으로 알려져 있다. 육질은 어린 것이 좋다.

⑪ 개구리 다리(Frog leg : Cuisses de Grenouille) : 개구리 다리 요리는 중세부터 발전되어 온 요리로서 육질이 매우 연하여 미식가들로부터 사랑을 받아 왔다. 개구리는 습지에서 자라며, 육질의 탄력과 색깔을 희게 하기 위하여 찬물에 12시간 정도 담궈 놓는다.

(3) 갑각류

① 게(Crab : Crabe) : 식욕이 왕성하고 육식을 하는 갑각류로서 연안의 바위 사이에 숨어서 산다. 종류는 다양하며 양쪽에 각각 5개의 다리가 있고 몸체는 칼슘 분비로 딱딱한 껍질로 덮여 있으며, 성장하는 과정 동안 계속 껍질을 벗는다. 육질은 조직이 거칠고 부패되기 쉬우나 맛이 대단히 좋다.

② 가재(Crayfish : Ecrevisse) : 강·연못·호수 등의 칼슘이 풍부한 얕은 물에 서식한다. 다리는 양쪽에 각각 5개씩 달려 있고 긴 수염을 가지고 있다. 깨끗한 물에서 사는 것이 특징이고 몸길이가 늘거나 줄거나 한다. 특히 맨 처음 집게발이 발달되어 있다. 가재의 육질결정은 물의 청결과 가재가 먹는 먹이의 종류에 따라 좌우 된다. 속살은 즙이 많고 독특한 단맛을 가지고 있다.

③ 바다가재(Lobster : Homard) : 바다 및 바닥의 벌에서 서식한다. 민물게와 비슷하고 두 개의 집게발이 있다. 육질은 풍미가 있고 우수하여 고가로 팔린다. 보통 산 채로 삶아서 서장하였다가 요리한다.

④ 스캄포 로브스터[Scampo Lobster(Langoustine)] : 지중해, 덴마크, 노르웨이 해안에서 발견되는 대중화된 바다가재로 이탈리아 용어이다. Lobster에 비해 크기는 작고 핑크색이다. 육질은 바다가재와 동일하다.

⑤ 스피니 록 로브스터[Spiny Rock Lobster(Langouste)] : 긴 촉수, 머리와 가슴에 가시가 있지만 집게발은 없는 갑각류로서 붉은 보랏빛 바탕에 노란 얼

룩 반점이 있다. 속살은 매우 맛있으나 바다가재보다는 건조한 맛이 있다. 삶으면 붉은 살이 된다.

⑥ 새우(Shrimp : Crevette) : 모래 해안을 따라 서식하며 긴꼬리 갑각류에 속하는 작은 갑각류이다. 긴 촉각과 10개의 발을 가지고 있으나 집게발은 없다. 육질은 희며 고기는 맛있으나 상하기 쉬우므로 신선한 새우는 근해에서 잡으면 잡히는 대로 대부분 배 안에서 삶게 된다.

(4) 패 류

① 굴(Oyster : Huitre) : 쌍각 연체동물로 껍데기의 바깥쪽은 거칠지만 내부는 매끄럽다. 3~4년생으로 9월 ~4월 사이에 잡는 것이 최상품이다. 껍질이 닫혀 있는 것이 신선한 종류이다.

② 홍합(Mussels : Moule) : 얕은 물의 자연둑에서 양식을 한다. 길쭉하고 검푸른 색의 쌍각 연체동물로 속은 홍색이다.

③ 대합(Clam : Praire) : 모래사장 언덕에 서식한다. 불룩한 조가비를 가진 쌍각 연체 동물로 동글고 골이 패여 있으며 베이지 색이다.

④ 관자(Scallp : Coquille Saint-Jacque) : 껍질은 넓으며, 뚜껑이 되는 부분은 붉고 평평하나 반대쪽은 음푹하다.

⑤ 달팽이(Snail : Escargot) : 미식가들이 즐기는 요리로 1백여 종류가 있으나 식용으로 쓸 수 있는 것은 얼마 되지 않는다. 달팽이는 크게 나누어 Mash Snail과 Land Snail로 나눈다. 프랑스에서 이용되는 달팽이는 부르고뉴(Bourgogne), 브르타뉴(Bretagne), 랑그도크(Languedoc) 등 포도주 생산지역에서 많이 나는데, 이는 달팽이가 포도밭에서 서식하기 때문이다. 달팽이는 첫 서리가 내리는 가을에 잡는데 이 때가 맛이 제일 좋을 때이다.

(5) 캐비아(Caviar)

1) Caviar의 유래

"캐비아(Caviar)"라는 말은 터키의 "Havyar"라는 말에서 변형된 것이다. Caviar는 철갑상어의 알로 진주 빛의 회색부터 연한 갈색까지 색깔이 구분되어 다양하다. 미국에서는 1966년까지 어떠한 알이라도 알의 색이 검은 것은 "Caviar"로 불려 왔다. 그러나 White fish(황어), Carp(잉어), Paddlefish(미시시피강의 철갑상어의 일종)의 크고 질 좋은 알들이 대량으로 공급되자 소비자들은 이런 알들의 착색하여 판매한다고 비판을 하기 시작했다.

그러자 FDA(Food & Drug Administration)는 철갑상어의 알로 만드는 것만을 "Caviar"라 한다고 범위를 제한하게 되었다.

역사적으로 최상품의 Caviar는 Yellow-Bellied Sterlet이라는 상어의 알로 만들어진 것이다. 그러나 Yellow-Bellied Sterlet 종은 지금은 거의 멸종되어 어획량이 적어짐으로써 상대적으로 선호도는 높아져 가고 있다. 이 상어의 알은 제정 러시아 황제들을 상징하던 전설적인 황금색이었고, 현재는 러시아의 영해 밖에서는 거의 찾아볼 수 없는 어종이 되었다.

2) Caviar의 제조

상어를 잡은 후 한 시간 내에 알을 추출하여야 한다. 알 주위의 세포조직을 제거하기 위해 최소한 한 개의 알보다 큰 그물눈을 지닌 채를 사용해 부드러운 동작으로 깨끗이 씻는다. 그물을 통과해 밑에 받쳐 놓은 용기에 모인 알들을 찬물에 3~4회 조심스럽게 씻어 10분 정도 배수시킨 다음에 거품을 제거한다.

배수가 끝나면 알 무게의 3% 정도의 소금을 넣고 절인다. 소금에 절인 알을 항아리나 매끄러운 얇은 그릇에 곧바로 저장하는데, 용기 속에 공기가 들어가지 않도록 하여야 한다.

Caviar는 -3.3℃~-1.1℃의 냉장고에 보관하여야 하며, 일주일 정도 지나면 진미를 느낄 수 있는 절정의 시기가 된다. 그러나 6개월이 경과되면 섬세한 맛과 눈으로 표현되는 품질은 급속히 저하된다.

3) Caviar의 종류

① 벨루가(Beluga) : 철갑상어 중 가장 큰 상어에서 추출되는 알로서 가장 크며 색은 회색으로 3~4%의 염분을 함유하고 있다.

② 마로솔(Malosol) : 러시아 산으로 "Malosol"은 적은 염분을 함유하고 있다는 뜻이다. 염분 함량 3~4%로 보존 기간이 짧다. Malosol은 가격이 매우 비싸다.

③ 오세트라(Ossetra) : 러시아 말로 "철갑상어"라는 말로서 선호도가 가장 높은 종류이며, 훈제했을 때 특별히 감미로운 맛이 있다. 황금빛 갈색으로 견과류 같은 쌉쌀한 맛을 가지고 있다.

④ 파우스나야(Pausnaya) : 러시아 말로 Caviar에 압력을 가한 것이라는 말이다. 1kg의 pressed 캐비아를 얻기 위해서는 5kg의 Fresh cavier가 필요하다.

Section 4 주요리(Main Dishes; Entrée)

1. 주요리

메인디시(Main dish)는 주요리로서 생선 다음에 제공되는 것이 보통이다. 가끔 코스가 긴 것은 생선 다음에 셔벗(Sherbet)을 들고 나서 메인 요리(주요리)를 들게 된다.

주요리는 프랑스어로 앙트레(Entrée)라고도 하는데, 영어의 Entrance란 뜻으로서 정찬의 중간 코스라고 의미했으나 지금와서는 주요리로서 제공되는 요리를 앙트레(Entrée)라고 부른다.

현재에는 생선도 주요리로 나올 때가 많으며 베지터블(Vegetable)도 가끔 주요리로 등장한다.

2. 뜨거운 주요리의 기본조리방법

① Boiling(Bouillir)
- Veal Stew, Calf's Tomgue, Calf's Feet, Calf's Head Tripe

② Braising(Braisage)
- Rogout Veal, Beef, Chicken Saute, Carbon – nade
- Sautes Curry, Mutton/Lamb
- Glaze

③ Poeler(Poelage)
- 육류
- 가금류

④ Poaching(pochage)
- 가금류
- 훈제돈육

⑤ Roasting(Rotissage)
- 붉은살 육류
- 흰살 육류
- 가금류, 엽조류

3. 육류 요리(Meat; Viande)

육류에는 높은 칼로리, 특히 단백질, 탄수화물, 지방, 무기질 비타민 등이 풍부하여 메인디시(Main Dish)로서 가장 선호되는 품목이라 하겠다. 육류를 조리하는 데 있어 각국마다 대표적인 육류 조리방법이 있는데, 프랑스에서는 버터, 이탈리아에서는 올리브유, 독일에서는 라드(Lard), 미국에서는 샐러드유 등으로 고기를 구우며, 영국에서는 저스(Jus)로 조리고, 중국 및 일본에서는 장유로 조리하는 방법으로 독특한 맛을 내고 있다.

(1) 쇠고기

1) 쇠고기의 분류

식육으로 사용할 수 있는 소로는 새끼를 낳지 않은 암소나 거세한 수소가 좋다. 또한 사용 목적에 따라 소의 연령에는 차이가 있으나, Steak나 Roast용으로는 2~3세의 어린 것이 좋으며, 육가공용으로는 5~7세의 늙은 소가 좋다. 좋은 쇠고기는 밝은 선홍색이어야 하며, 고기는 단단하고 미세한 고기의 결로 대리석같이 매끄러워야 한다.

다음은 쇠고기로 사용할 수 있는 소를 분류한 것이다.

① **수송아지** : 어릴 때 거세하여 곡물로 사육한 후 2년 반이나 3년 정도 된 수송아지

② **어린 암소** : 2년 반이나 3년 정도 된 송아지를 낳지 않은 어린 암소

③ **암 소** : 1~2 마리의 송아지를 낳은 암소

④ **거세한 황소** : 성적으로 성숙한 후 거세시킨 수컷

⑤ **황 소** : 거세하지 않은 수컷으로 소시지(Sausage)나 드라이비프(Drybeef)를 만들 때 주로 사용

2) 쇠고기의 등급

미연방정부에서는 소비자, 축산업자, 판매업자의 이익을 보호하기 위하여 고기의 완성도(쇠고기의 내부 및 외부에 있는 지방질의 양과 색), 조직(쇠고기 몸통의 고기의 일반적인 비율), 품질(고기와 뼈의 색과 구조) 등을 분류하여 종합적으로 판단한 후에 쇠고기의 등급을 나누고 있다.

① USDA[1] Prime : 최상급의 등급으로 대부분이 수송아지나 어린 암소에서 얻는데, 그 양이 제한되어 생산된다. 육질은 맛과 육즙을 더해 주는 좋은 그물 조직으로 되어 있고, 단단하고 하얀 크림색의 지방으로 두껍게 덮여 있으며 성숙시키기 적합하다.

② USDA Choice : 이 등급은 가장 인기가 있으며 그 양도 많다. 육질이 연하고 육즙이 많으며 Prime급 보다 지방질이 적으나 고급의 지방질을 함유하고 있으며, 지방질의 구조가 치밀하고 좋은 그물 조직으로 되어 있다.

③ USDA Good : 경제적인 쇠고기로 알려져 있으며, 목초로 사육한 수송아지와 어린 암소고기는 대부분이 상급에 속하며 지방 함량이 낮기 때문에 덜 수축된다. 이 등급의 고기는 연하지만 Prime과 Choice 급의 연질과 맛에는 뒤떨어진다.

④ USDA Standard : 어린 수송아지, 어린 암소, 암소로부터 얻는다. 살코기의 비율이 높고 지방량은 적다. 위의 등급보다 맛이나 연한 맛이 떨어진다.

⑤ USDA Commercial : 늙은 암소 등 성숙한 동물에서 생산되는데, 맛은 풍부하지만 질기기 때문에 연해지도록 천천히 요리하거나 오래 익혀야 한다.

⑥ USDA Utility : 거세한 황소, 황소, 늙은 암소에서 생산된다.

⑦ USDA Cuter : 황소와 거세한 황소의 고기는 모두가 이 등급에 속한다.

⑧ USDA Canner : 경제적·영양적·규모적으로 유리하고 제조·가공하거나 기계에 갈아 사용하기에 적합하다.

3) Tenderloin(안심부위)

① 샤토브리앙(Chateaubriand) : 프랑스 혁명 전 귀족 샤토브리앙이 즐겨 먹었던 것으로 그의 주방장 몽미레이유(Montmireil)에 의해 고안된 것이라고 한다. 소의 등뼈 양쪽 밑에 붙어 있는 연한 안심부위를 두껍게(4~5cm) 잘라서 굽는 최고급 스테이크이다.

② 투르느도(Tournedos) : 이 요리는 1855년 파리에서 처음으로 시작되었던 것으로 Tournedos란 "눈 깜빡할 사이에 다 된다."라는 의미로, 안심 부위의 중간 뒤쪽 부분의 스테이크이다.

③ 필레 미뇽(Filet Mignon) : 이것은 "아주 예쁜 소형의 안심 스테이크"라는 의미로 안심부위의 뒷부분으로 만든 스테이크이다.

---

1) USAD : United states Department of Agriculture.

④ 설로인 스테이크(Sirloin Steak) : 이 스테이크는 영국의 왕이었던 샤를 2세가 명명한 것으로 이 등심 스테이크를 매우 좋아하며 스테이크에 남작의 작위를 수여했다고 한다. 그 후 'Loin' 에 'Sir' 를 붙여 "Sirloin" 이라고 하였다.

⑤ 포터 하우스 스테이크(Poter House Steak) : 이 스테이크는 Short Loin Steak로 안심과 뼈를 함께 자른 크기가 큰 스테이크이다.

⑥ 티본 스테이크(T-bone Steak) : Short Loin으로 Poter House Steak를 잘라낸 다음 그 앞부분을 자른 것으로, Porter House Steak보다 안심 부분이 작고 뼈를 T자 모양으로 자른 것이다.

⑦ 리브 스테이크(Rib Steak) : 갈비 등심 스테이크로 Rib Eye Steak, Rib Roast 등이 있다. Rib Roast(Prime Rib of Beef)는 총 13개의 갈비 중 6번째부터 12번째 갈비 까지 7개의 갈비로 이루어진다.

⑧ 라운드 스테이크(Round Steak) : 소 허벅지에서 추출한 스테이크이다.

⑨ 럼프 스테이크(Rump Steak) : 소 궁둥이에서 추출한 스테이크이다.

⑩ 플랭크 스테이크(Flank Steak) : 소 배 부위에서 추출한 스테이크이다.

Check point

텐더로인(Tenderloin)의 분류는 미국과 프랑스의 분류방법이 대표적인데, 프랑스에서는 ㉮를 Chateaub-riand로 나누고 미국에서는 ㉯를 Chateaubriand으로 분류하고 있는데, 여기서는 미국의 분류방법에 기준을 두었다.

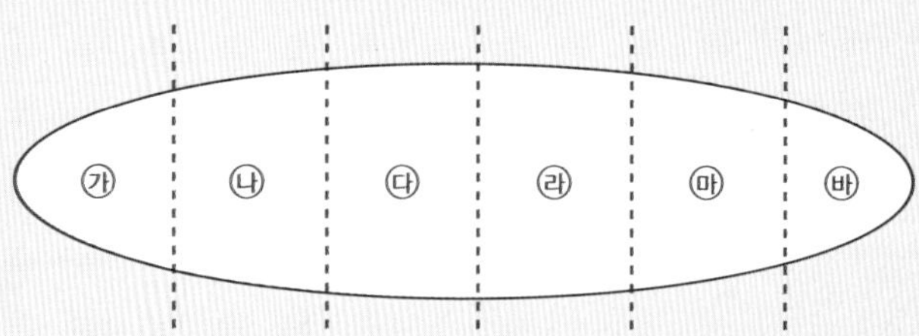

㉮ Head(Tete) ㉯ Chateaubriand ㉰ Filet Steak
㉱ Tounedos ㉲ Filet Mignon ㉳ Filet Tip

4) Steak 굽는 정도

① 레어[Rare(Blue)] : Steak속이 따뜻할 정도로 겉부분만 살짝 익혀 자르면 속에서 피가 흐르도록 굽는다. 조리시간은 약 2~3분 정도이고 고기 내부의 온도는 52℃ 정도이다.

② 미디엄 레어[Medium Rare(Saignant)] : Rare보다는 좀 더 익히며 Medium 보다는 좀 덜 익힌 것으로, 역시 자르면 피가 보이도록 하여야 한다. 조리시간은 약 3~4분 정도이고, 고기의 내부 온도는 55℃ 정도이다.

③ 미디엄[Medium(A point)] : Rare와 Well-done의 절반 정도를 익히는 것이며, 자르면 붉은 색이 되어야 한다. 조리시간은 약 5~6분 정도이고, 고기 내부의 온도는 60℃ 정도이다.

④ 미디엄 웰돈[Medium Well-done(Cuit)] : 거의 익히는데, 자르면 가운데 부분에만 약간 붉은색이 있어야 한다. 조리시간은 약 8~9분 정도이며, 고기 내부의 온도는 65℃ 정도이다.

⑤ 웰돈[Well-done(Bien Cuit)] : 속까지 완전히 익히는 것이다. 조리시간은 약 10~12분 정도이고, 고기의 내부 온도는 70℃ 정도이다.

(2) 송아지 고기(Veal; Veau)

송아지 고기는 3개월 미만의 어린 소고기를 말하며, 일반적으로 우유로 사육한다. 도살한 후의 무게는 후 67kg 정도이며, 조직은 부드럽고, 밝은 회색의 핑크색을 띤다. 그러나 3~10개월 정도의 송아지는 카프(calf)라 불리며, 지육은 146kg 정도이고, 붉은 핑크색을 띤다.

1) 가니시

① à la Bonne Femmes
② à la Milanaise
③ à la Paysane
④ à la Noisette de Veau

2) 종 류

① Ris de Veau à la Montebello
② Escalope de Veau aux Chamoignons
③ Osso Bucco

(3) 돼지고기(Pork; Porc)

돼지고기는 용도별 고기로 쓰는 용도(Bacon type)와 지방 용도(lard type)가 있고, 산지별로는 영국 산이 가장 많이 알려져 있다. 한국에서 현재 가장 많이 사육하고 있는 종류로는 Yorkshire와 Berkshire가 있고, 미국산으로는 Poland china · Cheste white · Duroc-jersey 및 Victoria가 있다.

1) 가니시

① à la Bruxellese
② à la Hamande
③ à l'ltalienne
④ à la Suedoise
⑤ à la Choucroute
⑥ à la Perigourdine
⑦ à la Marmelade de Pomme
⑧ Aux Pommes Mousseline

2) 종 류

① Ham Steak Hawaiian
② Barbecued Pork Spareribs
③ Sauteed Pork Sausage with Onions
④ Braised Smoked Ham
⑤ Grilled Pork Chop with Apple Sauce
⑥ Piccata Milanaise

(4) 양고기(Lamb; Agneau)

Hot house는 생후 8~15주 된 어린 양이다. 가장 좋은 것으로 평가되고 있으며, 3~5개월 된 것은 spring lamb이라고 한다. 우리가 일반적으로 사용하는 양고기는 생후 1~2년 미만의 것이다. 살코기는 약간 검붉은 색이며, 조직은 spring lamb보다 거칠다. 일반적으로 2년 이상의 것은 머튼(mutton)이라 하며, 이 이하를 램(lamb)이라 한다.

1) 가니시

① à la Bergère
② à la Parisienne
③ à la Menthe
④ à la Boulangére
⑤ à la Tyolienne
⑥ Ver-pre
⑦ à la Piemontaise
⑧ à la Navarraise

2) 종 류

① Leg of Lamb à l'anglaise
② Leg of lamd à la Boulangère
③ Navarin de Veau
④ Lamb Chops à l'argetine

(5) 가금류(Poultry; Volaille)

Poultry는 닭, 오리, 칠면조, 비둘기, 거위 등의 집에서 사육하는 가금을 의미한다. 색깔에 따라 Black meat와 White meat로 구분되며, 일반적으로 전자는 앞 가슴살을 의미하고 후자는 다리 부분의 살을 의미한다. 닭고기와 칠면조 고기는 후자에 속하고, 오리와 거위는 전자에 속한다.

1) 가니시

① Beaulieu
② En Casserole
③ demidoff
④ Farci au foie gras
⑤ aux Nouiloles
⑥ Aux Cèpes
⑦ à la Tartare

2) 종 류

① Chicken Fricasse
② Roast Turkey with Gravy
③ Aguillette de Canard à l'orange
④ Supreme de volaille à l'eugenie
⑤ Le cog au vin Champènoise

3) 가금류의 분류

가금류는 크게 흰색고기(White Meat)를 가진 가금과 검은색 고기(Black Meat)를 가진 가금으로 분류할 수 있다. 일반적으로 흰색고기는 앞가슴살(Breast), 검은색 고기는 다리부분의 고기를 의미한다.

① 흰색고기를 가진 가금류(White Meat) : 닭, 칠면조
② 검은색 고기를 가진 가금류(Bleak Meat) : 오리, 거위, 뿔닭, 비둘기

4) 육질로 본 가금류의 특성

① 흰색 고기의 가금류 : 온순하며 가슴뼈에 살이 있다. 강한 발과 날카로운 발톱, 밝고 붉은색의 벼슬 및 매끄러운 다리의 껍질을 가지고 있다.
② 검은색 고기의 가금류 : 목이 부드럽고 유연하다. 몸통의 하반부는 대체로 딱딱하고 두꺼운 지방층으로 둘러싸여 있다.

5) 가금류의 조리 방법

가금류는 삶거나 찌거나 로스팅할 수 있으며, 육질이 연한 가금류는 꼬치구이와 그릴(grill, 불고기)을 한다.

6) 가금류의 종류

흰색 육질의 가금류

① 새끼 병아리(Chicken; Poussin) : 생후 6주 정도가 된 것
② 병아리(Cocoerel; Cog Vierge) : 새끼 병아리와 Spring Chicken의 중간 것
③ 스프링 치킨(Spring Chicken; Poulet de Grain) : 암수탉으로 10주 정도 성장된 것
④ 닭(Chicken; Poulet Reine) : 특수 사료로 키운 닭
⑤ 풀라드(Poularde; Poularde) : 특별히 사육한 닭
- 프랑스 - Bresse산
- 벨기에 - Brussels 산
- 네덜란드 - Houdan 산

⑥ 케이펀(Capon; Chapon) : 거세된 수탉으로 8개월 성숙된 것
⑦ 헨(Han; Poule) : 성숙한 암탉으로 10개월 정도 성숙되며 육질은 수탉보다 질기다.
⑧ 어린 칠면조(Young Turkey; Dindonneau) : Poularde보다 육질이 건조하다.
⑨ 칠면조(Turkey; Dinde, Dindon) : 북미가 원산지로 인디언이 사육함

검은색 육질의 가금류

① 뿔닭(Guinea-fowl; Pintade) : Poularde를 제외하곤 가금류 중에서 제일 좋다.
② 새끼 오리(Duckling; Caneton) : 프랑스 서부산 오리가 유명하다.
③ 오리(Duck; Canard) : 목을 따서 도살하지 않고 질식시켜 죽이는 루앙(Rouen)산 오리도 유명하다.
④ 새끼 거위(Gosling; Oison) : 살찐 거위 새끼는 5개월 이상 숙성되지 않은 것이 좋다.
⑤ 거위(Goose; Oie) : 거위 간은 Terrines, Loaves pie로 이용하고 고기는 로스트 브레이즈(Roast Braise) 속에 스터프드(stuffed, 속 채운)하여 사용한다.

⑥ 새끼 비둘기(Young Pigeon; Pigeonneau) : 검은색 고기로 분류되나 비둘기 새끼는 육질이 희고 연하다. 성숙한 비둘기의 육질은 붉다.

(6) 들짐승류(Game; Gibier)

Game은 사냥으로 잡을 수 있는 야생의 짐승이나 조류를 일컫는데, 이를 크게 엽수류(Game Animals; Gibier à poil)와 엽조류(Game Birds; Gibier à Plume)로 나눌 수 있다. Game은 가금류에 비하면 연하고 담백하며, 가을부터 겨울까지 고기가 맛이나 영양이 좋다.

1) 엽수류(Game Animals; Gibier à Poil)

사냥을 통하여 얻은 들짐승으로 육질은 사육동물과 비슷하나 더 연하고 소화가 용이하며, 사육고기에 비해 영양가가 높다.

① 사슴(Dear; Cheveuil) : 무리를 지어 서식하며, 수컷만 뿔이 있다. 크기는 암수가 비슷하다. 포획한 후 바로 내장을 제거하나 껍질을 벗기지는 않는다. 어린 것부터 3년생까지는 부드럽고 맛이 좋으나, 늙은 것은 질기고 소화하기 쉽지 않다. 특히 며칠 동안 소금에 절인 것은 더욱 맛있다. 조리방법은 Rosting이 좋으나 지방분이 적기 때문에 기름칠을 자주 하고 Rare로 익히는 것이 좋다.

② 멧돼지(Wild Boar; Sanglier) : 어린 멧돼지의 등과 다리 고기는 식도락가들에게 대단히 인기가 높으나, 나머지 부분은 라구(Ragout) 요리로 사용된다. 일반적인 조리방법은 사슴과 같다.

③ 토끼(Hare : Liévre) : 설치류로서 씨앗과 야채 등을 갉아 먹는다. 어린 것은 육질이 부드럽고 늙은 것은 단단하다. 가장 좋은 것은 3~8개월 정도 자란 것이다.

2) 엽조류(Game Birds; Gibier à Plume)

사냥을 통해 얻을 수 있는 야생조류를 말한다. 야생조류는 사육조류보다 담백하고 소화가 용이하며 맛이 더욱 좋다. 모든 야생조류는 조리 전에 털을 뜯지 않고 일정기간 매달아 놓아야 하는데, 이것을 숙성(Gaming)이라고 하며, 이 기간을 거치면서 고기와 힘줄 조직이 부드러워져 독특한 맛을 얻을 수 있다.

① 메추라기(Quail : Caille) : 들새과에 속하며 수렵조 중 제일 작다. 길이는 약 20cm로 깃은 갈색, 벼슬은 황색점 무늬, 다리는 황적색의 털로 덮여

있고 고기의 맛은 좋다.

② 꿩(Pheasant : Faisan) : 텃새로서 세계 각지에서 서식한다. 수컷은 밝은 색의 깃이 있고, 암컷은 짧은 꼬리에 색은 빛나지 않는다. 가장 먹기 좋은 크기의 새로서 고기는 냄새가 좋고 육질은 부드럽다. 우리나라에서는 만두 속의 고기로 사용한다.

③ 도요새(Woodcock : Bécasse) : 숲속의 습지나 황무지에서 산다. 부리가 긴 이동성 섭금류의 일종으로 철새이다. 내장은 특별요리로 쓰인다.

- 누른도요 : 갈담색의 깃과 뾰족한 부리가 있으며, 고기는 매우 연하여 맛이 좋고 장기간 보존할 수 있다.
- 습지도요 : 긴 부리는 넓적하고 발뒤에 노란 줄무늬가 있으며, 종달새 크기부터 큰 것까지 있다.

④ 자고(Partidge : Perdrix) : 북·중·동유럽과 북미에 서식하며 비둘기보다 조금 크고, 어린 자고는 다리가 황색이며 살이 많고 길이가 짧다.

- 페르드로(Perdreau) : 두 달된 새끼 자고로, 매우 맛이 있다.
- 흰색 자고(Perdrix grise) : 자고 새끼보다 더 크고 매우 비싸다.
- 빨간 자고(Perdix rouge) : 회색 자고보다 조금 크며 Faisandee(연하게 만든다)한 고기는 가장 가격이 비싸다

⑤ 들오리(Wild-duck; Canard Sauvage) : 여러 지역에 서식하는 들새로, 어린 고기는 맛이 좋으나 늙은 오리는 느끼한 맛을 가지고 있다.

Section 5 샐러드(Salad; Salade)

1. 샐러드의 어원

샐러드의 어원은 라틴어의 "Herba Salate"로서 그 뜻은 소금을 뿌린 Herb(향초)이다. 즉, 샐러드란 신선한 야채나 향초 등을 소금만으로 간을 맞추어 먹었던 것에서 유래한다. 이것이 발전하여 다양한 Dressing과 기름과 식초(Oil & Vinegar) 등을 첨가하여 먹게 되었고, 야채도 여러 가지를 혼합하여 사용하게 되었다.

2. 샐러드 내용

샐러드는 Herbs(향료), Plants(씨앗에서 싹이 튼 모종), Vegetable(잎채소, 뿌리채소, 열매채소), 계란, 고기, 해산물 등에 기름과 식초 또는 마요네즈를 이용하여 만든 각종 드레싱과 혼합하거나 곁들여 제공된다.

샐러드는 지방분이 많은 주요리(Main Dish)의 소화를 돕고, 비타민 A와 C 등 필수 비타민과 미네랄이 함유되어 있어 건강의 균형을 유지시켜 주는 데 좋은 역할을 하고 있다.

3. 샐러드 구성

샐러드는 보통 4가지로 구성되는데 기본재료, 주재료, 드레싱, 가니시(장식)이다. 기본은 거의 상추나 푸른잎 채소가 되고, 주재료는 샐러드의 대부분을 이루는 재료, 드레싱은 샐러드에 첨가하여 식욕과 향미를 증진시키는데 샐러드에 맞는 드레싱을 곁들이거나 먹는 사람이 원하는 드레싱을 곁들여 낸다. 가니시는 색깔과 맛의 조화를 이루므로 손님으로 하여금 즐거움을 느끼게 할 수 있어 현대요리에 중요한 비중을 차지하고 있는 것 중의 하나이다.

4. 샐러드의 중요성

샐러드는 정식 메뉴 코스 중의 하나이기는 하지만 지금에 와서는 애피타이저(전채요리)에 사용하기도 하고, 주요리에 곁들여 내기도 하고, 메인 요리로도 사용된다. 이와 같은 현상은 현대인들의 식생활에서 너무 육류섭취가 많아 비만증에 가까운 사람들이 늘어남에 따라 건강의 유지를 위해 샐러드의 비중이 높아졌기 때문이다. 모든 샐러드에 있어서의 한 가지 공통점은, 그 재료들이 신선해야 되며 최고 상품의 품질이어야 한다는 것이다.

5. 샐러드의 분류 및 종류

(1) 순수 샐러드(Simple Salad)

고전적인 순수 샐러드는 한 가지의 야채만으로 만들었으며, 여기에 파슬리(Parsley), 처빌(Chervil), 타라곤(Taragon)을 잘게 썰어 넣고, 비네그레트

(Vinaigrette)를 곁들였다고 한다. 현재는 순수 샐러드라 할지라도 단순하게 한 종류의 야채보다는 여러 가지 야채를 적당히 배합하여 영양, 맛, 색 등이 서로 조화되도록 변화·발전하였으며, 각종 향초나 향료류는 드레싱에 가미되어 곁들여지고 있다. 순수 샐러드로는 다음과 같은 것들이 있다.

① Green Salad : Lettuce, Chicory, Endive, Romaine을 한 입 크기로 잘라 만든 샐러드

② Garden Salad : Lettuce, Head, Chicory, Escarole, Cucumber, Carrot, Celery,Tomato Wedge, Red Onion, Radish를 재료로 한 샐러드

③ Spinach & Mushroom Salad : Mushroom, Spinach, Tomato Wedge, Chopped Boiled Egg, Spring Onion, Chopped Bacon, Black Olive, Green Olive, Turnip Sprout를 이용한 샐러드

④ Palm Salad : Palm, Lettuce Head, Tomato, Sliced Green Olive, Sliced Black Olive, Turnip Sprout를 이용한 샐러드로서 드레싱은 French Dressing이 적합하다.

⑤ Chef's Salad : Lettuce Head, Cucumber Julienne, Boiled Egg Wedge, Carrot Julienne, Radish, Celery Julienne, Chicory, Tomato Wedge or Slices, Cooked Turkey Meat Julienne, Pimento Rimg, Ham Julienne, Swiss Cheese Julienne를 사용해 만든 샐러드

(2) 혼성 샐러드(Compound Salad)

혼성 샐러드란 각종 재료에 향료, 소금, 후추 등이 혼합되어 양념이나 조미료 등을 더 이상 첨가하지 않고 그대로 고객에게 제공할 수 있도록 만들어진 샐러드이다. 일반적으로 오일과 식초(Oil & Vinegar)를 많이 사용하며, 경우에 따라 각종 드레싱과 마요네즈도 사용한다.

① 시저 샐러드(Ceasar Salad) : Lettuce Head, Garlic Chopped, Bacon Chopped, Onion Chopped, Anchovy Fillet, Bread Crouton, Lemon Juice, Vinegar, Fresh Egg, Tabasco, Worcestershire Sauce, Mustard, Parmesan Cheese, Salad Oil, Salt, Black Pepper

② 아티초크 샐러드(Artichoke Salad) : Artichoke Heart, Small Diced Green Pimento, Red Pimento, Onion, Sliced Stuffed Olive, Black Olive, Lettuce, Parsley를 Oil과 Vinegar(French Dressing)로 버무린 샐러드

③ 씨푸드 샐러드(Seafood Salad) : Halibut Fillet, Mussel, Clam, Shrimp, Squid Crab Meat, Lettuce, Tomato Dice, Sliced Black Olive, Green Olive, Spring Onion, Oil & Vinegar(French Dressing)로 버무린 샐러드

(3) 야채의 종류

① 아티초크(Artichoke[Artichaut]) : 프랑스가 원산지로 엉겅퀴과 꽃식물. 붉거나 청갈색 종류는 녹색종류보다 품질이 우수하고, 꽃의 밑부분과 그 밑의 두꺼운 잎 부분을 신선하고 풍미가 좋다.

② 아스파라거스(Asparagus[Asperge]) : 가지의 끝부분이 보라색이나 푸르고 어린 아스파라거스 가지는 나무같이 딱딱하게 성숙된 아스파라거스보다 훨씬 좋다.

③ 콩(Beans[Haricots]) : 3분류 50여 종이 있다.

- String Bean – 씨가 없는 어린 콩
- French Bean – 익지 않은 씨를 가진 밝은 청색의 콩
- Runner Bean – 연락 청색의 콩

④ 브로콜리(Broccoli; 모란채) : 브로콜리의 중심 줄기는 딱딱하므로 버리고 잎줄기를 먹는데, 잎보다 칼슘이 많이 함유되어 있고, 다른 푸른 채소보다 비타민 C를 풍부하게 함유하고 있어 이용 가치가 많이 채소 중의 하나이다.

⑤ 브루셀 스프라우트(Brussels Sprout[Choux de Bruxelles]; 싹 양배추) : Cabbage의 한 종으로 꼭 닫힌 녹색의 작은 Sprout는 줄기를 따라 자란다. 보통 9월~2월이 제철이다.

⑥ 그린 캐비지(Green Cabbage[Chou Vert]) : 양배추의 한 종류로 잎들은 초록색이고 매우 꼬불꼬불하고 엉켜 있다.

⑦ 콜리플라워(Cauliflower[Chou-Fleur], 꽃 양배추) : 양배추과의 식물. 기호도가 높으며 색은 흰색이고 파란 잎으로 둘러싸여 있다. 종류로는 Paris Cauliflower, Dutch Cauliflower 등이 있다.

⑧ 셀러리 뿌리(Celeriac[Céléri-Rave]) : 유럽에서 주로 재배되는 작물로서 줄기는 셀러리와 비슷하나 셀러리는 줄기를 먹는 반면에 이것은 밑부분을 먹는다.

⑨ 셀러리 줄기(Celery Stalks[Céléri-Branche]) : Unbelliferae과에 속하며 파슬리과로 분류하기도 한다. Celery의 독특한 맛과 향은 줄기, 잎, 씨에 함유

되어 있는 휘발성 기름 때문이며, 종류로는 녹색, 황금색 등이 있으며 색깔로 구분한다. 잎 줄기는 속이 꽉 차 있고, 그 내부의 섬유질은 상당히 부드럽다.

⑩ **치커리**(Chicory[Chicorée]) : Celery와 유사한 용도로 쓰이는데 특히 샐러드에 사용된다. 일부 종류는 큰 뿌리를 얻기 위해 재배하는데, 이것은 말리거나 갈아서 커피와 혼합해서 쓰기도 한다.

⑪ **꽃상추**(Endive Witloof) : 샐러드 등에 쓰인다.

⑫ **차이니스 캐비지**(Chinese Cabbage[Chou Chinois]) : 속이 단단하게 차 있으며 향은 셀러리와 비슷하다. 에맹세(Emincer, 얇게 채를 썰다)로 썰어 콩소메에 띄우기도 하며, 우리나라에서는 김치를 담그는 데 사용한다.

⑬ **회향**(Fennel[Fenouil]) : 길이 1.8m의 1년생 식물로 추위에 강하고 밝은 녹색의 날개 모양의 잎을 갖는다. 잎은 당근과 비슷하고 씨앗은 아니스와 비슷하다. 주로 입냄새를 없애기 위해 쓰인다. 이탈리아에서는 부야베스(Bouillabaisse)를 만드는 데 쓰이며 날것으로도 먹는다.

⑭ **갈릭**(Garlic[Ail]; 마늘) : 아시아가 원산지로 온대지방에서 재배된다. 한냉지나 습지에서 재배한 것은 강한 냄새가 난다. 종류로는 줄기가 흰 것, 핑크빛이나 연보라로 종류가 다양하다. 소화기 계통의 효능을 높이는 방부효과가 있고 혈압을 낮추며 기관지염에 좋다. 특히 프랑스 요리에서는 없어서는 안 될 좋은 식재료이다. 프라이팬을 처음 구입해 맛을 들이기 위해 마늘을 여러 번 굽는 경우도 있다.

⑮ **레터스**(Lettuce[Laitue]; 서양상추) : 모든 샐러드의 기본 요소가 되는 야채로서 중앙이 연한 초록색이고 견고하지는 않지만 매우 Crispy하다. 종류에는 Romaine, Batavia, Pommée의 3종류가 대표적이다.

⑯ **리크**(Leek[Poireau]) : 부추라고 알려져 있으나 형태는 파와 비슷하다. 영국이나 미국에서는 파로서 야채 속에 포함시키지만 프랑스 요리에서는 스파이스(Spice)로 취급한다.

⑰ **샬롯**(Shallot[Echalote]; 쪽파) : 양파의 변종으로 마늘 같이 줄기는 하나가 아니고 여러 개가 송이처럼 되어 있다. 풍미는 양파와 별로 차이가 없으나 회색으로 향기가 있고, 팬에 구우면 향내가 난다.

⑱ **블랙 살시피**(Black Salsify[Salsifis]) : 길고 신선한 뿌리와 흰 속살을 가지고 있으며, 0.5~2.5cm 두께의 껍질이 있다. 절단했을 때 우유 같은 액즙이 나온다.

⑲ 비트(Beets[Betterave]) : 뿌리가 길고 둥글며 진한 붉은색이다.

⑳ 사보이 캐비지(Savoy Cabbage[Chou Frise]) : 초록, 황색 잎들의 섬유조직이 곱슬곱슬하여 분별하기가 쉽다. 녹색 양배추보다 봉오리가 더 넓게 퍼져 있고 부드럽다.

㉑ 파스닙(Parsnip[Panais]) : 양파와 파슬리 뿌리의 교잡종으로 모양은 당근과 비슷하고 속은 부드럽고 백색이며 가느다란 나뭇결로 되어 있다. 맛은 달고 고소하며 Spice 향을 가지고 있어 셀러리 향과 비슷하다.

㉒ 레드 캐비지(Red Cabbage[Chou Rouge]) : 양배추의 일종으로 색은 붉거나 보라색으로 되어 있다. 속은 단단하고 꽉 차 있다.

㉓ 어니언(Onion[Oignon]; 양파) : 좋고 큰 양파는 둥글고 약간 넓적하거나 혹은 배 모양으로 되어 있다. 그리고 우유 같은 액즙이 나온다. 양파는 견고하며 작고 마른 꼭지를 가지고 있다. 꼭지가 두껍고 딱딱한 심이 있거나 싹이 튼 양파는 버린다. 양식 요리의 기초재료로 광범위하게 쓰인다.

㉔ 포테이토(Potato[Pomme de Terre]; 감자) : 뿌리 열매로서 수분이 많고 탄수화물, 단백질, 무기질, 비타민을 함유하고 있으며, 껍질이 흰색, 빨간색, 황갈색 등이 있다.

㉕ 스피니시(Spinach[Epinard]; 시금치) : 짙은 초록색으로 부드러운 어린 잎을 가지고 있으며 줄기는 없는 것이 좋다. 종자 줄기가 생기고 나면 시금치는 딱딱해지고 퇴색하여 쓴맛을 낸다.

㉖ 캐럿(Carrot[Carotte]; 당근) : 많은 용도로 쓰이는 야채로서 다른 식품과 요리하거나 단독으로 사용하며, 날 것·익힌 것·어느 것이나 제공할 수 있다. 당근은 비타민 A의 풍부한 공급원이고 많은 음식에 색과 맛을 더해 주며, 고당분을 함유하고 있다. 종류로는 Grelot, Chatenay, Nantaise, Hollande 등이 있다.

㉗ 가지(Egg Plant[Aubergine]) : 길거나 둥근형으로 Solanaceae 군에 속한다. 미국에서는 Egg Plant라고 하는데, 보통 익혀서 사용한다.

㉘ 오이(Cucumber[Concomore]) : 온상과 옥외에서 구분하여 재배하는데 온상의 것은 부드럽고 길며, 옥외 것은 울퉁불퉁하고 거칠다.

㉙ 애호박(Spuash[Courgette]) : 원산지는 이탈리아로 색깔은 어두운 초록 내지 초록색이며 하얀색의 줄무늬가 있다.

㉚ 트러플(Truffle[Truffe]; 송로버섯) : 프랑스 최고의 버섯으로 Perigord 지방에서 가장 많은 Truffle이 생산되며, 주로 떡갈나무 등 낙엽수림 밑에

서 자란다. 송로버섯의 채취를 위하여 돼지를 이용하기도 한다. 11월과 3월 사이에 채취한다. 송진향과 같은 독특한 향으로 인하여 Terrine, Sauce, Garnish 등 각종 요리에 이용된다.

㉛ 순무(Turnip[Navet]) : 둥들거나 장방형으로 맛은 약간 쓴 것이 있지만 싱싱하고 견고하다. 맛이 순한 페르시안형 무가 요리에는 특별히 좋다.

㉜ 서양 물냉이(Watercress[Cresson]): 향은 매콤하다. Salad, Garnish에 사용된다.

(4) 야채 자르는 법

① Allumette(알뤼메뜨) : 성냥개비 모양으로 자르는 방법
② Battonné(바또네) : 성냥개비보다 굵게 재목처럼 자르는 방법
③ Brunoise(브뤼누아) : 네모 반듯하게 3mm 정도의 주사위 모양으로 자르는 것
④ Chateau(샤또) : 6cm 정도의 타원형 모양으로 자른 것
⑤ Cheveux(쉬브) : 머리카락형으로 자르는 것
⑥ Chiffonade(쉬포나드) : 가는 실처럼 가늘게 써는 것
⑦ Collerette(꼴레르뜨) : 둥근 문고리 모양으로 자르는 것
⑧ Concassé(꽁까세) : 가로와 세로 1.5cm씩 정사각형으로 얇게 써는 것
⑨ Cornet(꼬흐네) : 나팔형으로 둥글게 말린 모양으로 자르는 법
⑩ Cube(뀌브) : 가로와 세로 1.5cm의 주사위형
⑪ Domino(도미노) : 얇은 직사각형 모양으로 약 1~2cm 두께로 자르는 것
⑫ Emincer(에멍세) : 0.2~0.3cm 정도로 얇게 저미는 것
⑬ Hacher(아세) : 잘게 다지는 것(Chop)
⑭ Julienne(쥬리엔) : 5cm 길이로 가늘고 길게 자르는 방법
⑮ Macedoine(마세두안) : 과일 등을 1~1.5cm 크기의 주사위형으로 자르는 것
⑯ Noisette(누아제뜨) : 지름 3cm 정도의 둥근형으로 자르는 것
⑰ Olivette(올리베뜨) : 올리브형으로 자르는 것
⑱ Parisienne(빠리지엔) : 둥근 구슬형으로 자르는 것
⑲ Paysanne(빼이잔느) : Domino보다는 작은 장방형 모양으로 가로와 세로 1cm의 크기이고 얇게 자르거나 혹은 삼각형으로 자르는 것

⑳ Printanier(쁘랭따니에) : 가로와 세로 3.5cm의 주사위형이나 가로와 세로 1cm의 다이아몬드형으로 자르는 것

㉑ Pont-Neuf(뽕느프) : 가로와 세로 6mm에 길이 6cm로 길쭉하게 자르는 방법이며, French Fried Potatoes를 자르는 방법

㉒ Rondelle(롱델) : 둥글게 자르는 방법

㉓ Ruban(뤼방) : 리본 모양으로 자르는 것

㉔ Russe(뤼스) : 가로와 세로 5mm에 길이 3cm로 자르는 것

㉕ Salpicon(살피콘) : 작은 정사각형으로 자르는 것

㉖ Tourner(뚜르네) : 돌리면서 모양을 내는 것

㉗ Tranche(트랑쉬) : 고기 등을 넓은 조각으로 자르는 것

㉘ Troncon(트랑숑) : 토막으로 자르는 방법

Section 6 치즈

1. 치즈의 정의

치즈(Cheese)란 일반적으로 우유, 양유, 염소젖 등을 주재로 한다. 젖속의 주요 단백질일인 Casein(카세인)과 지방을 함께 응고시키기 위해 젖산균(Starter) 및 응유효소(Rennet)를 작용시켜 얻은 응유(Curd)를 유장(Whey)과 분리시키고 즉시 미성숙 치즈로 만들거나 또는 응유(Curd)를 가온·가압·가염 등의 공정을 거친 다음 유용한 Bacteria·세균·곰팡이 등을 이용하여 일정한 온도와 습도를 갖춘 장소에서 일정기간 동안 숙성시켜 만든 식품이다.

미국농무성에 의한 치즈의 정의는 "박테리아에서 생성된 산이나 적절한 효소에 의해서 우유 단백질과 카세인이 응고하여 얻게 된 우유 성분이 일부이거나 우유에서 농축된 것이다. 유청(Whey)에서 분리된 응유(Curd)는 바로 미숙성 치즈로 만들어지고 유용한 박테리아, 곰팡이, 이스트 그리고 효소에 의하여 성숙한다."라고 되어 있다.

치즈는 박테리아에 의한 산이나 효소에 의하여 우유 단백질과 카세인이 응고한 우유로부터 유고형분의 대부분을 분리시키거나 가열·숙성·압착에 의해 유청(Wheh)으로 분리하여 만든다.

2. 치즈의 특징

미국에서는 대부분의 소의 우유로 만들지만, 일부는 크림과 우유를 섞어 만들며, 또한 일부는 찰지분유에서 또는 유청에서 이러한 제품의 복합에서 제조하기도 한다. 치즈는 다음 사항들에 의해 풍미, 조직, 향, 농도 등의 특징들이 결정된다.

① 사용된 우유의 종류
② 성숙시킬 때 사용한 곰팡이나 박테리아의 종류
③ 우유를 응결시키는 데 사용한 방법과 응유를 분리시키고 성숙시킨 방법
④ 첨가된 소금과 양념의 양
⑤ 숙성과정에서의 조건(온도, 습기, 시간 등)

3. 치즈의 구성

모든 천연 치즈는 원래 포장하거나 덮어서 냉장온도에 저장해야 한다. 치즈의 자른 표면이 건조되는 것을 막기 위하여 알루미늄 포일, 왁스 종이, 플라스틱 포장지로 덮어 둔다.

치즈(Emmental Cheese)의 구성은 다음과 같다.

① 단백질 30%
② 유지방 31%
③ 미네랄(칼슘, 인 등 미량 원소 등) 1.2%
④ 수분 36%
⑤ 소금, 비타민 A. D. E. K 카로틴. B군 비타민

4. 치즈의 기원

세계에서 최초로 치즈를 제조한 사람은 누구이며 어느 곳에서 만들어졌는지에 대한 확실한 기록은 남아 있지 않다. 아마 치즈의 제조는 선사시대에 이루어졌을 것으로 짐작되고 있지만 분명하게 단언할 수 없으며, 다만 지금까지 문헌이나 유적에 의해 추적되거나 할 뿐이다. 전해 내려오는 구전에 의하면 다음과 같다.

(1) 문헌이나 유적에 의한 유래

① B.C 4000년경 이집트는 그들의 식민지에 치즈를 세금으로 부과했던 사실이 유적조사에서 밝혀졌다.

② B.C 3200년경 이집트 초기 왕조의 호르-아하(Hor-Aha)왕의 무덤에서 치즈 용기를 발굴했으며, BC 3000년경 스위스의 코르테이요(Cortaillod) 문화와 트레더 성의 미노아(Minoan civilization) 문화시대에 치즈 제조용 목제기구가 출토되었다고 한다.

③ 치즈는 아시아에서 유럽으로 전해진 것으로 알려지며, 로마제국 시대에는 사치품의 하나가 되어 많은 정복지에서 다양한 치즈가 수입되었다고 한다. 특히 고급치즈를 스위스로부터 연회용으로 수입하였고, 스위스의 Alpine 지역에서 다량 제조되었다고 전해진다. 또한 당시 독일인도 치즈 제조법을 알고서 사용했다고 한다.

④ A.C 100~300년경 로마인이 영국으로 치즈 제조법을 전하였는데, 고대 잉글랜드나 스코틀랜드에서는 다량의 카세인(Casein)을 함유한 버터를 작은 통에 채워 땅속에 수년간 묻어두고 선홍색이 될 때까지 숙성시킨 것을 좋아했다고 하며, 이것은 버터라기보다는 치즈에 가까운 것이었다고 한다.

⑤ 로마의 멸망 후 유럽 각국에서 치즈 제조를 주요 산업으로 취급하였고, 특히 중세기에는 교회의 수도사들에 의해 치즈 제조법이 잘 보존되고 전승되었을 뿐만 아니라 보다 더 개발하여 치즈 제조의 비결이 수도원의 재산이기도 하였다고 알려지며, 또한 유럽 각지의 농민들은 수도사들로부터 치즈 제조법을 많이 전수받았다고 전해진다.

⑥ 1851년에 미국 뉴욕 지방에서 제시 윌리엄스(Jesse Williams; 영국인)에 의해 최초로 소규모의 체다치즈(Cheddar Cheese) 공장이 지어짐으로써 공업적 규모로 치즈 생산이 시작되었고, 그 후 20년 뒤에 치즈의 공장생산법이 스코틀랜드에 도입되었다고 한다.

⑦ 우리나라에서는 해방 후 식생활의 양식화와 더불어 치즈의 소비량이 증가하였으나 전부 수입에 의존했다. 1960년대 후반에 전북 임실에서 프랑스 신부에 의해 최초로 제조되었다고 하며, 그 이후에 서울우유협동조합에 의해 소량이나마 상품화되기 시작한 것이 효시이다.

(2) 치즈 어원의 유래

훼이(Whey)를 배출시킬 때 오늘날에는 일반적으로 헝겊을 사용하고 있으나 옛날에는 바구니를 사용했다. 그래서 치즈를 나타내는 단어는 바구니에서 유래하고 있고 각국의 단어는 달리 표현하고 있다. 바구니를 라틴어로는 카세우스(Caseus)라고 하는데, 이 말이 독일어의 케제(Kase), 네덜란드어의 카스(Kaas), 스페인어의 께소(Queso), 이탈리아어의 카초(Cacio), 영어의 치즈(Cheese)가 되었다. 그리고 그리스어로는 바구니를 프로모스(Fromos)라고 하며, 말이 프랑스어의 프로마즈(Fromage), 이탈리아어의 포르마지오(Fromaggio)가 되었다.

5. 치즈의 분류 및 종류

연질(軟質) 치즈	비숙성 치즈	• Cottage Cheese • Cream Cheese
	세균에 의한 성숙 치즈	• Limburger Cheese
	곰팡이에 의한 성숙 치즈	• Camembert Cheese • Brie Cheese
반경질(半硬質) 치즈	세균에 의한 성숙 치즈	• Brick Cheese
	곰팡이에 의한 성숙 치즈	• Roquefort Cheese
	기 타	• Gorgonzola Cheese • Stilton Cheese
경질(硬質) 치즈		• Emmental Cheese • Cheddar Cheese • American Cheese • Parmesan Cheese

6. 치즈의 분류 및 원산지

종 류		원 산 지
크림치즈류	• Cream Cheese	미국 · 유럽
	• Pot Cheeses	미국
	• Cambridge	영국
	• Fontainebleau	프랑스
	• Petit Suisse/Petit Gervais	프랑스
	• Straccino	이탈리아

	종 류	원 산 지
전 치 즈 류	• Appenzeller	스위스
	• Swiss–Emmentaler	스위스
	• Gruyere–Creterzer	스위스
	• Hobel Cheese	스위스
	• Raclette Cheese	스위스
	• Tete de Moine	스위스
	• Mont d' or Vacherin	스위스
	• Bleu d' Auvergne	프랑스
	• Brie	프랑스
	• Camembert	프랑스
	• Reblochon	프랑스
	• Roquefort	프랑스
	• Cheddar	영국
	• Chester	영국
	• Gloucester	영국
	• Stilton	영국
	• Bel Paese	이탈리아
	• Gorgonzola	이탈리아
	• Brick	미국
	• Blue	미국 · 덴마크
	• Liederkranz	미국

Section 7 야채요리

야채(Vegetable Legumes)는 '날 것' 이나 '삶은 것' 등으로 저장한 상태에서 먹을 수 있는 모든 식물 혹은 식물의 부분을 말하며 영양가 면에서 매우 중요하다. 곡물과 스파이스(Spices)가 속하고 과일은 야채에 속하지 않는다.

1. 종류와 특징

(1) 저장 야채

저장 야채는 미리 조리되어 저장된 야채로 통조림 야채, 건조 야채, 냉동 야채, 그리고 소금과 식초에 절인 야채를 포함한다.

(2) 통조림 야채

통조림 야채는 살균처리하며 통이나 유리병에 담아 저장한 야채이다.

(3) 신선한 야채

다음과 같은 품목으로 나눌 수 있다.

① **구근성 야채**(Root and Tuber Vegetables–Légumes à Racines) : 회향(fennel), 예루살렘 아티초크(artichoke), 당근, 감자, 셀러리 뿌리, 쐐기뿔 뿌리(nettle root), 콜라비(kohlrabi), 황색 큰 무(rutabaga), 고추냉이(horseradish), 사탕무, 선모(salsify), 큰무

② **잎 야채**(Leafy Vegetables–Légumes à feuille) : 스위스 근대(chard), 괭이 빵(sorrel), 시금치

③ **줄기 야채**(Stem Vegetables–Légumes à côtés) : 아스파라거스, 셀러리, 아티초크의 일종(cardoon)

④ **샐러드 야채** : 뿔상추(endive), 상추, 치커리(chicory), 워터크레스(watercress), 겨자

⑤ **캐비지**(Cabbage–Choux) : 콜리플라워(cauliflower), 그린 캐비지, 브루셀 스프라우트(brussels sprouts), 적채, 브로콜리(broccoli), 화이트 캐비지, 사보이 캐비지, 무결구성 양배추(kale)

⑥ **열매와 씨를 가진 야채**(Légumes à graines et à fruits) : 아티초크, 가지, 콩, 완두, 오이, 잠두콩, 옥수수, 토마토, 호박(zucchini)

⑦ **뿌리만 쓰는 야채**(Bulbous Vegetables–Oignons) : 마늘, 부추, 작은 옥파, 쪽파(shallot), 양파

(4) 품질 특성

야채들은 그 크기가 동일하고 형태·소각·견고성·기계적인 손상·부패·결점 등이 없어야 하며 외관이 신선하고 밝은 색이어야 한다.

야채에서는 무기질, 비타민, 미량원소, 필수지방이 있어 매우 중요하다. 또한 준비하는 관점에서 매우 용도가 넓어 메뉴 준비에 다양성이 있다.

(5) 저 장

야채들은 매우 부패성이 커서 주의 깊은 관리가 필요한데, 저장할 때는 낮은

온도와 높은 습도가 필요하지만 몇 가지 예외도 있다.

모든 야채는 검사를 받으면 신속히 권장 온도와 습도를 갖춘 환경에 저장해야 하고, 대부분이 보존할 수 있는 기간이 제한되어 있으므로 구매 후에 바로 사용해야 한다.

(6) 계 절(season)

신선한 야채들은 연중 계속하여 구입이 가능하지만, 각 야채의 제철에 가장 많은 양이 출하된다, 제철이 아닌 계절에 구입한 야채는 대부분 가격이 높고 품질도 좋지 않다.

야채는 제철에 가격은 제일 낮고 최상의 품질로 구입할 수 있다.

(7) 계절별 야채

1) 봄 야채

시금치, 봄상추, 당근, 상추, 민들레, 양상추, 래디시(radish), 소렐(sorrel), 아스파라거스(asparagus)

2) 여름 야채

아티초크(artichokes), 가지, 콩, 완두, 오이, 양배추, 상추, 토마토, 호박(zucchini)

3) 가을 야채

카둔(cardoons), 감자, 양배추, 부추, 방풍나물(parsnips), 셀러리(celery), 모든 구근야채

4) 겨울 야채

루타바가(rutabaga), 뿔상추(endive), 셀러리 뿌리, 사탕, 무, 브루셀 스프라우트(brussels sprouts), 서양 우엉(salsify), 큰무(turnips)

(8) 용 도(Usage)

야채는 다양한 맛, 조직, 색으로 메뉴를 다채롭게 꾸며준다. 또한 다른 식품 안에 함유하지 못한 필수 영양분을 많이 갖고 있고, 식사에 비타민 A와 비타민 C의 주요한 공급원이 되고 있다.

익힌 야채나 생야채는 섬유소의 급원이므로 체중을 줄이는 식이요법에서 낮은 칼로리로 풍부한 양을 사용할 수 있다.

(9) 야채요리 방법

조리하기 전에 물에 데치기, 삶기, 찌기, 소테, 튀김, 그레티네이팅(Gratinating), 글레이징(Glazing), 끓이기, 그릴링(Grilling)을 한다.

Section 8 샌드위치

1. 샌드위치의 기원

샌드위치는 프랑스의 샌드위치 백작 4세인 존 몬터규(John Montagu, the 4es Earl of sandwich)의 이름을 따서 붙여진 것이다. 그는 18세기 사람으로 도박을 무척이나 즐겼던 사람이라서 한 번 도박을 시작하면 24시간 동안 테이블을 떠나지 않았다고 한다. 그래서 도박게임을 계속할 수 있도록 대안을 마련해야 했는데, 먹으면서도 도박할 수 있도록 그의 하인이 빵조각 사이에 고기나 야채를 끼워 테이블에 갖다 주기 시작한 데에서부터 시작되었다고 하여 그의 이름을 붙였다고 한다. 이러한 단순한 시작으로부터 샌드위치는 여러 상황 가운데 급속히 발전했으며 다양한 모양으로 계속 발전되었다.

2. 샌드위치 내용상 분류

메뉴에서 샌드위치는 매출증대에 기여하는 음식이다. 대부분의 샌드위치는 가벼운 식사(light meal)나 스낵(snack) 및 디저트나, 디저트로도 이용되는 것들이다. 핫 샌드위치와 같은 경우는 야채샐러드와 같이 제공되어 식사로서도 이용될 수 있다. 샌드위치는 몇몇 음식들로 채워진 빵으로, 원래 두 조각의 빵 속에 채우는 것이었지만, 지금은 다양한 형태로 개발되었다.

일반적으로 샌드위치는 다음과 같이 분류된다.

- **Hot Sandwich** : Regular, Broiled, Grilled, Deep-fried, Baked
- **Cold Sandwich** : Regular, Open-face, Decker types, Rolled or Pinwheel-finger, Layered or Checker-board

(1) 오픈 샌드위치(Open Sandwich)

① Reception Sandwich

② Finger Sandwich

(2) 정규 샌드위치(Regular Sandwich)

① 야채 : Lettuce, Tomato, Cucumber, Onion, Pickle, Olive

② 계란 : Boiled, Scrambled, Fried

③ 치즈 : American, Mozzarella, Swiss

④ 햄, 소시지, 베이컨, 콜드커트(cold cut)

⑤ 육류 : Beef, Chicken, Turkey

⑥ 생선류 : Tuna, Salmon, Sardine

(3) 찬 샌드위치(Cold Sandwich)

① BLT Sandwich

② Old Fashion Club Sandwich

③ Chicken Salad Sandwich

④ Submarine Sandwich

(4) 더운 샌드위치(Hot Sandwich)

① Hamburger Sandwich

② Ruben Sandwich

③ Trio Sandwich

④ Pitta Sandwich

Section 9 소 스(Sauce)

1. 소스의 정의

소스란 식품 본래의 향기를 유지하면서 음식의 풍미를 높여 주는 것으로, 요리의 가치와 질을 결정하여 주는 중요한 역할을 하고 있다. 소스의 어원은 라틴어의 "Sal"(소금)에서 유래한 것으로 소금을 기본으로 한다는 의미로 전해졌다고 한다. 소스는 주재료를 이용한 스톡(Stock; Fond)과 소스로서의 형태를 갖추게 하는 리에종(Liaison)의 결합으로 이루어지며, Accessory Elements(부재료)의 첨가에 따라 여러 가지 파생 소스가 만들어진다. 이렇게 만들어진 소스는 수백 종에 이르나 기본적으로 베샤멜(Bechamel), 벨루테(Veloute), 에스파뇰(Espagnole), 토마토(Tomato), 홀랜다이스(Hollandaise) 등 5가지 모체 소스로 나눌 수 있으며, 이 모체 소스를 바탕으로 여러 가지 부재료를 첨가하여 새로운 소스를 개발할 수 있다.

2. 소스의 중요성

현대의 소스는 너무 기름지지 않고, 인공적이 아닌 주재료의 순수한 맛을 느낄 수 있으며, 색체는 주재료와 접시의 색깔과 조화를 이루는 색으로 지나친 원색은 피하고 있다. 또한 소스에는 포도주를 많이 사용하고 있는데, 소스의 맛과 포도주의 풍미가 잘 조화될 수 있도록 선택에 유의하여야 한다.

3. 소스의 분류

기본재료 또는 스톡 　 기본 소스 　 응용 소스

(1) 갈색 소스

- Brown Stock → Demi Glace → Bordelaise, Madeira
- White Stock → Tomato Sauce → Provencale

(2) 흰색 소스

- White Stock
- Veal Stock, Veal Veloute → Allemande Sauce → Caper, Horseradish
- Chicken Stock, Chicken Veloute → Supreme Sauce → Tarragon, Mushroom
- Fish Stock, Fish Veloute → White Wine → Normandy, Chaud-froid
- Milk → Bechamel Sauce → Chantilly, Mornay, Cream

(3) 버터 소스

- Butter → Hollandaise → Maltaise, Mousseline
- Bearnaise → Choron, Rachel

(4) 오일 소스

- Salad oil → Mayonnais → Tartar, Remoulade
- Vinaigrette → Fisherman, Ravigote

(5) 후식 소스

- Cream, Egg, Milk → Cream Sauce → Vanilla Cream Sauce, Chocolate
- Liqueur, Suger → Syrup Sauce → Orange, Apricot

4. 소스의 관계 및 파생 분류

※ 스톡(Fond) - 루(Roux) - 소스의 관계 및 파생

표 9-1 소스의 재료 및 파생된 요리

FOND	LIAISON	MOTHER SAUCE	ACCESSORY ELEMENTS	UTILIZATION
Milk	+Roux Blanc	=Bechamel	+Cream +Egg Yolk, Gruyere Cheese +Onion Juice +Mustard, Egg Yolk, Cayenne	=Cream =Mornay =Soubise =Thermidor
Fond Blanc	+Veal Bone =Fond Blanc de Veau +Chicken Bone =Fond Blanc de Volaille +Fish Bone =Fumet de Poisson	+Roux Blond =Veloute	+Fresh Cream, Egg Yolk, Lemon +Capre +Mushroom +Glace de Viande Blonde +Persil chop +Fresh Cream, Mushroom Essence +Fine Julienne Leek, Celery, Onion, Mushroom Butter +Fish Stock, Truffle, Cayenne, Lobster Butter +Cream, Crayfish, Lobster Butter	=Allemande =Capre =Champignons =Ivorie =Poulette =Supreme =Bretonne =Cardinal =Nantua
Fond Brun	+Roux Brun Mirepoix	=Fond Brun Lie (Espagnole)	+Shallot, Pepper, Red Wine +Madera Wine +Truffle Chop +Shallot, White Wine, Vinegar, Fine Herbs, Cornichons(Pickle에 사용되는 작은 오이)	=Bordelaise =Madere =Perigueux =Piquante
Tomatoes	+Flour + Mirepoix Tomatoes Fondue Bouquet Garni Spices Lard	=Tomatoes Sauce	+Mushroom, Shallot, White Wine, Brandy Pond de Veau lie +Shallot, Pepper, White Wine, Vinegar, Fond de Veau lie +여러 가지 소스와 혼합한다.	=Chasseur =Diable =Diverce Sauce
Fond de Gibier	+Bone Mirepoix (Roux Brun) Water		+Mirepoix, Demi-Glace, Vinegar +Poivrade, Currant +Marinade Vin Rouge	=Poivrade =Grand Veneur =Chevreuil
Les Glaces	Fond(끓이기 시작할 때) → Demi Glace(6시간 끓인 것) → Glace(10시간 끓인 것)		Brun De Volaille De Poisson	=Glace de Viande =Glace de Volaille =Glace de Poisson
Sauce Emulsion	Butter + Egg Yolk + White Wine	Hollandaise	+Whipped Cream +Orange Juice +Taragon, Tomato Purée	=Mousseline =Maltaise =Choron

5. 갈색 육수 소스(Brown sauce; Sauce Brune)

(1) Fond de Veau

송아지 정강이뼈와 고기·양파·당근·셀러리·마늘 등을 갈색이 나도록 볶은 다음, 물과 부용을 넣고 부케 가르니(Bouquet Garni)와 Tomato를 첨가하여 끓인 후에 천을 받쳐 거른다.

(2) Fond de Veau Lie(Concentrated Stock)

양파와 버섯을 볶은 후 White Wine을 넣어 조리고, Fond de Veau와 토마토 및 Thyme, 월계수잎, 파슬리 등을 넣고 끓인 다음, Corn Starch를 White Wine에 풀어서 응축시킨다.

(3) Demi Glace Sauce(Sauce Espagnole)

미르푸아(Mirepoix)를 Saute하여 White Wine을 첨가한 후 Fond de Veau를 넣고 끓인다. 부용에 Tomato Paste와 밀가루를 함께 섞어 풀어지게 하여 끓기 전의 Fond de Veau에 넣고 향신료와 토마토를 첨가한 후 끓여 거른다.

(4) Sauce Bordelaise

양파, 당근, 셀러리를 잘게 썰어 Saute하여 색을 낸 후, Red Wine을 넣고 조린다. Fond de Veau Lie와 마늘, 타임(Thyme), 월계수잎, 소금, 후추 들을 넣고 끓인 후에 천을 받쳐 거른다.

(5) Madeira Sauce(Sauce Madere)

양파, 당근, 마늘을 Saute하다가 Madere Wine을 넣고 조린 후 루 블랑(Roux Blanc)을 넣고 Saute한다. Fond de Veau를 넣고 끓인 후 거른다.

(6) Sauce Perigourdin

Sauce Madere에 Foie Gras를 갈아서 넣는다.

(7) Sauce Perigueux

Sauce Madere에 Truffle Chop을 넣고 끓인다.

(8) Sauce Chateaubriand

파와 Mushroom을 Saute한 후에 White Wine을 넣고 조린다. 소스 마데르(Sauce Madere)를 넣고 끓인 후, 제공할 때 파슬리와 Taragon Chop을 넣어 준다.

6. 흰색 육수 소스(White Sauce; Sauce Blanche)

(1) Sauce Bechamel

이 소스의 창시자는 Louis de Bechamel(1630~1703)이라는 프랑스의 후작으로 알려져 있다. 이것은 White Roux에 뜨거운 우유를 넣으면서 잘 저어 준 뒤, Nutmeg(육두구)·양파·Bouquet Garni 등을 첨가하여 45분~1시간 정도 끓인 후 천을 받쳐서 걸러낸다.

(2) Sauce Creme

Bechamel Sauce에 Fresh Cream을 넣고 끓여서 걸러낸다.

(3) Sauce Mornay

Bechamel Sauce에 그루에르 치즈(Grurere Cheese)를 갈아 넣어 끓인 후 불을 끄고 노른자위(Egg Yolk)를 넣어 농도를 맞춘다.

(4) Sauce Parisienne

버섯을 Saute한 후 Cream을 넣고 끓인 다음, Bechamel Sauce를 넣고 끓여 거른다.

(5) Chicken Veloute(Veloute de Volaille)

양파, 셀러리, Roux Blanc을 Saute한 후 Fond de Volaille와 Bouguet Garni를 넣고 끓인 다음에 거른다.

(6) White Wine Sauce(Sauce Vin Blanc)

Fish Fumet에 White Wine·양파·월계수잎·버섯을 끓여 조린 후에 Fish Veloute와 크림을 넣어 농도를 맞춘 다음, 소금과 후추를 넣고 거른다.

재료를 가감할 수 있다.

(2) 아메리칸 프렌치 드레싱[American French Dressing(Emulsified)]

계란, 식초, 샐러드류, 마늘, 겨자, 레몬주스, 우스터셔 소스(Worcestershire Sauce) 등을 재료로 한다.

(3) 이탈리안 드레싱[Italian Dressing(Sauce Italiene)]

식초, 올리브유, 마늘, 레몬주스, Oregano, Basil, Dill 등을 재료로 한다.

(4) 러시아식 드레싱[Russian Dressing(Mayonnaise Russe)]

마요네즈에 토마토케첩을 넣고, Caviar 또는 Salmon Roe · 삶은 계란 · 양파 · Red Pimento · 올리브유 · 피클 · 레몬주스 · 소금 · 후추를 혼합한 드레싱으로 Thousand Island Dressing과 비슷하다.

(5) 사우전드 아일랜드 드레싱(Thousand Island Dressing)

이 드레싱은 마요네즈를 바탕으로 달콤한 피클이 주재료로 들어간 약간 단맛이 나는 드레싱이다. 마요네즈, 토마토케첩, 올리브유, Tomato Paste, 양파, 피클, 셀러리, 레몬주스, 백포도주, 파프리카, 파슬리, 소금, 후추 등을 혼합한 드레싱으로 양파와 피클 등이 많은 섬같이 보인다고 하여 '천 개의 섬을 가진 소스'라고 부른다고 한다.

(6) 블루 치즈 드레싱(Blue Cheese Dressing)

Blue Cheese, 마요네즈, Sour Cream, 마늘, 소금, 후추, 양파 등으로 만든다. 특히 프랑스 남부 Roquefort 마을의 양치기에 의해 우연히 만들어져 유래된 Roquefort Cheese를 이용한 것은 치즈 고유의 이름을 붙여 Roquefort Dressing이라고 한다.

(7) 하우스 드레싱(House Dressing)

달걀 노른자, Dijon Mustard, 샐러드유, 식초, 양파, Caper, 마늘, 우스터셔 소스(Worcestershire Sauce), Hot Sauce, 레몬주스, Maggi Sauce, 우유, 설탕, 소금, Black Pepper Crush 등으로 만든 드레싱이다.

Section 10 조미료

① 마늘[Garlic(Ail)] : 원산지는 중앙아시아와 지중해 국가이며, 양파 모양으로 껍질에 의해 둘러싸인 구근이다. 속은 백색이고 껍질은 보라색이다.

② 양파[Onion(Oignon)] : 네덜란드, 이집트, 미국, 이탈리아, 버뮤다가 주생산지이나 전세계에서 생산된다. 부추 모양으로 생긴 구근식물에 속한다. 75mm 정도까지 자라며, 빈 줄기와 백녹색의 꽃뭉치를 가지고 있다.

③ 생강[Ginger(Gingembre)] : 원산지는 아시아이며, 갈대와 비슷한 잎사귀를 가진 초본식물이다. 어린 뿌리가 제일 좋은 품종(10개월)이고, 맛은 특이하고 얼얼하다.

④ 후추[Pepper(Poivre)] : 동남아시아가 원산지로 덩굴식물이며, 열매들은 길게 매달리고 끝이 뾰족한 모양을 하고 있다.

⑤ 겨자[Mustard(Moutarde)] : 종류로는 Dijon과 Ancienne가 있다. Dijon은 프랑스 중부지방에서 생산되는 검은색 겨자로서, 고급요리에 사용한다.

⑥ 식초[Vinegar(Vinaigre)]

- 발효식초 : 희석 알코올에 초산균을 작용시켜 자연적으로 얻는 것
- 가향식초 : 허브, 스파이스 혹은 벌꿀을 첨가한 식초 음료
- 레몬식초 : 식초와 레몬 주스를 같은 양으로 섞어 만든 것
- 농축식초 : 순수한 화학가공 공정을 통해 여러 가지 방법으로 제조
- 포도주 식초: 포도주를 산화시켜 얻는 식초

⑦ 레몬[Lemon(Citron)] : 생선류에 많이 사용하는 것으로써, 그 향을 사용할 때도 있으나 조리 시에 조미료로 많이 사용된다.

⑧ Salt(Sel)

- 제렴(Brine Salt) : 지하의 소금 지층을 용해시켜 정제 후 수분을 증발시켜 얻는 것
- 조리렴(Kitchen Salt) : 바닷물에서 얻는 일반적인 소금으로, 염화나트륨(NaC1)을 말한다.
- 암렴(Rock Salt) : 바닷물의 자연증발에 의해 채취, 정제되지 않은 거친 입자이다.
- 초석렴(Saltpeter) : 질산염으로, 화학적으로 고기에 빨간색을 착색시킬 수 있다.

• 해렴(Sea Salt) : 거친 소금으로, 풍미는 강하지만 잘 쓰이지 않는다.

⑨ 베르쥐(Verjus) : 익지 않은 포도의 즙으로써, 신맛이 강하며 많이 사용하지는 않는다.

⑩ Glutamate : 단백질에서 추출한 글루탐산의 나트륨염, 음식의 맛을 향상시키는 조미료

⑪ Sugar(Sucre) : 가루설탕, 각설탕, 정제되지 않은 흑설탕, 정제된 백설탕, 실사탕 또는 솜사탕 등이 있다.

⑫ Syrup(Sirop) : 설탕과 물의 비율을 50:50으로 끓인 것이다.

⑬ 캐러멜(Caramel) : 설탕을 태워 색을 낸 것으로, 음식의 색을 낼 때 사용한다.

⑭ Oil(Huile) : 대두유, 올리브유, 참기름, 호두기름, 돼지기름, 버터, 쇠기름 등이 있다.

Section 11 테 린

1. 테 린(Terrine)

테린이란 두 가지의 뜻을 지니고 있다. 첫째는 베이컨 조각을 깐 용기에 여러 가지 고기와 가금육 같은 고기를 채워 넣어 이중탕으로 하여 구워 낸 음식을 뜻한다. 둘째는 그 이중탕으로 사용하는 도기 용기를 말한다.

여기에서는 전자의 것을 사용하는 데 테린은 용기에 담아 그대로 두거나 꺼내서 젤리를 입혀 냉각되면 작게 잘라 사용한다. 그래서 테린은 항상 차게 내어야 하며 여러 모양의 젤리를 가니시로 사용한다.

• 테린의 종류 : Liver Terrine, Salmon Terrine, Crabmeat Terrine

2. 파 테(Pate)

파테란 테린과 비슷하지만 패스트리 반죽을 씌워 굽는 요리이며, 속의 빈 곳을 아스픽(aspic)으로 채운다는 차이점이 있다.

• 파테(Pate)의 종류 : Duckling Pate, Rabbit Pate, Chicken Galantine

3. 갈란틴(Galantine)

갈란틴도 테린과 비슷하지만, 이 요리는 닭이나 오리 등 그 껍질을 사용하여 같은 고기를 감싸고 천이나 쿠킹포일로 싸서 스톡에 넣어 끓여 익히는 요리이다. 이것 역시 냉요리로서 속의 가니시는 여러 가지로 할 수 있다.

- 갈란틴(Galantine)의 종류 : Chicken Galantine, Duck Galantine

Section 12 소시지

1. 소시지(Sausage)의 개요

소시지는 가장 오래된 가공 식품의 하나이다. 육류, 향신료, 다른 재료들이 배합에 대한 비밀이 소시지를 만드는 요리장이나 가족에게 전수되어 과학이라기보다는 예술적으로 만들기 위해 소시지가 개발되었다. 1970년대 미국에 이익이 높고 매년 19억kg 정도를 생산해 1년 동안 1인당 9kg 정도 섭취한 양이 된다.

소시지는 사용된 고기와 재료의 종류, 재료의 혼합 정도, 기계에 갈 때의 거친 정도, 포장의 형태, 모양, 날 것, 익힌 것, 건조, 훈제, 통조림, 소금 절임 등 상품 가공상태에 따라 종류의 차이가 있다. 주로 돼지, 송아지, 쇠고기를 소시지로 사용한다. 미국에 있어서는 연방 규정에 의해 구체적으로 명시된 양의 액체, 지방, 첨가물, 방부제를 허용하고 있다.

소시지에 사용하는 향료는 우수한 질이어야 하고 고기에 박테리아나 세균오염을 막기 위해서 자연 향료는 소독되어야 한다. 갈은 후추, 통후추, 파프리카, 피망, 카다몬, 시나몬, 세이지 등의 향료는 적은 양이 사용되고 양파, 마늘, 파슬리, 케퍼, 피스타치오, 트러플, 안초비(anchovy) 등은 종류에 따라 특별한 향을 내기 위해서 그 양을 다르게 첨가한다.

소시지 포장(케이싱) 재료는 소, 돼지, 양의 내장으로 할 수 있는데 일부 소시지 제품에는 위와 방광이 자연산 포장으로 쓰이고 있다. 자연산 개당 포장이 선호되고 있지만 합성물질과 콜라겐 포장이 널리 사용된다.

2. 소시지의 분류

(1) 날소시지(Fresh Sausage)

돼지고기 소시지처럼 날고기를 갈은 것으로 사슬고리 모양, 작은 파이 모양이나 포장하지 않고 판매한다. Mettwurst는 돼지살과 지방으로 만든 매우 고운 속으로 되어 있고, 소고기는 Holsteiner와 Berlin Mettwurst는 종종 시골풍 소시지에 첨가된다. 이러한 상품은 부패하기 매우 쉬우므로 먹기 전에 완전히 익혀야 한다.

(2) 훈제 또는 삶은 소시지

돼지, 송아지, 소고기로 만든다. 종류로는 Braunschweiger(향로를 넣은 간 소시지), Frankfruter, Bologna, 간소시지 등이 있다. 특별한 종류는 다르지만 소시지는 속포장 안에 고기속을 채우고 70℃의 물에 익히면 안의 온도는 38℃가 된다.

(3) 건조 또는 반건조 소시지

① 돼지고기, 쇠고기 혹은 돼지고기, 쇠고기 혼합 등으로 만든다.

② 익히지 않고 진하게 양념을 한 소시지를 속포장에 고기 속을 채우고 일부는 건조와 훈제하고 나머지는 건조만 시킨다.

③ Salami, Thuringer, Cervelat은 잘 알려진 종류인데, Salami는 딱딱한 날소시지이고 그 이름은 이탈리아의 Salame(소금에 절인 고기란 뜻)에서 온 것이다.

④ 옛날에는 Salami를 원숭이 고기로 만들었는데 훈제하지 않고 그냥 말린 것이다. 지금에 와서는 일반적으로 돼지고기나 돼지살코기, 소고기, 베이컨 지방의 혼합고기로 만든다.

⑤ 이탈리아에서는 소시지를 조리한 후 뜨거운 밀가루 물의 혼합물에 담가 건조시킨다. 이렇게 하면 소시지 둘레에 하얀 보호막이 생기게 된다.

⑥ 소시지의 저장은 품질을 유지하는 데 영향을 주는데, 날소시지는 쉽게 부패하기 때문에 냉장 보관하고 훈제나 익힌 소시지는 냉장고 안에 4~5일 저장할 수 있다.

⑦ 반건조 소시지는 부패가 잘되어 환기가 잘되는 10℃ 이하의 건조실에 저장하거나 냉장시킨다. 소시지는 주위의 냄새와 온도의 변화에 민감한다.

냉장고에서 꺼냈을 때 소시지에 물기가 생기면 소시지 반죽이 잘 형성된 것이다.

Section 13 파스타(Pasta)

1. 제 조

파스타는 밀가루와 물로 만들어진다. 보통 곱게 잘 갈아진 단단한 밀 세모리나(Semolina)는 공업제품에 사용된다. 이 단단한 밀의 높은 글루텐 함량이 모양과 조직형성을 도우며 굽는 동안 파스타를 형성해 준다. 정부기준에 따르면 달걀국수는 5.3%의 달걀을 함유해야 제품이 될 수 있다. 파스타는 반죽이 부드러운 동안에 원하는 모양으로 압축하여 만들어 완전히 수분이 증발하도록 건조시킨다.

2. 영양가 함량

파스타는 매우 높은 탄수화물 함량을 갖고 있으며, 다른 재료들(치즈, 육류, 야채, 소스)과 같이 혼합하면 영양가를 더 높일 수 있다.

(1) 저 장

밝고, 건조하고, 통풍이 잘 되는 곳에 저장해야 한다. 습기가 많으면 곰팡이가 피어나고, 올바르게 저장하면 밀가루 바구미 같은 벌레 문제가 발생하지 않는다.

(2) 요 리

파스타 1파운드당 물 2갤론(gallon)을 넣고 빨리 끓여 많은 양을 익힌다. 파스타가 서서히 완전히 물에 잠기어야 끓는 온도를 유지할 수 있다. 모든 파스타는 이에서(to the teeth)라는 의미인 al dente식으로 요리한다. 이것은 맛이 없는 생밀가루를 물고 씹어서 단단한 조직으로 만드는 것을 의미한다.

이 al dente 단계에 이르면 파스타를 찬물에 씻어 물기를 빼고, 서빙하기 전에는 뜨거운 물에 담가 두어야 한다. 조리법에 따라서 파스타는 버터·소스·향료와 섞기도 하며, 요리시간은 종류에 따라 5~15분으로 다양하다.

(3) 용 도

파스타는 전채로 나가거나 고기요리와 함께 혹은 메인 코스에도 사용된다.

Section 14 후 식(Dessert)

후식은 식사의 마지막을 장식하는 감미요리로서 시각적으로 구미가 당기게 화려한 모양으로 만들어지며, 지나치게 달거나 기름지지 않고 산뜻한 맛을 주는 것이 특징이다.

식사의 마지막에 단 것을 먹는 습관은 최근의 일이다. 14세기경 파리의 만찬회 식단을 보면 프루먼티(frumenty)라는 달콤한 죽 같은 것이 있을 뿐이고, 오늘날과 같이 후식이 다양하지 않았다. 기원전 5세기경 인도에서는 설탕이 이미 널리 사용되고 있었으나 그 밖의 다른 나라에서는 아주 진기한 것이었고, 값이 비싸서 White Gold라고 불렀다.

9세기에 이베리아 반도를 정복한 무어인은 사탕수수 재배를 동양에서 남아프리카를 경유하여 시실리아와 스페인 방면으로 차츰 넓혀 갔다. 그러나 유럽에서 설탕을 많이 사용하게 된 것은 16세기로서 스페인이 카리브해의 인접국가를 식민화하여 그 곳에 사탕수수 농장을 만든 후 부터이다. 그 이후 공급이 원활하여 값이 싸지고 많이 상용하게 된 뒤에도 후식을 다른 요리와 분리하여 마지막에 내놓는다는 형식은 나타나지 않았다. 그 당시에는 요리를 식탁에 준비할 때 풍성하고 호사스럽게 차리는데 익숙해져 있었으므로 좀처럼 그 관습이 바뀌지 않았던 것이다.

그 후 19세기 중반에 러시안 서비스 방법이 도입되자 이것이 손님 접대의 기본으로써 급속히 유럽 전역에 보급되었고, 이 새로운 접대방법 덕분에 요리가 최상인 상태일 때 제공되고 또한 그 맛을 상실하지 않음으로써 고객으로부터 호평을 받기 시작했다. 더불어 요리법과 서비스 방법이 개발되었고, 각 요리가 정해진 순서에 따라 식탁에 오르면서 그 마지막을 장식하는 데 있어 후식은 빼놓을 수 없는 것이 되었다.

프랑스어로 디저트(Dessert)를 나타내는 앙트레메(Entremets)라는 단어가 있는데 이 용어는 Entre와 mets가 결합한 단어이다.

이 단어는 중세시대에 Roti(Roast) 즉, 구운고기 다음에 제공되는 야채를 곁들인 요리를 가리켰으며, 또한 술이나 노래와 같은 여흥을 뜻하는 Entertainment를 Entremets라 하였으나, 현재는 Dessert를 의미한다. 후식은 찬 후식(Cold Dessert), 더운 후식(Hot Dessert) 및 얼음 후식(Ice Dessert) 등으로 분류되며 그 종류는 다음과 같다.

1. 찬 후식(Cold Dessert; Entremet Froid)

찬 후식은 반드시 상온보다 차갑게 하여 여러 가지 형태로 모양있게 만든다.

(1) 바바리안 크림[Bavarian Cream(Bavaroise)]

우유·계란노른자·젤라틴·설탕·생크림을 재료로 하여 만들며, 사용되는 주재료 또는 모양에 따라 명칭을 달리한다.

① Lemon Bavaroise
② Vanilla Bavaroise
③ Strawberry Bavaroise
④ Pistachio Bavaroise
⑤ Coffee Bavaroise
⑥ Rainbow Bavaroise

(2) 푸 딩(Pudding)

계란·우유·바닐라향·설탕·소금을 재료로 하여 증기에 찐 것, 오븐에 구운 것, 차게 굳힌 것 등으로 나누어지며, 완성된 형태는 연두부와 흡사하고 어린이와 노약자에게 인기 있는 후식으로 종류가 다양하다.

① Custard Pudding(Cream Caramel)
② Vanilla Pudding
③ Buleberry Pudding
④ Rice Custard Pudding
⑤ Plum Pudding

⑥ Coconut Pudding

⑦ Apple Pudding

⑧ Chocolate Pudding

⑨ Cabinet Pudding(Bavarian Deluxe)

(3) 무 스(Mousse)

계란·생크림·설탕·럼(Rum)을 혼합한 다음, 글라스에 담아 차갑게 한 것이며, 첨가되는 부재료에 따라 다양하게 만들어진다.

① Chocolate Mousse

② Yogurt Mousse

③ Vanilla Mousse

④ Coffee Mousse

⑤ Caramel Mousse

⑥ Raspberry Mousse

⑦ Papaya Mousse

⑧ Fruits Mousse

⑨ Black Tea Mousse

(4) 젤 리[Jelly(Gelée)]

젤라틴, 계란흰자, 설탕, 레몬, 백포도주, 물을 섞어서 가열한 후 차갑게 응고시킨 것이며, 이 외에 각종 과일 또는 향신료를 첨가하여 만든 것도 있다.

① Pear Jelly

② Plum Jelly

③ Kiwi Jelly

④ Grape Jelly

⑤ Currant Jelly

⑥ Lemon Jelly

⑦ Mint Jelly

⑧ Champagne Jelly

⑨ Pineapple Jelly

(5) 샤를로트(Charlotte)

비스킷을 손가락 모양으로 둥글게(Curled) 만들어 그 속에 바바리안크림 또는 무스크림을 넣고 차갑게 응고시킨 것이며, 다른 부재료를 사용하여 다양하게 만든다.

① Pear Charlotte
② Yogurt Charlotte
③ Chocolate Charlotte
④ Apple Charlotte
⑤ Iced Charlotte

(6) 프루트 샐러드(Fruit Salad)

각종 과일을 재료로 레몬주스, 설탕, 시럽을 넣고 주재료와 어울리는 양주(Brand, Liqueur, Wine 등)를 첨가하여 차갑게 만든 것으로 Fruit Cocktail과 비슷하며, 아이스크림에 곁들이거나 찬 후식과 더운 후식에 같이 혼합하여 만든 것도 있다.

① Fruit Salad with Ice Cream
② Orange and Banana Salad
③ Banana with Chocolate

(7) 스튜드 프루트 콩포트(Stewed Fruit Compote)

주재료인 과일을 설탕 시럽과 콘스타치(Corn-starch)로 온건한 불에 삶아서 조림한 것으로 말하며, 사용되는 재료에 따라 종류가 다양하다.

① Stewed Apricot Compote
② Stewed Plum Compote
③ Stewed Raspberry
④ Red Wine with Fruit Compote
⑤ Strawberry Compote
⑥ Dry Fruit Compote with Wine

(8) 프레시 프루트(Fresh Fruit)

다른 내용물과 섞지 않은 생과일을 말한다. 항상 신선함을 유지해야 하고 계절에 따라 다양하게 준비되어야 하며, 한 입에 먹을 수 있도록 보기 좋게 잘라서 제공되어야 한다.

(9) 케이크(Cake)와 파이(Pie)

케이크와 파이는 사용되는 내용물에 따라 종류가 수없이 많다. 보관할 때에는 냉장고에 항상 차게 보관하고, 먹기에 간편하게 잘라서 제공한다. 파이는 고객의 기호에 따라 차게 또는 오븐에 데워서 제공하거나 아이스크림과 함께 제공하기도 한다.

2. 얼음 후식(Ice Dessert; Frozen Dessert)

얼음 후식은 냉동하여 만든 식품으로써 로마시대부터 전해져 왔는데, 그 종류는 크게 두 가지로 아이스크림과 셔벗으로 구분된다. 아이스크림은 프랑스어로 Les Glaces라고 하는데, 프랑스의 식품 연구가가 우유를 냉동시켜 만든 과자에서 힌트를 얻어 창안한 것이다.

셔벗은 프랑스어로 Sorbet라고 하며, 이것은 과즙과 리큐어(Liqueur)로 만든 빙과를 말한다. 1640년의 프랑스 왕 앙리 2세 때에 이탈리아에서 건너온 요리사가 왕비에게 리큐어를 첨가하여 만든 셔벗을 주요리(Maindish) 다음에 내놓아 당시의 귀족들을 놀라게 했다고 한다. 그 때는 냉동시설이 없어 천연얼음을 사용하여 만들어 한계가 있었으나, 현재는 여러 가지 재료를 이용하여 다양하게 만들어 낸다.

(1) 아이스 크림(Ice Cream)

유제품을 주재료로 하여 설탕, 계란, 과즙, 시럽 및 여러 가지 향신료 또는 과일을 조화시켜 냉동하여 만든 것이다.

① Fruit Ice Cream

② Liqueur Ice Cream

(2) 셔 벗(Sherbet)

셔벗이 아이스크림과 다른 점은 유지방을 사용하지 않았다는 점이다. 주된 재료는 과즙·설탕·물·술·계란흰자이며, 저칼로리 식품으로 시원하고 산뜻하여 생선요리 다음에 제공하거나 후식으로 제공하는데, 이는 소화를 돕고 입맛을 상쾌하게 해주기 때문이다. 또한, 모든 과즙은 재료로 사용 가능하며, 그 밖에 술 또는 향신료를 이용할 수도 있다.

① Orange Sherbet
② Lemon Sherbet
③ Grape Sherbet
④ Ginseng Sherbet
⑤ Peppermint Sherbet
⑥ Cherry Sherbet
⑦ Champagne Sherbet
⑧ Kiwi Sherbet
⑨ Strawberry Sherbet

(3) 파르페(Parfait)

계란 노른자·생크림·설탕·럼(Rum)·뜨거운 물을 재료로 하여 기포 상태가 된 것을 냉동시켜서 만든 것이며, 여러 가지 과일과 술을 이용하게 다양하게 만든다.

① Vanilla Parfait
② Coffee Parfait
③ Peppermint Parfait
④ Pistachio Parfait
⑤ Chocolate Parfait

3. 더운 후식(Hot Dessert; Entremet Chaud)

이 후식은 여러 가지 방법으로 만들어지는데, 그 방법은 오븐에 익히는 방법, 더운 물 또는 우유에 삶아 내는 방법, 기름에 튀기는 법, 알코올로 플람베(Flambee)하는 법, Pan에 익혀 내는 법 등이 있다.

(1) 핫 수플레 그란마니에(Hot Souffle Grandmarnier)

계란, 우유, 밀가루, 버터, 설탕, 그란마니에를 재료로 하여 오븐에 익혀낸 것으로, 완성된 후에는 분말설탕(Sugar Powder)을 뿌리고 바닐라 소스로 장식하여 제공되며, 그 외에 사용하는 재료에 따라 여러 가지가 있다.

① Vanilla Souffle
② Chocolate Souffle
③ Banana Souffle
④ Strawberry Souffle
⑤ Almond Souffle

(2) 프리터(Fritter[Beignet])

과일에 반죽을 입혀서 식용유에 튀긴 것을 베니에라고 하는데, 완성된 후에는 설탕과 계핏가루(Cinnamon Powder)를 묻혀서 럼 소스(Rum Sauce) 또는 계피 소스를 곁들여서 제공하며, 사과·배·복숭아·파인애플 등이 주로 사용된다.

(3) 팬 케이크(Pan Cake[Crepe])

프랑스의 전통적인 후식으로 밀가루·계란·우유·설탕 등을 혼합한 후 프라이팬을 이용하여 종이처럼 얇게 익힌 것을 말하며, 과일·브랜디·리큐어 등으로 만든 내용물과 소스를 곁들여서 여러 가지 모양으로 만든다.

① Crepe with Chocolate Sauce
② Crepe with Walnuts
③ Crepe with Fruit
④ Crepe with Chestnuts

(4) 그라탱(Gratin)

얇게 구운 크래페(Crepe) 위에 설탕, 레몬주스에 삶은 잘게 썬 과일을 올려놓고, 이탈리아식 소스인 사바용(Savayon)을 끼얹어서 오븐에 넣어 구워 낸 것을 그라탱이라고 하며, 그 위에 아이스크림 또는 셔벗을 올려서 제공하기도 한다.

① Apple-Pie-Gratin
② Gratin Fruit with Savayon Sauce
③ Gratin Fruit with Sherbet
④ Pear Gratin

(5) 플랑빙(Flambing[Flambee])

과일을 주재료로 하여 설탕·버터·과일주스·브랜디 또는 리큐어 등을 첨가하여 독특한 맛을 내며, 고객의 테이블 앞에서 조리하는 프랑스 최고의 전통적인 후식이다.

① Cherry Flambee
② Banana Flambee
③ Peach Flambee

(6) 세이보리(Savoury)

치즈로 만든 한 입에 먹는 요이로서 그 종류는 다음과 같다.

① Cheese Souffle: 크림소스에 스위스 치즈나 가루치즈를 혼합하여 양념과 함께 오븐에 넣어 구워 낸 것이다.
② Cheese Straw: 밀가루, 우유, 버터 등에 묽은 치즈를 섞어서 양념한 후 얇게 밀어서 동그랗게 만든 다음 작게 썰어 오븐에 구워 낸 것이다.
③ Cheese Custard: 가루치즈를 우유에 붓고 소금, 후추, 파프리카 등으로 조미해서 끓인 다음 계란노른자를 넣고 푸딩 판에 차갑게 해서 제공한다.

Section 15 음 료(Beverage)

음료에는 식사음료와 알코올 음료가 있다. 여기서 설명하려는 음료는 식품적인 가치보다는 기호품으로서 신경뇌를 안정시키거나 자극하는 혼합된 물질이다. 이들 물질에는 카페인·테인(theine)·알코올·니코틴·마약물질 등 자극성 물질들이 포함된다. 이들 자극성 물질들은 반드시 저·고온으로 구워서 발효시켜 만들든지 증류시킨(알코올) 것이라야 한다.

양식에 있어서 식사의 최종 코스는 대개 커피로 내고 있으나 때로는 요구에 따라 홍차나 코코아도 제공한다. 보통 식후에 제공되는 커피는 데미타스(demi-tasse)라고 하여, 농도 진한 커피를 3온스 정도로 낸다.

일반적으로 우리가 사용하고 있는 컵은 6온스이므로, 그 반 정도의 양을 식사 후에 내는 것이다. 데미타스는 커피의 농도가 진하고 양이 적으며, 끓인 지 오래되지 않은 향과 맛이 좋은 커피라야 한다.

1. 커 피(Coffee)

커피는 원래 에티오피아의 카파(Kaffa)산맥에서 유래하고 그 나무는 아라비아로 전래되었다. 순례자들은 17세기 메카를 여행하면서 처음으로 그 씨앗을 1696년 네덜란드령 동인도로 가져온 후에 서인도로 퍼져 나간 것이다. 최고 오래된 커피 재배 농업의 기원은 1727년대로 거슬러 올라가 브라질에서 찾아볼 수 있다. 프랑스는 하이티(Haiti)와 산토도밍고(Santo Domingo) 지방에 커피 재배단지를 성공적으로 만들었다.

오늘날 커피는 남미, 중미, 서인도 제도, 아시아, 아프리카 등에서 재배되고 있다. 회교 국자에서는 이것을 알코올 음료로서 사용을 금지시켰지만 커피의 수요량이 급증하여 모든 아랍 국가들도 관습화되어 가고 있는 실정이다.

16C 중엽 터키의 콘스탄티노플(Constantinople)에 최초의 커피숍이 등장했다. 1683년 비엔나가 포위된 상태에서 터키인들은 승리자들에게 전리품으로 커피 500포대를 주고 왔다.

그리하여 최초로 커피숍이 비엔나에 등장했고, 그 후로 커피 마시는 습관이 전 세계로 퍼져 나가게 되었다. 한국에는 커피가 어느 때에 들어왔는지 정확하게 알 수 없으나 조선시대에 외국선교사들이 들어올 때 가져왔다는 기록이 전해지고 있다.

(1) 커피의 종류

커피 열매는 기원, 처리방법, 크기와 숙성도에 따라 분류된다. 분류시킬 수 있는 조건으로는 형태, 색깔, 구성요소, 굽기 정도와 양조 방법 등을 들 수 있다. 어떤 경우에서 생산된 지역의 이름을 따서 종류가 달라지지도 하며 또 다른 경우로 선적되는 항구의 이름을 따서 만들기도 한다.

① 아라비카 종(Arabica)
② 리베르카 종(Riberca)
③ 로부스타 종(Robusta)

이상의 3가지가 최근에 가장 많이 재배되고 있는 것으로서 아라비카 종은 해발 6천 피트의 고원지대에서 재배되고 있으며, 리베르카나 로부스타 종은 해발 3천 피트의 고원지대에서 재배되고 있다.

특히 육상지대에서 생산되는 것이 가장 우량품으로, 이것은 파종하여 3~4년에 결실을 하며, 가장 우량품은 6~10년 전후의 것으로서 연 2~3회 채취할 수가 있다. 그리고 19세기와 20세기에 걸쳐 아프리카 콩고에서 로부스타 종·리베르카 종이 발견되어 자바와 수마트라 지역에 이식되었으며, 품질이 아라비카 종보다 다소 좋지 않기 때문에 그 분포도 그다지 많지 않다.

1) 상업용 커피의 주요 생산국들(상품명)

① 남미 : 브라질(브라질, 산토스(Santos), 파라나(Parana), 리오, 바이아(Bahia), 미나스), 콜롬비아, 베네수엘라(카라카스)
② 중미 : 과테말라, 코스타리카, 살바도르, 멕시코, 니카라과
③ 서인도제과 : 아이티, 산또 도밍고, 쿠바
④ 아시아 : 서부인도(말라바르해안), 자바, 수마트라, 셀레베르
⑤ 아프리카와 아랍 : 동부아프리카(케냐, 우간다, 에티오피아), 서부아프리카(앙골라), 아라비아, 예멘(아라비아모카, 선적항구가 호데이아)

2) 산지별 커피 원두

커피 산지가 곧 커피 원두의 이름인 경우가 많은데 산지별로 생산되는 커피 원두는 다음과 같다.

① 아프리카 지역(중앙아시아 포함)
- 킬리만자로 – 탄자니아 산
- 모카마타리 – 예멘 산
- 모카하라리 – 예멘 산

② 중남미 지역
- 블루 마운틴 – 자메이카 산
- 산토스 – 브라질 산

③ 아시아·태평양 지역
- 만테린 – 인도네시아 산

(2) 커피의 3대 원종 및 특성

커피는 크게 아라비카, 로브스타, 리베르카의 3대 원종으로 분류된다. 그러나 리베르카는 거의 생산되지 않아 일반적으로 아라키바에서 분류된 마일드와 브라질, 그리고 로브스타가 세계 커피의 3대 원종으로 구별되고 있다.

1) 마일드(Mild)

에티오피아의 고산지대가 원산지로 맛과 향이 뛰어나고 산출량도 많다. 모카를 비롯하여 콜롬비아, 코스타리카, 멕시코, 과테말라, 온두라스, 엘살바도르, 에콰도르, 에티오피아, 베네수엘라 등에서 재배되고 있다.

① 모카(Mocha) : 흔히 아라비아라고 부르며 예멘 지방에서 생산되고, 원두는 황록색이다. 신맛과 단맛이 좋으며 뛰어난 향기를 지니고 있어 "커피의 귀족"이라고 불린다.

② 콜롬비아(Colombia) : 브라질 다음으로 산출량이 많으며, 청록색 원두로써 알맹이가 크고 일정하다. 풍미와 신맛·단맛 등이 뛰어나며, 향기와 맛이 진하고 추출량도 브라질보다 20% 이상 더 나온다.

③ 과테말라(Guatemala) : 긴 타원형 또는 둥근 모양의 청록색 원두로, 신맛과 단맛이 있고 향과 맛이 진하다.

④ 에티오피아(Ethiopia) : 아라비카 종을 탄생시킨 커피의 발상지로, 원두의 모양이 길고, 색깔은 청록이나 황록으로 모카와 비슷한 맛을 내며, 특히 신맛이 강하다.

⑤ 엘살바도르(El Salvador) : 대체로 원두의 크기가 굵고 고르며, 아름다운 녹색을 띠고 맛과 향이 진하다. 산지의 고도에 따라 등급을 나눈다.

⑥ 멕시코(Mexico) : 중미의 대표적인 커피로서 신맛이 강한 편이다. 좋은 제품으로는 코르도바·베라쿠르스·오리자바 등이 있으며, 배합용으로 많이 사용되고 있다.

2) 브라질(Brazil)

세계 제일의 산출량(세계 총 생산량의 약 1/3)을 자랑하는 품종으로, 원두의 모양은 원형 또는 타원형으로 부드럽고 신맛이 강하다. 주로 배합의 기초로 많이 사용되고 있으며, 특히 브라질 산토스는 브라질에서 생산되는 커피 가운데 가장 좋은 품질로 평가되고 있다.

브라질 커피는 No.2를 표준으로 No.2에서 No.8까지 등급에 따라 번호를 붙여 출하되고 있으며, 미나스·리오·빅토리아 등 유명한 것도 있다.

① 블루 마운틴(Blue Mountain) : 서인도 제도의 카리브 연안에 위치한 자메이카 섬 동부의 2,500m 고지대에서 산출되는 커피로서 생산량은 극히 적으나 세계에서 맛이 가장 좋으며, 향기 또한 뛰어나 세계 제1급 커피로 알려져 있으며 No.1, 2, 3으로 나뉘어 있다.

② 탄자니아(Tanzania) : 쓴맛과 신맛이 잘 조화되어 있는 커피이며, 특히 탄자니아의 킬리만자로 산록에서 생산되는 '킬리만자로'는 신맛이 대단히 강하다. 향기가 높은 커피로서 모카와 콜롬비아를 재합한 것 같은 맛을 지니고 있어 스트레이트용으로 많이 사용된다.

3) 로브스타(Robusta)

중앙 아프리카의 콩고지방이 원산지로써 아프리카와 동부의 인도나 인도네시아 및 자바 등지에서 재배되고 있으며, 쓴맛이 강한 것이 특징이다.

① 아이보리코스트(Ivory Coast) : 아프리카에서 가장 많이 생산되는 품종으로 세계적으로 브라질, 콜롬비아, 인도네시아, 멕시코 다음의 생산량을 자랑한다. 맛은 중성으로 특히 인스턴트 커피의 로브스타용으로 널리 쓰이고 있다.

② 우간다(Uganda) : 동부 아프리카의 우간다에서 생산되며, 원두는 둥글고 작다. 맛은 간 단조롭고, 쓴맛이 강하여 일반적으로 아이스커피용이나 배합용으로 많이 쓰인다.

③ 앙골라(Angola) : 우간다에 비해 원두의 크기가 굵고, 신맛과 단맛이 있으며 특히 쓴맛이 강하다.

④ 인도네시아(Indonesia) : 아프리카에서 이식해 온 로브스타 종이 재배되고 있으며, 신맛과 단맛이 있으나 쓴맛이 강하다. 품종으로는 WIB(West Indishe Bereiding)와 EKI가 있다. 그러나 수마트라 섬에서 재배되는 커피는 품질면에서 대단히 우수하며 만테린이라고 불리오고 있다. 이는 신맛과 쓴맛이 고르게 조화되어 있다.

(3) 원두가공과 배합

커피의 맛은 좋은 품종의 원두를 선택하는 것 못지 않게 가공과정 하나하나가 매우 중요하다. 특히 커피원두를 가공하는 첫 단계인 볶는(Roasting: 배전) 기술에서부터 커피의 맛과 향은 크게 좌우된다. 커피원두는 커피나무에서 채취된 커피열매를 잘 말려서 껍질을 벗겨 낸 것이다. 이것을 로스터(Roaster)에 넣어 220℃ 전후의 온도로 가열하여 볶은 다음, 되도록 빨리 냉각시키는 과정 등을 거친다. 이 때 볶는 정도에 따라 연한 볶음(American Roasting), 중간 볶음(Medium Roasting), 강한 볶음(French Roasting)으로 나뉘는데, 그 정도에 따라 맛과 향이 다음처럼 구분된다.

① American Roasting : 신맛과 쓴맛이 강하며 오래 보존할 수 있다. 천연의 맛을 느낄 수 있다.

② Medium Roasting : 향기와 맛, 빛깔이 좋아 부드러운 맛을 느낄 수 있다.(독일 스타일)

③ French Roasting : 지방 성분이 표면으로 스며 나와 오래 보관할 수 없으나, 카페오레, 비엔나 커피 등 주로 어렌지 커피 메뉴에 알맞다.

이러한 배전과정에서 녹색의 원두는 황색으로 변했다가 다시 엷은 갈색으로 그리고 다시 진한 갈색으로 되어 일반적으로 대하는 커피 본연의 색을 띠게 된다. 이 때 원두는 무게가 약 12~20% 감소하는 반면, 부피는 50~100% 증가한다. 이렇게 볶아진 원두커피는 품종과 볶아 낸 종류에 따라 맛과 향의 특성이 다르기 때문에, 커피의 특성과 취향에 맞도록 여러 종류의 원두를 알맞게 조화시키는 배합(Blending)의 과정을 거치게 된다.

그러나 우리가 일반적으로 대하는 커피는 "배전두(焙畑豆)"라고 불리는 원두커피 그대로가 아니라, 볶은 원두를 곱게 분쇄한 "분쇄 커피"나 그 분쇄한 커피를 액화시켜 분말이나 과립의 형태로 건조시킨 "인스턴트 커피"가 대부분이다. 로스팅(roasting)을 배전(焙畑)이라고 표현하기도 한다.

(4) 커피의 조리

일반적으로 커피 맛은 수질과 원두의 배합비, 그리고 끓이는 온도와 추출시간 등에 의해 좌우된다.

1) 물

광물질이 섞인 경수보다는 연수가 적당하다. 냄새가 나는 물을 사용하여서는 절대 안 된다.

2) 온도

85~95℃가 최적이다. 100℃가 넘으면 카페인이 변질되어 이상한 쓴맛이 발생되며, 70℃ 이하에서는 탄닌의 떫은맛이 남게 되기 때문이다. 일단 끓여서 추출된 커피를 잔에 따랐을 때의 적정온도는 80~83℃이며, 설탕과 크림을 넣어 마시기에 최적온도는 66℃ 내외이다.

3) 배합비

레귤러 커피의 경우 10g 내외의 커피를 130~150cc의 물을 사용하여 100cc를 추출하는 것이 적당하다. 3인분이면 400cc의 물에 커피 30g을 넣어 300cc를 추출한다. 인스턴트 커피는 1인분에 커피 1.5~2g 정도가 적당하다.

4) 크림

커피에 크림을 넣는 경우, 액상 또는 분말 어느 경우에도 설탕을 먼저 넣고 저은 다음에 넣는다. 커피의 온도가 85℃ 이하로 떨어진 후에 크림을 넣어야 고온의 커피 즙에 함유된 산과 크림의 단백질이 걸쭉한 형태로 응고되는 것(Feathering 현상)을 방지할 수 있기 때문이다.

5) 시간

커피 맛과 향의 완벽한 추출을 위해서는 충분한 시간이 필요하다. 맛과 향이 담긴 섬유조직이 팽창되고 와해되어야만 하기 때문이다.

(5) 여러 가지 커피

1) 인스턴트 커피(Instant Coffee)

커피를 농축 건조시킨 후 가루로 만든 것으로 사용하기 편리하다.

2) 드미타스(Demitasse)

after-dinner coffee로서 아침 커피보다 두 배 강하다. 우유 또는 크림을 넣지 않으며 설탕을 넣지 않는 경우가 많다.

3) 비엔나 커피(Vienna Coffee)

커피 잔에 거품을 낸 크림 2tsp과 설탕 2tsp을 넣고 뜨거운 커피를 붓는다.

4) 에스프레소 커피(Espresso Coffee)

이탈리아 커피로 유럽에서 많이 이용한다. 커피를 완전히 가루로 하여 에스프레소 커피 기구에서 여과한 후, 크림을 넣지 않고 설탕, 레몬과 같이 낸다.

5) 커피 카푸치노(Coffee Capuccino)

에스프레소 커피와 동량의 뜨거운 우유를 넣고 계핏가루나 육두구를 조금 뿌려 준다.

6) 카페오레(Cafe au lait)

프랑스의 밀크 커피를 말한다. 커피를 보통보다 두 배로 강하게 하여, 동량의 우유를 데워서 한 커피 잔에 붓는다.

7) 아이리시 커피(Irish Coffee)

뜨거운 커피에 Irish whisky와 설탕을 섞어 커피 잔에 담고 위에 거품낸 크림을 얹는다.

8) 아이스 커피(Iced Coffee)

뜨거운 커피를 만들어 긴 유리컵에 얼음 조각을 많이 담아낸다. 설탕을 넣고 마시며, 럼주나 브랜디를 섞어 거품을 낸 크림을 얹기도 한다.

2. 차(Tea)

차는 열대지방의 상록수의 어린잎과 봉오리에서 얻는다. 두 개의 잎과 맨끝의 봉오리는 보통 손으로 채취하는데 봉오리의 첫 번째 잎은 특상품의 차에 이용한다. 차나무는 잡목으로 자라며 아열대와 열대의 지방에서 많이 자란다. 잎을 채취한 후 건조시켜 말아가지고 발효 후에 다시 건조시켜 체로 치고 나서 등급을 가린다. 가장 유명한 차 생산국으로는 스리랑카(셀론)와 중국, 자바, 수마트라, 인도(아삼), 일본과 동부 아프리카, 대만 등이다.

제조과정 중에 잎은 녹색에서 검정으로 변화되지만 일부 국가에서는 녹색의 차를 선호하고 있다. 이것은 예비발효를 가열에 의한 것으로 채취한 후 즉시 잎을 증기로 처리하든지 잎에 함유된 액즙의 증발을 막기 위해 뜨거운 열판 위에 놓아두기도 한다.

흑차에 쓰일 잎은 완전히 건조할 때까지 철사줄에 널어 말리고, 12~20시간 뒤에 탄력성이 어느 정도 생긴 잎들을 압력을 주면서 기계로 말아서 발효시킨다.

발효는 찻잎을 산화시키고 향을 돋구며 밝은 구리빛에 가까운 붉은색을 내준다. 발효 후 뜨거운 공기에 굽거나 건조시키면 말려진 찻잎들은 어느 점에서 흑색으로 변한다.

(1) 품질의 특징

다즐링 차(Darjeeling Tea)는 히말라야의 7,000피트의 고도에서 자라는 것으로 맛이 좋으며 독특한 향을 가지고 있다. 높은 고도에서 자란 차가 낮은 고도에서 자란 차보다 품질이 우수하다. 우리가 플랜테이션(Plantation) 차로 부르는 인도산 재배차 종류는 향기 있는 우려낸 즙을 주입시켜 준 것이다. 그 중 아삼차(Assam)가 향이 가장 강하고, 다즐링은 향기가 가장 좋다. 실론(Ceylon) 차 중 고산지역의 것은 매우 향이 좋은데, 특히 연갈색으로 잘 알려져 있다. 인도산 종류보다는 향이 약하지만 중국과 일본차도 향기가 은은하다. 실론, 인도, 자바, 지난 몇 년 동안 수마트라의 차의 소비가 계속적으로 증가하고 있다.

(2) 홍차의 판매용 종류

1) 엽 차(Leaf Tea)

① 꽃-오렌지-홍차(Flowery-Orange-Pekoe) : 약간 실크 같은 털이 있는 잎으로 잎 끝이 가장 우수하고 맛이 있다.
② 오렌지-홍차(Orange-Pekoe) : 잎 끝이 잿빛이나 금색으로 된 맛이 있고 동그렇게 말린 잎
③ 홍차(Pekoe) : 가지 끝에서 두 번째 잎으로 만든다.
④ 실론산 홍차(Pekoe - Souchong) : 길고 만개된 세 번째의 거친 잎 수총(Souchong) 잎은 크고 원추형 모양이며, 거칠게 말려진다.

2) 가루차(Broken Tea)

이 차는 혼합차의 재료로 쓰이고 잎을 계속 반복하여 돌려 만들어서 표면적을 넓게 함으로써 빨리 녹게 해준다.

3) 스크랩 차(Scrap Tea)

찌꺼기와 질이 떨어지는 차로 대부분 차꾸러미를 채우는 데 쓰인다.

4) 루스 티(Loose Tea)

철분이 적고 석회질이 많은 물에 끓는 물 24리터에 24g의 차를 넣어 2분 이내에 따라야 맛 좋은 홍차를 마실 수 있게 된다.

5) 아이스 티(Iced Tea)

홍차 29g을 끓는 물 0.6리터에 넣어 2~3분쯤 있다가 불에서 내린다. 20~30분쯤 두었다가 찬물 2리터에 부어 얼음을 넣어서 제공한다.

3. 코코아(Cocoa)

코코아의 어원은 코코아의 씨를 건조해서 볶은 것을 말한다. 건조시키지 않은 것과 부분적으로 탈지하거나 탈지하지 않는 코코아 덩어리로 가루를 만든 것을 말한다. 코코아 가루는 코코아의 규정된 지방함량이 최소한 10%가 되어야 한다. 아침 식사용 코코아는 22~24%까지 함유할 수 있다.

네덜란드에서 가공된 코코아는 지방함량이 더욱 높다. 코코아 덩어리는 코코아가루의 기본이고 초콜릿 제조의 천연 재료이다. 코코아는 흥분제뿐만 아니라 식품으로 이용하기도 한다.

생코코아 알맹이는 12.5%의 단백질, 50% 지방, 11% 전분과 12%의 다른 탄수화물을 함유하고 있다. 코코아는 티오브로마 속의 식물 상록수에서 얻은 것이다. 이 나무는 중미와 남미의 북부지방이 원산지이다. 지금은 아프리카(나이지리아, 가나)도 주요 공급지로 되고 있다. 이 열매는 몇 줄로 된 씨가 들어 있고, 가죽 같이 생긴 껍질로 덮여 있는 꼬투리이다.

이 나무는 많은 손질을 해야 하고 평균온도가 21~24℃가 되어야 잘 자란다. 나무 종류와 품질은 토양, 기후, 제조 방법에 따라 다르다. 코코아 열매를 딴 후 열매를 쌓아 놓고 며칠 동안 50℃에서 발효시킨 다음, 건조시켜서 포대에 포장하여 유럽이나 북미로 실어 나르게 된다. 초콜릿 공장에 도착되면 즉시 이 열매들을 씻은 후 100~150℃에서 볶아 향과 풍미를 낸다.

볶은 후에 껍질을 벗기고 작은 핀으로 깨뜨린다. 품질과 가격에 따라 커피나 차와 같은 방법으로 분쇄한 코코아를 혼합한다. 이 혼합물질들을 부드러운 유동식 분쇄기를 이용한다. 코코아가 더 곱게 갈아질수록 더 좋은 품질이 된다.

코코아 덩어리는 50% 지방이나 버터로 구성된다. 지방의 일부는 수압에 의해 손실된다. 남은 수지를 분쇄하여 고운 가루로 만든다. 코코아의 지방함량은 초콜릿의 지방함량의 절반 정도이나 용기에 담아 밀봉상태로 건냉소에 보관해야 한다.

4. 와인(Wine)과 요리의 조화

(1) 런천 와인(Luncheon Wine)

음식에 맞춰 골라야 하며, 일반적인 규칙에 의하면 Heavy하고 Sweet한 와인을 서브하기 전에 Light하고 Dry한 와인을 서브한다. 그리고 많이 숙성된 와인은 Young Wine을 서브한 다음에 서브한다.

(2) 수프, 샐러드, 그리고 애피타이저(Soup, Salad & Appetizers)

Light하고 Dry한 Riesling, Chablis, Muscadet, Semillon 같은 와인이 좋다. 짙은 맛의 고기와 닭고기 수프에는 Dry Sherry가 좋다.

(3) 피 시(Fish)

Chablis, Muscadet, 캘리포니아산 Savignon Blanc 같은 Dry한 White Wine이나, 이와 유사한 신맛의 와인이 좋다. Ciopppono나 Bouillabaisse 같은 강한 생선 Stews는 토마토와 마늘이 많이 들어가므로, 캘리포니아 버건디 같은 가벼운 Red Wine이나 프랑스 남서부산 Red Wine이 훌륭한 맛을 낸다.

(4) 치킨 앤드 화이트 미트(Chicken & White Meat)

White Wine이나 Red Wine 어느 것이나 좋다. 크림소스가 제공될 때는 White Burgundy나 Semillon이 좋은 조화를 이룬다. Roast Beef나 이탈리아 음식에는 Beaujolais나 Chianti 같은 Red Wine이 좋다.

(5) 레드 미트 앤드 게임(Red Meat & Game)

질 좋은 Red Wine과 잘 어울린다. 스테이크에는 전통적으로 좋은 Red Wine이 서브된다. Red Burgundy는 Roast Beef와 잘 어울린다. 사슴고기나 맛이 진한 Game류는 Hermitage 같은 Rhone Red Wine이나 오스트리아 산 Shiraz가 좋다. 바비큐한 고기는 향이 진한 캘리포니아 Petite Sirah 또는 Zinfandel 같은 와인이어야 한다.

(6) 주의사항

음식과 함께 와인을 서브하는데 엄격한 규칙은 없으나 입맛을 즐겁게 하기 위하여 다음과 같은 조합은 피해야 한다.

① 고등어나 기름기 많은 생선과 Red Wine
② 초콜릿과 와인
③ Vinaigrette 드레싱과 모든 와인
④ 레몬향 디저트와 모든 와인
⑤ 계란요리와 White Wine

Chaper 10 한 식

Chapter 10 한식

Section 1 한식의 특성

① 한식은 향토음식, 궁중음식, 민간신앙음식, 관혼상제음식, 사찰음식, 계절음식, 발효음식, 떡, 그리고 과자 등 분야별로 변화의 과정을 거쳐 독특한 조리기술 개발과 상차림 및 독창적인 식문화의 변천과 더불어 발전되었다.

② 오랜 세월 동안에 이루어진 독특한 형태의 다양한 음식들이 사회구조와 외래문화의 영향으로 오늘날에 와서는 전통성을 잃어버린 것도 있다.

③ 잊혀진 것 들도 많은 반면에, 끈질긴 민족 보수성으로 현재까지 쌀을 주식으로 김치 및 된장찌개와 불고기가 역사와 함께 유지되어 온 것이 한국요리의 특성이라 할 수 있다.

Section 2 메뉴의 구성

1. 주식류

① 탕 : 단순형, 복합형

② 죽 : 흰죽, 두태죽, 장국죽, 어패조류죽, 비단죽, 미음, 응이

③ 국수 : 냉면, 온면, 비빔국수

④ 만두 : 수교의, 편수, 어만두

(1) 밥(rice)

① 조리 조건은 쌀의 종류, 양, 그리고 건조도에 따라 물의 양, 솥의 종류, 불의 세기 정도가 달라진다.
② 흰밥, 보리밥, 팥밥, 콩밥, 강낭콩밥, 찰밥, 차조밥, 밤밥, 굴밥, 야채밥, 잡곡밥, 채소밥, 생굴밥
③ 비벼서 먹는 비빔밥, 김치밥, 무밥, 콩나물밥 볶음밥

(2) 죽(rice-gruel 또는 porridge)

① 곡류를 주재료로 한 반유동식의 일종이다.
② 죽, 미음, 그리고 응이는 물의 양에 따라 다르게 불리며, 죽보다 미음이 묽고, 미음보다 응이가 더 묽다.

1) 흰 죽

흰죽은 쌀을 불리거나 갈아서 끓이고, 종류에 따라 참기름이나 꿀 또는 소주를 타서 먹기도 하는데, 옹근죽, 원미죽, 그리고 무리죽이 있다,

2) 두태죽

콩류를 주제로 하여 만드는 것이다. 팥을 삶아서 그 앙금을 걸러 낸 후에 끓여 쌀을 넣고 만드는 동지절식인 팥죽, 녹두를 이용한 녹두죽, 그리고 불린 흰콩을 살짝 삶아 찧거나 갈아서 쌀과 같이 끓인 콩죽이 있다.

3) 장국죽

쌀을 이용하여 맑은 쇠고기 장국에 멸치와 채소와 조미료를 넣고 끓이는 것이다. 채소에 따라 콩나물죽, 아욱죽, 애호박죽, 김치죽, 그리고 맑은 장국죽 등이 있다.

4) 어패조류죽

홍합이나 전복에다가 쌀을 넣고 볶다가 물을 부어 끓인 뒤에 조미료로 간을 맞추어 만드는 홍합죽, 전복죽, 영계백숙의 국물에 찹쌀을 넣어 끓인 뒤에 마늘과 대추와 인삼을 넣어서 만드는 닭죽이 있다.

5) 비단죽

① 밤과 호두와 같은 견과류와 쌀을 곱게 갈아서 만드는 것이다.

② 고운 결과 견과류에서 우러난 지방으로 인해 반질거리는 죽의 모양이 비단 같아서 비단죽이라 한다.

③ 재료에 따라 잣죽, 호두죽, 흑임자죽, 타락죽, 밤죽, 행인죽, 땅콩죽, 그리고 대추죽이 있다,

6) 미음

체에 받쳐 거르기 때문에 죽보다는 묽으며, 환자식이나 이유식으로 쓰인다. 쌀을 푹 고아서 체에 거르거나 쌀가루를 노릇노릇하게 볶은 것을 끓는 물에 넣고 다시 끓여 거른 쌀미음, 차조에 대추와 황률과 인삼을 넣고 고아서 만든 차조미음, 그리고 인삼, 찹쌀, 대추, 황률을 함께 넣어서 진액만 남도록 끓인 송미음이 있다.

7) 응이

끓는 물에 메밀가루와 율무가루와 녹말가루를 묽게 타서 미음보다 걸쭉하게 만드는 것으로 죽보다는 묽다. 재료에 따라 수수응이, 연근응이, 오미자응이, 율무응이가 있다.

(3) 국 수(soupnoodles or spaghetti)

① 면류에는 냉면과 온면, 그리고 비빔국수가 있다.

② 잔치나 생일날 점심에는 장수를 비는 뜻으로 면류를 장만한다.

③ 국물은 육수를 쓰는 것이 원칙이다.

④ 예부터 온면에 밀가루와 녹말가루를 섞어 만든 녹말국수가 사용되어 왔으나, 근래에는 가는 밀가루를 많이 이용한다.

⑤ 냉면용 국수는 메밀국수와 녹말가루를 섞어 누른 국수가 사용된다.

⑥ 비빔국수는 온면용 국수, 냉면용 국수가 사용된다.

⑦ 국수장국에도 여러 종류가 있는데, 소장국은 고기를 쓰지 않은 간장 국물이다.

⑧ 육수는 옛날에는 꿩고기가 많이 사용되었지만, 요즈음은 쇠고기를 많이 쓴다.

⑨ 깻국은 참깨를 볶아서 빻아 앙금을 걸러서 국수를 마는데 얼음을 띄워 시원하게 만들며, 콩국은 콩을 삶아 껍질을 벗겨 맷돌에 갈아 체에 거른 뒤에 소금으로 간하여 콩국수를 만든다.

⑩ 냉면에 사용되는 메밀국수, 잡채에 이용되는 녹말국수(당면), 밀국수, 계란국수 등이 있다.

(4) 만 두(a bun stuffed with seasoned meat and vegetables, dumplings)

① 메밀가루로 만든 껍질은 밀가루로, 일단 풀을 쑨 다음, 여기에 메밀가루를 넣어 반죽한다.
② 만두 껍질이 너무 질긴 것은 좋지않기 때문에 녹말가루는 섞지 말아야 한다.
③ 밀가루의 경우는 냉수로 되게 반죽하여 수건을 씌워 두고 쓴다.
④ 만두는 껍질이 얇고 속이 많아야 맛이 있으므로, 반죽에 계란 흰자를 섞어서 반죽하면 질겨져서 찢어지지 않고 얇게 밀 수 있다.
⑤ 밀어 놓은 만두피는 젖은 수건으로 덮어놓고 빚어야 하며, 그래도 마르면 가장자리에 물을 칠해서 빚어야 한다.
⑥ 만두피에 따라 메밀만두, 밀만두와 어만두 등이 있고, 모양에 따라 개성만두, 서울지방만두 등이 있다.

만두의 종류

① **수교위**(dumpling stuffed with beef and cucumber) : 면류와는 그 모양이 다르지만 밀가루 반죽을 둥근 모양을 만들어 속을 빚어서 육수에 삶는다.
② **편수** : 밀가루 반죽을 네모나게 만들어 네 귀를 서로 붙여서 세모꼴로 만들어 찐다.
③ **어만두** : 밀가루 반죽 대신에 생선을 얇게 저며 속을 싼 다음에 녹말가루를 묻혀서 찌는 어만두가 있다.

2. 부식류

① **탕** : 국형, 탕반형
② **찌개** : 된장, 청국장, 고추장
③ **찜** : 육류, 생선류
④ **선** : 애호박, 오이, 가지, 두부, 배추
⑤ **조림** : 생선, 장, 초
⑥ **전골** : 전골, 볶음
⑦ **구이** : 구이, 산적

⑧ 그 밖에 전유화, 회, 족편, 편육, 포, 튀각, 젓갈, 장아찌, 숙채, 쌈, 생채, 김치 등

(1) 국(soup or broth), 탕반(rice in broth)

계절, 밥의 종류와 반찬의 내용에 따라 맛과 색채감과 영양소가 균형을 이루도록 하여, 찌개보다 국물을 훨씬 더 많게 하고 싱겁게 한다.

• 종류 : 맑은 장국, 토장국, 곰국, 냉국, 탕반(설렁탕, 곰탕, 갈비탕, 육개장) 등

(2) 찌 개(pot stew)

찌개보다 국물을 많게 한 지짐이, 국물을 적게 하고 흔히 고추장으로 간을 하는 감정 등의 형태가 있다.

• 종류 : 된장찌개, 고추장찌개, 젓국찌개, 새우젓찌개 등

1) 된장찌개(toenjang : bean pase pot stew)

재료는 매우 다양하다. 가장 보편적인 것이 두부로 끓인 것이다. 이 두부찌개도 달래, 냉이, 또는 햇고사리 등을 섞어서 끓이면 좋다. 그리고 풋고추를 넣거나, 버섯류를 넣으면 더욱 맛이 좋다. 막장으로 찌개를 끓일 때는 너무 오래 끓이지 말아야 맛이 좋다. 막장은 보리, 밀과 같은 녹말성 원료를 띄워서 담근 된장이다.

2) 청국장찌개(ground fermented soybeans)

잘 뜬 청국장은 실같은 진이 나고 독특한 맛을 낸다. 청국장을 끓일 때는 돼지고기를 넣고 끓이면 좋고, 겨울 김치와 두부를 건더기로 넣었을 때의 맛이 가장 좋다.

3) 고추장찌개(thick soypaste mixed with red pepers)

고추장으로 간을 맞추어 끓인 찌개로 찹쌀고추장이나 보리고추장을 넣고 건더기도 두부, 호박, 감자와 양파 같은 채소류와 생선을 주재료로 하여 끓인다.

(3) 찜(steamed dish)

재료로 닭, 갈비, 우족, 우육과 수조육을 사용하고 생선도 도미나 조기와 같이 모양과 색깔이 좋은 것을 선택하여 모양 그대로 찜을 하며, 해삼이나 전복

도 그 모양을 살려서 조리한다. 토막을 내서 조리하려면 재료를 물이나 기름에 익힌 후, 물을 붓고 무르게 익힌 다음에 간을 맞추고 국물을 조린다.

표면을 익히는 것은 재료 안의 성분이 유출되지 않도록 하고 쉽게 무르도록 하기 위함이다. 간을 하지 않고 익히면 고기의 성분이 국물에 녹아나와 맛이 떨어지므로, 싱겁게 조미하여 알맞게 익힌 다음에 필요량의 조미료를 다 넣어 무르게 한다.

• 종류 : 갈비찜, 생선찜, 송이찜, 닭찜, 우설찜 등

(4) 선(膳)

찜과 같은 방법으로 조리하며 식물성 재료를 가지고 만든다. 여기에 쇠고기와 버섯으로 소를 넣어 육수를 조금 부어서 익혀 낸다. 선(膳)이란 '희생(犧牲)'의 고기라는 뜻이라고 한다. 즉, '몸에 좋은 음식'을 뜻한다.

• 종류 : 애호박선, 오이선, 가지선, 두부선, 배추선 등

(5) 조 림(hard-boiled food)

조림은 생선, 고기, 두부와 감자의 재료를 큼직하게 썰어 놓고서, 간장 또는 간장과 고추장을 섞어서 조리한다.

1) 생선조림(fish boiled in soy sauce)

① 해안지방에서 생선은 심심하게 마치 지짐이와 같은 식으로 조린다.
② 내륙지방에서 생선은 조금 더 짜게 바짝 조려서 살을 단단하게 조린다.
③ 살이 희고 담백한 생선은 간장, 기름, 설탕, 실고추, 파, 마늘과 생강으로 조린다.
④ 비린내가 많은 생선이나 살이 붉은 생선일 때는 고추장을 가미하여 조린다.
⑤ 생선조림에 사용되는 생강은 비린내를 제거해 주고 맛을 돋워준다.

2) 장조림(beef boiled in soy sauce)

① 장조림은 기름기 없는 부위의 고기가 적당하며, 보통 홍두깨살이나 사태가 좋다. 홍두깨살 장조림은 근섬유가 가지런히 조직되어 있어서 결을 따라 잘 찢어지므로 손을 찢어서 사용한다.

② 사태는 잘 찢어지지 않아 칼로 썰어서 사용한다.
③ 물이 끓을 때에 고기를 넣어 잠깐 익히다가 간장, 통마늘, 설탕, 통고추, 생강, 통파, 통후추를 넣어 끓인다.
④ 너무 오래 끓이면 고기가 뭉크러지고 국물이 묵처럼 뭉치게 되므로 익은 다음에 불에서 내려놓는다.

3) 초(炒)

초는 녹말풀을 풀고, 국물없이 윤기 있게 조리는 것이다.

• 종류 : 홍합초, 소라초와 전복초 등

(6) 전골(beef casserole, stir-fried beef and vegetables in a pan)

1) 전 골(Korean-style chowder)

여러 재료를 준비하고, 즉석에 설치된 전골냄비에 넣어서 즉석에서 조리하여 먹는 음식이다.

2) 볶 음(panbroiling, roasting, parching)

• 종류 : 새우볶음밥, 닭볶음, 미나리볶음

(7) 구 이(roasting, baked)

1) 구 이

소금으로 간을 한 것과 간장·기름·향신료 등을 배합한 양념장에 재웠다가 굽는 것이 있다.

• 종류 : 너비아니구이, 방자구이(소금구이) 등

2) 산 적(kebab, skewer)

① 산적은 쇠고기와 버섯과 채소를 길쭉하게 썰어 양념하여 꼬치에 꿰어 굽는다.
② 화양적은 재료를 각각 양념하여 익혀서 꼬치에 꿰고, 지짐누름적은 재료를 꿴 다음에 전을 부치듯이 지져낸다.
③ 종류 : 움파산적, 송이산적, 어산적, 떡산적, 잡산적, 화양적(누름적) 등

(8) 전유화(frying, panfrying)

① 생선, 고기, 그리고 채소와 같이 여러 재료를 밀가루에 묻혀서 계란을 씌운 후 지지는 것이 통례이다.
② 불을 조정하여 표면을 노릇노릇하게 익히고, 익힌 다음에는 뜨거운 상태에서 겹쳐두게 되면 김이 서려서 물기가 돌고 옷이 벗겨지기 쉬우니 펴서 식혀야 한다.
③ 종류 : 파전, 김치전, 두릅전, 게전, 굴전, 조개전, 새우전, 비웃전, 북어전, 알쌈 등

(9) 회(膾, sliced raw fish or meat dish)

1) 회(膾)

육류나 어패류 또는 채소류를 생으로 또는 살짝 데쳐서 초고추장, 겨자장, 또는 소금기름에 찍어서 먹도록 한다. 종류로는 생선회, 육회 등이 있다.

2) 숙 회(熟膾)

생선살을 녹말가루에 묻혀서 끓는 물에 살짝 데친다. 종류로는 어채, 강회, 두릅회 등이 있다.

(10) 족 편(calf's hoof jelly)과 묵(jelly)

① 쇠머리나 쇠족을 고아 식혀서 응고시킨 냉채 음식이다,
② 닭고기나 꿩고기를 쇠족과 함께 섞어 용봉족편을 만들거나, 건대구와 닭을 섞어 만들기도 한다.
③ 생선의 껍질이나 지느러미에 있는 콜라겐을 이용하여 만들기도 한다.
④ 충청도에서와 같이 박대나 넙치 껍질을 모아서 끓여 묵처럼 굳히는 방법도 있다.

1) 족 편

쇠머리, 쇠족

2) 묵

도토리묵, 청포묵, 메밀묵

(11) 편 육(sliced boiled beef)

① 끓는 물을 소금으로 간을 하고 고기는 덩어리째 넣어 속까지 익을 수 있도록 삶아서 베보자기에 싼 다음에 큰 돌로 눌러 굳힌다,
② 우설에는 군냄새가 있으므로 향채를 섞어서 삶는 것이 좋다.

1) 쇠고기 편육

양지머리(차돌백이), 업진육, 우설, 우랑, 우신, 유통, 쇠머리

2) 돼지고기 편육

머리, 삼겹살

(12) 포(脯, dried slices of meat seasoned with spices)

① 포는 쇠고기나 생선, 어패류의 연한 살을 얇게 저미거나 다져서, 혹은 통째로 말린 것이다.
② 간장이나 소금으로 간을 하여 말려 두었다가 마른 찬이나 술안주로 쓴다.
③ 너무 춥거나 더울 때는 말릴 수 없으므로 바람이 좋고 햇볕이 잘 나는 봄이나 가을이 좋으며, 바짝 말린 포는 한지로 만든 종이 봉지에 넣어서 서늘한 곳에서 보관하여야 한다.
④ 육포, 대추포, 편포, 편포쌈, 민어포, 그리고 생선을 통째로 배를 갈라서 말린 대구포 및 상어포와 오징어포가 있다.

(13) 튀 각(flakes of kelp oiled and toasted; fried kelp)

1) 부 각

① 재료에 풀칠을 하여 바짝 말려 두었다가 먹을 때는 기름에 튀겨서 안주나 마른찬으로 이용한다.
② 찹쌀풀과 같이 곡류를 사용한다. 풀을 발라 말렸다가 튀기는데, 감자·고추·깻잎·김·콩잎·참죽잎과 가죽잎이 많이 이용되며, 절에서 만드는 동백잎이나 국화잎 등과 같은 특별한 것도 있다.

2) 튀 각

호두와 다시마 또는 가죽나무의 순을 그대로 기름에 튀겨서 소금이나 설탕 조미를 한 것이다.

• 종류 : 다시마, 미역, 감자, 호두 등

(14) 젓 갈(pickled sea foods)

① 소금에 절여서 오래 저장하였다가 먹을 때에 양념을 소금과 함께 하여 단시일 안에 익혀서 먹을 수도 있다.
② 젓갈은 반찬용으로 이용되는 조개류의 젓갈이 있고 김치용 젓갈로 담그는 멸치·조기·황새기와 잔새우와 같은 젓갈이 있으며, '소금에 절인 것과 고춧가루를 섞어서 소금에 절인 것' 으로 크게 나뉘어진다.
③ 젓갈류 중에는 엿기름가루나 밥으로 생선을 삭히는 식해(食醢)라는 것이 있다.
④ 메조로 밥을 지어 식혀서 소금과 고춧가루 양념에 섞은 후에 삭힌 함경도의 가자미식해나 동태식해가 있다.

(15) 장아찌(dish of dried slices of vegetables seasoned with soy sauce)

장아찌는 '재료가 풍부한 것' 또는 '쓰다 남은 것' 등을 오래 두고 먹을 수 있도록 간장, 고추장, 된장 또는 식초에 담가 놓고 꺼내서 다시 무친다. 즉 참기름과 깨소금, 그리고 설탕으로 무친다.

재료에 따라 다르나 갑장과(갑장아찌)는 저장식품이 아니라 갑자기 만들었다고 해서 붙여진 이름으로, 익혀서 만들었다고 해서 숙장과(숙장아찌)라고도 한다.

(16) 숙 채(熟菜, boiled vegetables)

1) 익히는 방법

대부분 푸른 채소는 끓는 소금물에 살짝 데쳐서 파랗게 무치고, 말린 것은 물에 불려 볶아서 익히며, 고사리와 취나물은 물에 푹 삶아 두었다가 볶는다.

잡채를 할 경우에는 채소의 색채를 살리고 물기가 흐르지 않도록 하기 위해서 냄비에 기름을 먼저 넣어서 기름의 온도가 높아졌을 때에 채소를 넣어 단시간에 익히면서 수분이 급히 증발하도록 한다.

2) 무치는 방법

나물을 맛있게 하려면 연한 부분을 써야 하며, 너무 무르지 않게 데치고 물기를 꼭 짜서 무치도록 한다. 나물의 양념에는 참기름과 깨소금을 비교적 넉넉히 넣고 무쳐야 부드럽고 맛이 있다. 재료는 대개 가느다란 채로 썰어서 사용하는 것이 좋다. 나물은 무쳐서 오래 두면 맛이 싱거워지고 색상이 변하기 쉽다. 그러므로 시식 직전에 무치는 것이 좋다.

① **무침나물** : 데친 후에 소금이나 간장 또는 고추장을 이용하여 간을 맞추고 여기에 참기름·고춧가루·파, 그리고 마늘의 양념을 가미하여 나물에 잘 침투되도록 무친다. 시금치나물, 두릅나물, 미나리나물, 냉이나물, 달래나물, 씀바귀나물과 녹두나물 등이 있다.

② **볶음나물** : 채소류를 날 것으로 하거나 데친 후에 기름과 양념류를 사용하여 볶은 나물이다. 죽순채, 박나물, 호박오리나물, 고춧잎나물, 취나물, 버섯나물, 껫잎나물 등이 있다.

(17) 쌈(wrapped in leaves)

쌈은 채소를 먹으면서 고기·생선·된장·고추장, 그리고 참기름을 골고루 섭취할 수 있도록 한다. 밥과 반찬을 함께 싸서 먹을 수 있는 김, 상치, 배추속대, 취, 호박잎, 깻잎, 생미역 등이 있다.

(18) 생 채(生菜, raw or uncooked vegetables)

① 각 계절마다 새로 나오는 채소를 싱싱하게 그대로 먹을 수 있도록 초장이나 초고추장과 겨자에 무치고, 양념으로 식초와 설탕을 사용하며, 파와 마늘을 많이 쓰지 않고 진한 맛보다는 산뜻한 맛을 내도록 한다,

② 무, 배추, 미역, 도라지, 더덕, 그리고 오이가 주 채소류이다. 해초류가 생채로 함께 무쳐지기도 한다.

(19) 김 치(kimchi, pickles)

1) 배추 절이기

배추를 소금에 절여서 배추의 수분을 적당하게 방출시켜 조직세포를 파괴시킴으로써 저장 중에 배추가 무르게 되는 것을 막고 부패균의 번식을 억제하게 한다.

2) 젓갈의 사용

젓갈로는 조기젓·새우젓·멸치젓, 그리고 황새기젓이 보편적이다. 기후가 추

운 지역에서는 잘 삭은 날젓국을 이용함으로써 젓갈의 효소작용으로 인하여 김치의 맛이 상큼하게 되며, 더운 고장에서는 달인 다음에 걸러서 사용한다.

3) 저 장

4~5℃ 전후의 저온에서 저장할 때에 맛이 가장 좋으며, 주변온도가 높으면 빨리 익는다. 그런데 너무 빨리 익으면, 즉 숙성 중에 알맞게 생겨야 좋은 유기산류의 생성과 약간의 분해작용이 제대로 이루어지지 못하면 향미롭고 맛있는 김치가 되지 못한다.

4) 김치류

배추김치류 11종, 무김치류 21종, 나물김치 20종, 물김치류 19종, 기타 김치류 46종, 깍두기류 16종, 동치미류 10종으로 조사되어 모두 143종에 달한다.

일반적으로 그 분류는 다음과 같다.

① 김치류 : 배추, 열무, 오이
② 무 : 나박김치, 깍두기, 동치미, 짠지
③ 간장 : 간장으로 간을 하여 담근 장김치
④ 속 넣는 방법 : 통김치, 보쌈김치

3. 한식의 상차림

(1) 초조반상(初潮飯床)

① 새벽자리에서 일어나 처음 먹는 음식은 부담없는 가벼운 음식이다.
② 응이와 미음 및 죽과 같은 유동식을 중심으로 하고, 국물김치(동치미, 나박김치)와 젓국찌개와 마른찬(암치보푸라기, 북어보푸라기, 육포, 어포)이 곁들여진다.
③ 죽은 큰 그릇에 담아 중앙에 놓고 오른편에는 공기를 놓아서 덜어 먹을 수 있도록 한다.
- 응이 : 응이, 마른찬, 동치미, 소금
- 미음 : 삼합미음, 마른찬, 동치미, 소금
- 죽 : 죽, 마른찬, 나박김치나 동치미, 맑은 조치나 젓국조치, 소금, 꿀, 설탕, 진장

(2) 반 상(飯床)

반상은 신분에 따라 이름이 달라진다.

즉, 아랫사람에게는 '밥상', 어른에게는 '진지상', 그리고 임금에게는 '수라상' 이라고 한다.

이 상들은 밥과 찬품을 차리는 형식으로 찬품 수는 최하 3품으로부터 12품으로 하여 3첩, 5첩, 7첩, 9첩, 그리고 12첩으로 한다.

5첩은 평일 식사이고, 7첩은 신랑·신부상을 차릴 때이며, 9첩은 반가집에서 차리는 격식이고, 12첩은 궁에서 차리는 격식이다.

여기서 '첩' 은 뚜껑이 있는 반찬 그릇을 말하고, 반찬의 수를 '첩수' 라 하며, 반상기에서 반찬을 담는 그릇을 '쟁첩' 이라 한다.

1) 3첩 반상

- 기본식 : 밥, 탕, 김치, 간장
- 반 찬 : 생채, 숙채, 구이나 조림
- 후 식 : 단 것, 과일, 차

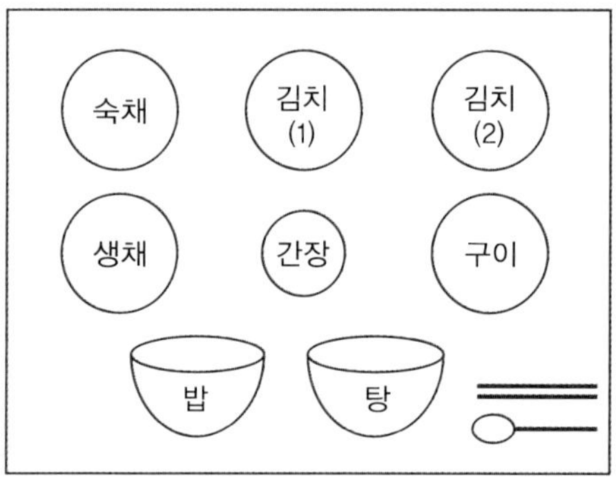

2) 5첩 반상

- 기본식 : 밥, 탕, 김치, 간장, 초간장, 조치 1개
- 반 찬 : 생채, 구이, 숙채, 전유어, 마른찬
- 후 식 : 단 것(떡 종류, 한과류), 과일, 차

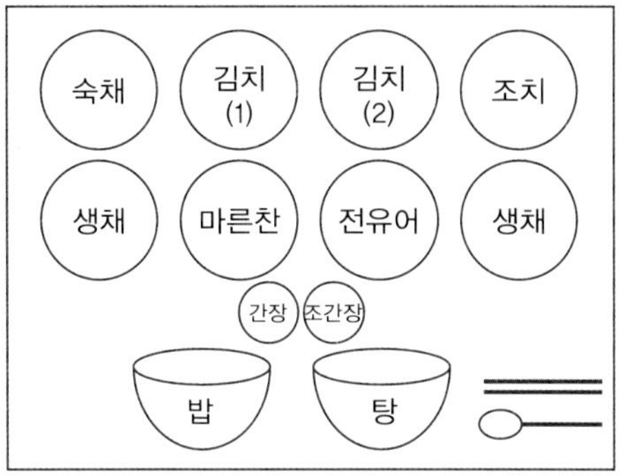

3) 7첩 반상

- 기본식 : 밥, 탕, 김치, 간장, 초간장, 초고추장, 조치, 전골
- 반 찬 : 생채, 숙채, 구이, 전유어, 마른찬, 회, 조림
- 후 식 : 떡, 한과류, 과일, 차, 화채

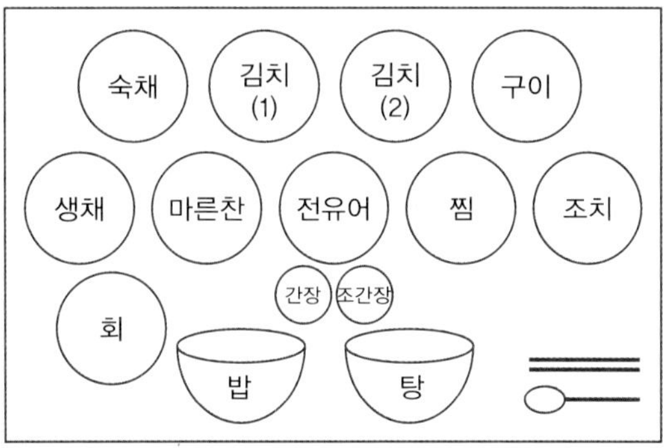

4) 9첩 반상

- 기본식 : 밥, 탕, 김치, 간장, 초간장, 초고추장, 조치, 전골
- 반 찬 : 생채, 찜, 구이 2개, 숙채, 전유어, 마른찬, 회, 조림
- 후 식 : 떡, 한과류, 과일, 차, 화채

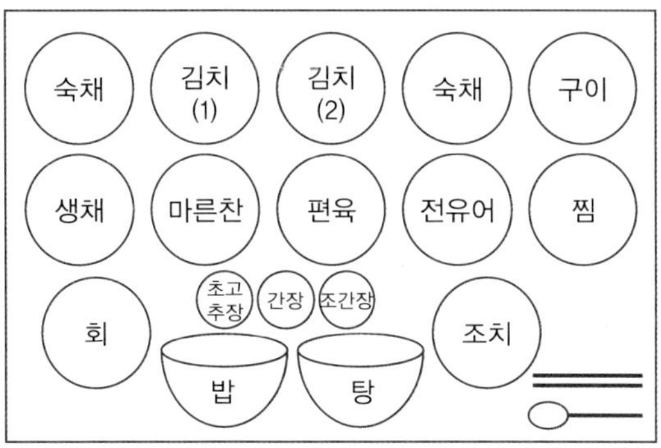

5) 12첩 반상

- **기본식** : 밥, 탕, 김치, 간장, 초간장, 초고추장, 조치
- **반 찬** : 생채 2, 숙채 2개, 구이 2개, 편육, 회 2개, 조림, 찜
- **후 식** : 떡, 한과류, 과일, 차, 화채

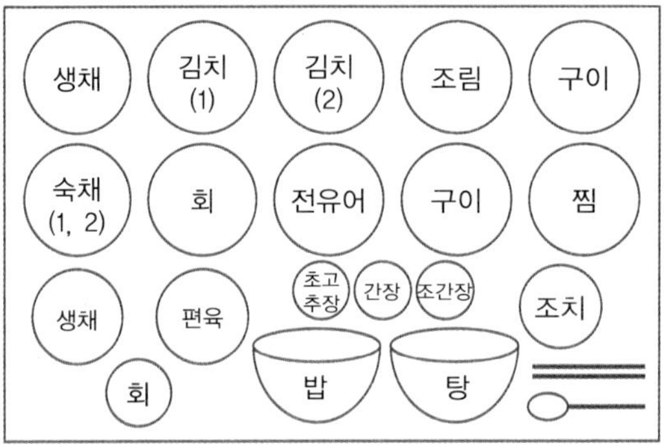

(3) 낮것상

수라상 대신에 점심으로 간단히 차리는 밥상을 말한다. 평일에는 아침 늦게 밥상을 받는다. 점심은 요기만 하는 정도로 가볍게 먹는다고 하여 마음에 점을 찍는다는 뜻으로 점심이라 하였다고 한다.

손님이 오시면 온면이나 냉면으로 간단한 국수상을 차리며, 국수장국과 묽은장국이 나간다.

겨울에는 배추김치, 봄과 가을에는 나박김치가 곁들여진다. 그리고 전유화, 편육, 잡채, 누름적, 초장, 과일, 약과, 화채와 식혜가 제공된다.

사랑방에 술손님이 오면 주안상이 먼저 들어가고, 나중에 장국상이 들어간다.

(4) 주안상(酒案床)

약주에 안주를 곁들이는 것이다.

찌개와 전골과 같은 뜨거운 음식이 나갈 때는 고급의 주안상이 되고, 생률과 생과일을 비롯하여 정과와 같은 후식까지 곁들이면 훌륭한 주안상이 된다.

① 약주, 깨국탕, 마른안주(포, 부각, 자반), 대하찜

② **진안주** : 편육, 전유, 녹두지짐, 밀적, 누름적, 화양적

③ **회** : 갑회, 어선, 어만두, 어채, 어회

④ 새우젓국, 초장, 초고추장

⑤ 구절판, 나물, 수란, 젓갈(명란젓, 굴젓)
⑥ **각색전골** : 육, 채소, 생달걀, 참기름, 육수
⑦ **김치** : 장김치, 닭김치, 보쌈김치, 오이김치

(5) 잔칫상

상(국수)을 차리기도 하나 보통 교자상을 차린다.

의례로 받는 상은 평접시에 종이로 봉을 하고 가화로 장식을 하여 나란히 차려놓는다. 이를 고배상[高排床 또는 망상(望床)]이라 한다.

인사로 받는 것이 고배상이고, 작은 상에 장국상을 차리는 것을 임매상(국수장국상)이라 한다.

① **고배상** : 잣죽, 열구자탕(신선로), 편육(양지머리, 제육), 찜, 전유화, 겨자채, 화양적, 회(갑회, 어회), 김치(배추김치, 장김치)
② **임매상** : 깨죽, 영계백숙, 편육, 전유화, 생채, 오이선, 사슬적 또는 어산적, 구절판, 어회 또는 어선, 김치(오이소박이, 닭김치), 여름(냉면, 청장, 초장, 초고추장, 새우젓국, 겨자집, 생실과, 화채 또는 각종 차, 약주)

(6) 어 상(御床)

나라의 경사에 임금이 받는 상을 말한다.

(7) 기 타

① **면상** : 국수장국(또는 비빔국수), 찜, 전유화, 편육, 잡채, 회
② **떡국상** : 떡국, 찜, 편육, 전유화, 배추김치, 청장, 초장
③ **만둣국상** : 만둣국(또는 편수, 규아상), 편육, 전유화, 청장, 초장, 새우젓국, 나박김치, 배추김치
④ **다과상** : 유밀과(약과, 매작과, 만두과), 각색다식, 각색강정, 유과, 숙실과(대추초, 밤초, 조란, 율란, 생란), 생실과, 화채, 다과차(식혜, 수정과, 각종 차)

(8) 후 식(後食)

약식, 대추단자, 밤초, 식혜, 주성과 오미자 화채

4. 한국의 음청과 차

(1) 음 청(飮淸)

우리나라의 전래 음료는 엿기름 물로 밥알을 삭히는 식혜를 비롯하여 오미자 즙이나 꿀물 및 과즙 등에 과일점·꽃잎·면·보리떡 등을 띄우는 화채류, 생강 끓인 물을 이용하는 수정과, 향설고, 또 곡물을 이용하는 미숫가루 등을 들 수 있다.

1) 식 혜

엿기름은 겉보리를 싹틔운 것이다. 싹을 잘 틔워서 당화효소가 많은 것이 좋다. 엿기름 가루 우린 물에다 따뜻한 밥을 섞어서 보온하면 밥이 삭아서 단맛이 나고 밥알이 떠오른다. 그 물을 달인 다음, 받친 것에 밥을 띄운다.

2) 오미자 화채

오미자는 다섯 가지 맛(신맛, 쓴맛, 매운맛, 단맛, 짠맛)을 가진 열매로 신비로운 붉은색과 산뜻한 신맛이 있다. 그 색과 맛을 우려낸 즙액은 청량음료로서 적당하며 강장과 진해의 약효도 있다. 오미자는 잘 익은 것으로 택하여, 끓여서 식힌 미지근한 물에 담가 하룻밤 놓아두면 진달래 빛으로 우러난다. 여기에 꿀을 담고 끓여 식힌 물을 부어서 색과 맛을 조절한 후에 이용한다.

① **진달래 화채** : 녹두 녹말을 묻혀 데친 진달래꽃을 오미자 즙에 띄운다.
② **가련 화채** : 녹두 녹말을 묻혀 데친 연잎을 오미자 즙에 띄운다.
③ **배 화채**, 복숭아화채, 밀감화채 : 오미자 즙에 각각의 화채에 따라 배점, 복숭아점, 밀감 알맹이를 꿀에 재웠다가 띄운다.
④ **보리수단** : 삶은 보리쌀에 녹두 녹말을 묻혀 다시 끓는 물에 삶아 건져서 오미자 즙에 띄운다.
⑤ **창면** : 녹두 녹말로 얇은 면을 만들어 채를 썰어서 오미자 즙에 띄운다.

3) 꿀물 화채

예부터 우리나라는 청량음료로 꿀물을 많이 이용하였다. "목은집"에 찌는 듯한 더위에 얼음을 얻어 꿀을 타서 마신다는 시가 나온다.

① **원소병**(元霄餠) : 각색으로 물들인 찹쌀가루를 익반죽하여 소를 넣고 둥글게 빚어서 삶은 다음에 꿀물을 부어 음료로 한다.

② 떡 수단 : 가래떡을 잘게 썰어 녹말가루를 묻혀 삶아 건져서 꿀물에 띄운다.
③ 복숭아, 유자, 앵두, 수박 등 제철의 과일을 꿀이나 설탕에 재웠다가 꿀물에 띄운다.

4) 생강 끓인 물을 이용하는 음료

생강은 특유한 향미 때문에 향신료로 이용되고 차(茶)나 편강(片薑)으로도 이용되며, 수정과·향설고·배숙 등의 음료에 예부터 이용되었다. 생강은 발한, 진해, 건위의 약효도 있다.

① 수정과(水正果) : 생강을 얇게 저며 계피와 통후추를 넣어 끓여서 식히고 여기에 곶감을 넣어 맛이 우러나도록 한다.
② 향설고(香雪膏) : 문배를 껍질을 벗겨 통후추를 박고 생강 저민 것과 꿀을 넣은 물에 넣어 끓인다.
③ 배숙(이숙; 梨熟) : 껍질 벗긴 배에 후추를 박아 놓고 저민 생강을 끓인 물에 설탕과 함께 넣어 다시 끓인다.

5) 기 타

미숫가루를 꿀물에 타서 음료로 이용하며, 콩국·참깨국을 만들어서 얼음에 채워 두었다가 음료로 마시거나 창면·수단·원소병을 넣어서 먹기도 한다. 미숫가루는 찰밥을 쪄서 말린 후에 볶아 고운 가루로 한 것이다. 보리쌀로 만들면 보리 미숫가루 된다.

(2) 차(茶)

1) 차의 전래

중국의 차를 신라의 선덕여왕 때부터 마셔 오다가, 흥덕왕 3년(828)에 신라의 사신인 김대렴(金大簾)이 당(唐)나라에서 차의 씨를 가져오자 지리산에 심게 하였다.

2) 차의 산지

지리산에 심은 차나무는 넓게 번식했고, 점차 다양해져 고려시대에는 21개의 '다소(茶所)' 에서 차를 만들어 나라에 바치는 품목이 되기도 했다. 그리고 조선시대에는 35개의 산지에서 차를 토산품으로 나라에 바쳤다.

차나무는 기후 관계로 전라북도의 익산·김제·옥구·남원, 경상남도의 함양·밀양·울산·경주 이남에서만 자란다. 1990년 현재 차는 주산지인 전라남도 장성·광주·영암·해남·강진·보성·고흥 등을 비롯하여 경상남도의 하동이나 제주도 등지에서 434ha의 면적에 재배되고 있다.

3) 한국 차문화의 특성

한국의 차문화에는 다음과 같은 세 가지의 특성이 있다.

① **모방문화** : 중국의 차문화를 보방한 문화에는 다법(茶法), 다구(茶具), 차의 이름짓기, 차 달이는 솜씨겨루기, 물전하기의 풍습 등이 있다.

② **재구성 문화** : 중국의 차문화를 한반도의 생활 여건에 맞도록 재구성한 문화에는 차를 달일 물의 등급을 매긴 일과 차의 공덕을 읊은 노래 등이 있다.

③ **독창문화** : 이웃나라인 중국이나 일본에는 없고 한반도에서 독창적으로 생성된 고유문화에는 다음과 같은 것이 있다.

- **화랑의 다구** : 야외수련에 알맞도록 고안된 신라 화랑의 다구(茶具)는 같은 시대에 당(唐)나라의 육우(陸羽)가 "다경(茶經)"에서 고안한 다구와 재질 및 형태가 전혀 다른 독창적인 것이었다.
- **고려청자의 찻사발** : 황금비율에 맞는 크기와 상감기법(象嵌技法)은 외국의 학자들이 칭송할 정도로 뛰어난 것이었다.
- **차와 군인** : 송나라에는 다상군(茶商軍)이 있었을 뿐, 차를 다루는 다담군사(茶擔軍士)와 행로군사(行爐軍士)는 고려에만 있었다.
- **다선삼매의 선창** : 고려의 이규보가 "장원 방연보의 회답을 보고 운을 이어서 답하다[방장원연보견화차문답지(房壯元衍寶見和次韻答之)]"란 시문에서 '한 사발은 곧 이것이 참선의 시초라네[일구시참선시즉(一甌是參禪始卽)]' 라고 읊은 시구는 다선삼매(茶禪三昧)의 선창으로 평가되고 있다.
- **다신계 절목** : 다산 정약용이 강진의 귀양살이에서 풀려나던 1818년에 제자들과 함께 지은 "다신계 절목(茶信契節目)"은 차를 매개체로 하여 사제 간의 신의를 돈독하게 한 미풍양속의 귀감이 되는 것이라고 하겠다.

4) 한국차의 종류

탕, 차의 종류	적 응 증
은 행 차	대하증, 설사, 기침, 천식, 폐병
갈 근 차(葛根)	두통, 구토, 감기예방 및 치료, 설사, 해열, 발한, 소갈, 중풍, 위장 허약
금앵자차(金櫻子)	설사, 정력 보강, 조루 방지
감 인 차(嵌仁)	양기 강화, 조루 방지, 대하증, 설사(감인 → 가시연꽃 열매)
등 심 차(燈心)	복수 제거, 신장염, 담결석, 신결석, 요도염
인 삼 차(人蔘)	빈혈, 저혈압, 냉증
당 근 즙 차	혈액증가, 빈혈
결 명 자(決明)	건위 정장, 이뇨, 변비, 만성위장병, 황달, 췌장염
녹 두 차(綠豆)	해독, 뇌막염, 뇌염, 장티푸스
석 자 차(石子)	소화불량, 토사, 위장염통
죽 엽 차(竹葉)	소변을 이롭게 함, 머리와 눈을 맑게 함, 간염
연 근 차(蓮根)	체중 증가
복분자차(覆盆子)	강장제, 혈액을 맑게 함
석 류 차(石榴)	강장제, 이질, 토혈, 비혈, 설사
냉 이 차(薺茶)	고혈압, 설사, 하혈, 해독, 빈혈
도 화 차(桃花)	미용, 변비, 각기, 결석, 해독
홍 화 차(紅花)	정혈제, 월경불순, 냉습, 울혈
송 화 차(松花)	중풍, 고혈압, 심장병, 신경통, 두통, 폐보호
선 화 차(旋花)	정력 강화, 미용, 이뇨
행 화 차(杏花)	빈혈, 불감증, 미용
원추리차(萱草花)	이뇨, 신진대사촉진, 혈액순환, 소화, 눈을 밝게 함
무 궁 화 차	이질, 하혈, 이뇨, 중풍, 대장염, 설사
괴 화 차(槐花茶)	혈압하강, 동맥경화, 소염, 미열, 빈혈, 심장병
연 차(蓮茶)	강장강정제, 만성설사, 대하증, 주 · 식독 제거
목 향 차(木香茶)	위장을 튼튼히 함, 소화, 이질, 불면
모 란 차(牡丹茶)	요통, 관절염, 두통, 생리불순, 지혈, 해열
다시마차(昆布茶)	고혈압, 신경통, 류마치스, 당뇨병, 심장병, 위궤양
버 섯 차(食蘭茶)	고혈압, 동맥경화, 심근경색, 성인병 예방
두 중 차(杜仲茶)	요통, 관절통, 신경통, 고혈압, 부인병, 강장강정
형 개 차(荊芥茶)	감기, 신경통, 소화, 두통, 현기증, 산전 · 후
매 실 차(梅實茶)	피로회복, 기미, 주근깨, 버짐
행 인 차(杏仁茶)	천식, 각기
동 아 차(冬瓜茶)	미용, 이뇨, 신장
배 차	소화촉진, 해열, 소갈증, 거담, 기침
현 미 차(玄米茶)	노화 방지
보 리 차(大麥茶)	소화, 변통을 원활히 함, 각기병
두 향 차(豆香茶)	신장 보호
들 깨 차(白蘇茶)	자양강정제, 위장, 천식, 미용

탕, 차의 종류	적 응 증
감 잎 차(柿樹茶)	당뇨병, 뇌출혈, 고혈압, 각기, 신장병, 북수, 수종
쑥 차(艾葉茶)	위장병, 변비, 신경통, 냉병, 부인병, 요통, 천식
솔 잎 차(松葉茶)	고혈압, 동맥경화, 중풍, 위장병, 각기, 신경통, 소화불량, 불면증
뽕 잎 차(桑葉茶)	중풍 예방, 신경통, 고혈압, 보혈, 강장
차조기차(紫蘇茶)	건위, 노이로제 해소, 콜레스테롤 제거, 발육촉진, 야맹증 예방
아 가 위 차	소화, 설사
쌍 화 탕	원기쇠약, 피로회복
오 과 탕	노인성 해소기침, 신체 허약
봉 수 탕	보양(補陽)
건 목 과 탕	
여 지 탕	
온 조 탕	
감 자 차	위, 십이지장궤양, 위통
배 추 차	식욕촉진, 위, 십이지장궤양, 위통
염 주 차(念珠)	암 예방, 위경련
건 강 차	수족냉증, 위경련
노순즙차(蘆筍汁)	자율신경안정, 니코틴 중독, 위궤양
은 이 차(銀耳)	이질, 간장과 신장을 보호함, 암, 고혈압
적 근 차(赤根)	배변을 순조롭게, 폐 보호, 피를 맑게 함
무 즙 차	소화, 변통을 원활히 함, 기력을 순조롭게 함
국 화 차(菊花)	눈을 맑게 함, 해열, 주독과 충독 제거, 순조로운 배변
상 상 차(桑霜)	감기, 두통, 피부병, 변비, 간을 튼튼히 함
밤 차(栗)	위 보호, 설사, 풍통, 장을 튼튼히 함
시 상 차(柿霜)	고혈압, 지혈, 설사, 이질
질경이차(車前茶)	이뇨, 소화, 위궤양, 방광염, 요도염, 질염, 대하증

(3) 한국 술

1) 한국 술의 기원

술은 인류사회에서 민족의 형성과 더불어 원시시대 이래 자연발생적으로 출현하였던 음료의 일종이라는 견해가 오늘날 지배적이다. 우리나라의 경우도 예외는 아니어서 '고삼국사기'에서 밝혀지고 있는 바와 같이 고구려를 세운 주몽 또는 동명성왕의 건국신화 가운데, 천제의 아들 해모수(解慕漱)가 웅심연(熊心淵) 가에서 하백의 딸 세 자매를 취하려 할 때, 미리 술을 마련해 놓고 이것을 먹여 취하게 한 다음에 수궁으로 들어가지 못하게 하고 세 처녀 중에서 큰딸 유화(柳花)와 인연을 맺어 주몽을 낳게 되었다는 설이 있다. 이를 보면 우리나라의 술의 기원 또한 신화 속에서 뒷받침되고 있는 것이다.

2) 한국 술의 종류

주 명	재 료	효 능
인동주	안동꽃, 설탕, 소주	불로장수, 피로회복, 부종, 냉증, 해독
국화주	국화의 꽃, 줄기, 잎, 청주	눈, 귀를 밝게 함, 두통
상실주(橡實酒)	도토리, 누룩, 찹쌀	피로회복
광귤주	광귤, 설탕, 소주	피로회복, 감기, 가슴 답답, 위약증세
이강주(이강고)	배즙, 생강즙, 꿀, 소주	감기, 고열, 피로회복
모과주	모과, 설탕, 소주	피로회복, 식욕증진, 빈혈, 이뇨제
오미자주	오미자, 설탕, 소주	피로회복, 기관지염, 천식
감홍로주(甘紅露酒)	홍국(紅麴), 관계, 용안육, 진피, 방품, 정향, 꿀, 소주	감기, 풍병, 심복통, 구토, 발한제, 건위제, 건위강장제, 완화자양제
생강주	생강, 설탕, 소주	속 답답, 위약증세, 감기
머위술	머위, 설탕, 소주	거담, 진해, 천식, 폐질환
민들레주	민들레 꽃, 설탕, 소주	건위 정장, 이뇨
회양주	회향, 설탕, 소주	위질환, 복통, 감기, 피로
백목련주	백목련 꽃, 봉오리, 설탕, 소주	두통, 진통, 콧속이 허할 때
정자주(丁子酒)	정자, 설탕, 소주	건위 정장, 부인과 질환
칡술	칡꽃, 설탕, 소주	주독, 중독, 정장제
매실주	청매실, 행인, 설탕, 소주	피로회복, 식욕증진, 설사, 최면, 진통, 빈혈증, 냉증, 정장
해당화주	해당화꽃, 열매, 설탕, 소주	정장, 설사, 식욕증진
구기자주	구기자나무 뿌리, 잎, 꽃, 열매, 줄기, 청주, 쌀, 누룩	회춘(回春), 허(虛)를 보함
살구주	살구, 설탕, 소주	피로회복, 식욕증진, 감기, 최면
유자주	유자, 설탕, 소주	불면증, 냉증, 거친 피부
월귤주	월귤, 설탕, 소주	피로회복, 식욕증진, 강장, 신장병, 류머티즘
보리수주	보리수, 설탕, 소주	피로회복, 식욕증진, 정장, 설사
말오줌나무주	말오줌나무 열매, 설탕, 소주	피로회복, 식욕증진, 강장불면증
오정주(五精酒)	천문동, 황정, 솔잎, 구기, 백미, 누룩, 백출(白朮)	회춘, 건강회복
호도주	호도, 누룩, 백미	보기(補氣)
백자주(柏子酒)	백자(잣), 백미, 누룩	보양(補陽)
고본주(固本酒)	인삼, 청주, 지황, 천문동, 맥문동, 백복령	회춘, 연년
감제풀주	감제풀 뿌리, 설탕, 소주	정장, 완화제, 이뇨, 건위, 피로회복
오디주(桑葚酒)	오디, 뽕나무내피, 설탕, 소주	변비, 이뇨, 자양강장, 빈혈, 담제거, 피로회복, 부종, 식욕증진, 눈과 귀를 밝게 함
감귤주	감귤, 설탕, 소주	고혈압, 모세혈관벽을 튼튼히 함
송엽주(松葉酒)	솔잎, 누룩, 백미	위장, 중풍, 고혈압

주 명	재 료	효 능
오랑캐꽃주	오랑캐꽃, 소주	혈압 강하, 이뇨, 부인과 질환
홰나무주	홰나무꽃, 설탕, 소주	혈압 강하, 동맥경화, 건위, 정장, 피로회복
목통주	목통 열매, 설탕, 소주	이뇨제, 두통
애주(艾酒)	쑥, 백미, 누룩	건강회복
치자주	치자 열매, 설탕, 소주	이뇨, 건위, 소염, 황달, 토혈, 감기, 불면증
무화과주	무화과, 설탕, 소주	신경통, 류머티즘
삽주주	삽주 뿌리, 설탕, 소주	거위, 신경통, 류머티즘, 이뇨
표고주	표고버섯, 설탕, 소주	강장, 골연하증, 구루병, 허약체질
두견주(杜鵑酒)	두견화, 백미, 누룩	진해, 류머티즘, 부인냉증
송절주(松節酒)	소나무 마디, 청주	담, 관절염, 신경통, 각기풍
마늘주	마늘, 생강, 레몬, 꿀, 소주	저혈압, 냉증, 생리불순, 부인과 질환
당귀주(當歸酒)	당귀, 목향, 청주, 유향, 백지(白芷), 랄계(辣桂), 청주, 찹쌀	종기, 빈혈
작약주	작약꽃, 뿌리, 설탕, 소주	설사, 진통, 이뇨, 부인과 질환
다래주	달래 열매, 설탕, 소주	강장, 피로회복, 보온, 진통, 이뇨, 강심
음양곽주	음양곽, 설탕, 소주	강장, 강정
꼭두서니주	꼭두서니 뿌리, 설탕, 소주	토혈, 지혈, 강장, 해열, 생리불순
오가피주(五加皮酒)	오가피나무 줄기, 근피(根皮), 누룩, 백미	고혈압, 강정, 연년
천궁주	천궁, 설탕, 소주	보혈, 중혈, 냉증, 생리통, 두통, 강장
주력고	생지황, 꿀, 석창포, 계심, 소주	중풍, 열담, 번갈
감초주	감초꽃, 설탕, 소주	강장, 피로, 이뇨, 식욕증진
주공백세주	황정, 지황, 황기, 육계, 당귀, 백복령, 당삼, 백출, 적복령, 진피, 맥문동, 산수유, 구기자, 천궁, 방풍, 귀판, 오미자, 강활, 소주	강장, 강정, 불로장수, 피로회복, 식욕증진
천문동주(天門冬酒)	천문동 뿌리, 누룩, 찹쌀	장수, 보익(補益)
맥문동주	맥문동, 설탕, 소주	장장, 이뇨, 해열, 기침
지황주	생지황, 서숙가루, 누룩	혈액순환, 정기강화
창포주	창포 줄기, 누룩, 찹쌀	불로, 풍진치료, 정신계통 보양 및 안정
복령주(茯苓酒)	복령, 청주	불로, 풍진치료, 정신계통 보양 및 안정
백세주	황정, 누룩, 백미, 지황, 하수오(何首烏)	노화방지, 회춘

Chaper 11

일 식

Chapter 11 일식

Section 1 일식의 특성

① 전통적으로 일본요리는 쌀이 주식이고, 농산물과 해산물이 부식이다.
② 일반적으로 맛이 담백하고 색채와 모양이 아름다우며 풍미(향기, 혀끝 감촉, 씹는 맛)가 뛰어난 것이 특징이다.
③ 요리상 특성을 보면 다음과 같다.
④ 어패류를 재료로 하는 요리가 발달하였다.
⑤ 생식요리가 발달하였으며, 조미법에서 재료가 갖고 있는 맛을 최대로 살릴 수 있다.
⑥ 계절감이 뚜렷하다.
⑦ 요리를 담는 기물이 다양하고 예술적이다.
⑧ 요리를 담을 때에 공간과 색상의 조화를 매우 중요시한다.

Section 2 일식의 분류

1. 형식에 따른 분류

일본요리는 형식에 따라 본선요리(本膳料理), 회석요리(會席料理), 차회석요리(茶會席料理), 정진요리(精進料理), 보채요리(普茱料理) 등으로 크게 분류할 수 있다.

(1) 본선요리(本膳料理)

① 본선요리는 옛날 일본 도산(逃山 : 약 370~400년 전)시대의 조리법으로 전해 내려오다가, 에도(江戶)시대로 들어가면서 조리법이 문화의 변천에

따라 상이 화려해지고 요리도 예술성을 띠어 정식 향연요리에 이용하게 됨으로써 지금까지 전해 내려오고 있다.

② 식단의 기본은 한 가지 국에 세 가지 야채란 뜻의 일즙삼채(一汁三菜)·이즙오채·삼즙칠채 등이 있으나 일즙오채·이즙칠해·삼즙구채·산즙십일채 등으로 수정된 것도 있다. 밥상이란 뜻의 젠(선; 膳)의 수도 여러 가지여서 혼젠(本膳), 니젠(二膳), 산젠(三膳), 고젠(五膳) 등으로 되어 있다. 이때 젠(膳)의 수는 단의 즙과 채의 수에 따라 결정된다.

③ 본선요리로서 각 상에 오르는 요리는 다음과 같다.

- **본선**(本膳) : 된장국(一汁), 밥(飯), 일본김치(香物), 초생채(白), 나물 및 채소조림(煮) 등이 상에 오른다.
- **니젠**(二膳) : 맑은국(一汁), 다섯 가지를 배합한 조림(煮), 나물무침 등이 상에 오른다.
- **산젠**(三膳) : 된장국(一汁) 또는 생선으로 만든 국(三汁), 생선회, 어패류, 닭고기, 채소 등을 재료별로 조려서 그릇에 모양을 내어 담은 것 등이 상에 오른다.
- **요젠**(膳) : 도미의 통구이(燒物) 등이 상에 오른다.
- **고젠**(五膳) : 손님이 집에 가지고 갈 수 있는 요리(台引) 등이 상에 오른다.

(2) 회석요리(會席料理)

① 연회석에서 차리는 가이세끼 요리(會席料理)이다.

② 일본인들이 거의 일상적으로 접할 기회가 많다고 하는데, 오늘날의 일본요리 형태라고 말할 수 있다.

③ 그러나 최근엔 회석(會席)요리 가운데에서도 본선요리 형식의 흐름을 이은 것과 회석요리(懷石料理) 흐름을 이은 것이 구별되고 있다.

④ 일반적으로 말해서 전자는 대중음식점에서 쓰는 다리 달린 밥상에 요리가 처음부터 배열되어 있는 것이고, 후자는 고급식당에서 쓰는 오시끼(折敷)라고 하는 네모난 쟁반에 차례로 요리를 내는 것이다.

⑤ 회석요리의 정신을 계승한 점은 여러 요리를 한꺼번에 내놓는 것이 아니라 손님이 먹는 속도를 헤아려서 한 가지씩 내놓는 것이다.

⑥ 그 이유는 따뜻한 것은 따뜻할 때, 차가운 것은 차가울 때 들게 함으로써 가장 맛있을 때에 먹게 한다는 요리의 정성을 소중히 하기위해서이다.

⑦ 그리고 먹을 수 있을 만큼씩 나오는 요리, 즉 다 먹어치우게 되는 요리이다.

⑧ 식단은 다양하나 대략 다음과 같이 차린다.

- 술안주(通)
- 맑은장국(吸物)
- 회 또는 초무침(向付)
- 생선, 큰새우, 일본식 알쌈 등의 전채(口取)
- 구이(燒物)
- 조림(煮物)
- 찜, 튀김(合魚)
- 식초를 사용하여 무친 것(物)
- 된장국(止苑)
- 술(酒)

(3) 차회석요리(茶會席料理)

① 차회석요리(茶會席料理)는 일명 차가이세끼 요리(茶懷石料理)라고도 하는데, 다도(茶道)에서 나온 요리로서 차를 들기 전에 내는 요리를 말하며 아주 간다하고 양이 작지만 요리하는 과정에서는 매우 까다롭다.

② 차가이세끼 요리는 처음에는 검소한 식물성 요리였으나, 시대가 흐름에 따라 생선도 이용되는 호화스런 요리로 변하였다.

③ 차가이세끼 요리는 일즙삼채(一汁三菜)가 보통이며, 밥, 국, 회종류(向付), 조림, 구이(燒物) 등으로 구성된다.

④ 그러나 약식으로 일즙이채도 있으며 이 경우에는 구이가 생략되고, 일즙일채인 경우엔 조림과 구이가 생략된다.

⑤ 차가이세끼 요리는 양보다 질을 중요시하며 재료 자체의 자연의 맛을 최대한 살린 것이 특징이다.

(4) 정진요리(精進料理)

① 정진요리는 다도가 보급되는 전후에 서민에게 전달되었다. 불교가 전래됨에 따라 중국의 불교승이 일본에 귀화하는 일이 많아지자, 비린 냄새가 나는 생선과 수조육을 전혀 사용하지 않는 정진요리가 점차 보급되었다.

② 쇼진요리란 有(동물)를 피하며, 無(식물)인 채소류, 곡류, 두류를 이용해서 만들었다는 뜻으로, 미식(美食), 즉 맛있는 음식을 피하고 조식(粗食), 즉

검소한 음식을 먹는 것을 의미한다.

(5) 보차요리(普茶料理; 후자요리)

보차요리는 오오바쿠 요리(黃檗料理)라고도 불리며, 황벽산 만복사의 법주였던 중이 중국에서 찾아오는 선종승을 대접할 때 정진요리를 중국식으로 조리했던 것으로써, 음식명도 중국식 명칭을 따른 것이 아직도 잔존하고 있다.

(6) 기 타

항구인 나가사키(長山奇)에서 외국인이나 선원에게 판매하기 위해 시작된 외국풍의 자부요리(料理), 벤또(辨當 : 도시락) 형식의 요리, 돈부리(丼物, 덮밥) 형식의 요리 등이 있다.

2. 지역에 따른 분류

(1) 관동요리(關東料理; 간또오 요리)

① 관동요리는 무가(武家) 및 사회적 지위가 높은 사람들에게 제공하기 위한 의례요리(儀禮料理)로서 맛이 진하고 달고 짠 것이 특징이다.
② 당시에는 설탕을 맛이 좋다는 뜻으로 '우마미(Umami)' 라고 할 만큼 귀했는데, 이것을 많이 사용했다는 것은 관동요리가 그만큼 고급요리였다는 것을 보여준다.
③ 또한 관동지방은 외해(外海)에 인접해 있어 단단하고 살이 많은 양질의 생선이 풍부했으나 내해(內海)에서 잡히는 생선은 극히 부족하였으므로 외해에서 잡히는 생선에 맞는 요리가 성했다.
④ 한편 토양과 수질 등이 관서지방에 비해 거칠었기 때문에 간사이 요리(關西料理)가 부드러운 맛을 창출한 것에 비해, 간또오 요리(關東料理)는 농후한 맛을 이룩하게 되었다.
⑤ 그러나 최근에는 교통의 발달 및 문화의 교류에 의해 간또오 요리와 간사이 요리의 특색 및 구별이 서서히 무너지고 있는 실정이다.

(2) 관서요리(關西料理; 간사이 요리)

① 관서요리라는 말은 최근에 사용하기 시작한 말로서 그 이전에는 가미가타(上方 : 교오또 부근의 지방) 요리라고 하였다.

② 간사이 요리는 가또오 요리에 비해 맛이 엷고 부드러우며, 비교적 설탕을 사용하지 않고 재료 자체의 맛을 살리면서 조리하는 것이 특징이다.

③ 따라서 간사이 요리는 재료의 외양과 색깔이 거의 유지되기 때문에 모양이 아름답다.

④ 간사이 요리의 대표적인 것으로 교오또 요리와 오오사까 요리가 있는데, 교오또 요리는 공가(公家 : 교오또 부근의 지방)요리로서 양질의 두부, 야채, 밀기울, 말린 청어, 대구포 등을 이용한 요리가 많다. 오오사까 요리는 상가(商家)의 요리로서 양질의 생선, 조개류를 이용한 요리가 많다.

⑤ 최근의 간사이 요리는 거의가 약식이며 회석요리(懷石料理)가 중심이 되고 있다.

Section 3 일식 메뉴의 종류

1. 조정식

조정식은 고바찌(소량의 요리), 니모노(더운 요리), 아끼모노(구이요리), 나가사라(맛 김), 고자라, 오싱꼬(일본김치), 고항(밥), 그리고 아까다시(된장국) 이루어진다.

2. 희석요리

① 先付(진미) ② 前菜(전채) ③ 吸物(맑은 국) ④ 膾(생선요리)
⑤ 煮[蒸]物(삶은요리) ⑥ 焼物(구이) ⑦ 煮物(조림) ⑧ 强肴(술안주)
⑨ 酢の物(초회, 초무침) ⑩ 揚物(튀김요리) ⑪ 食事(밥과 된장국)
⑫ 果物(계절 과일)

3. 정식요리

① 자신정식(刺身定食) : 덴뿌라
② 계절정식(季節定食)
③ 삼치소금구이 정식 : 사미구이, 덴뿌라

4. 냄 비

도미지리냄비, 게지리냄비, 모듬냄비, 스끼야끼, 샤부샤부

5. 사시미(刺身)

(1) 재 료

1) 주재료

도미, 광어, 농어, 방어, 참치(마구로), 사요리, 산새우(오도리), 단새우, 이쇼에비, 갑오징어, 전복, 피조개, 떡조개, 성게알

2) 부재료

- 사시미갱 : 주로 무를 가쓰라무끼(종이처럼 얇게 돌려 깎기)하여 곱게 채로 썰어서 찬물에 담가 무즙을 우려내고 건져서 생선회에 사용하는데, 이것을 '갱(무채)' 이라 한다.
- 가자리(꾸밈) : 사시미의 풍미를 높이기 위하여 사용하는 재료들로서 시소(일본깻잎), 메지소(어린들깻잎), 가이와레(무순), 오이꽃과 도사까노리(홍해초)가 있다.
- 가라미(매운맛 곁들이기) : 사시미에 사용되는 향신료로 비린내를 제거하여 주고 맛을 더해 준다. 와사비와 쇼유가가 있다.

(2) 자르는 방법

1) 가 쿠(각지게 썰기, 角造)

칼을 반듯하게 세워 당기면서 일정한 크기의 사각형으로 써는데, 한입크기로 써는 것이 좋으며, 참치와 가쓰오와 같이 두꺼운 생선에 사용한다.

2) 히 끼(잡아당겨 썰기, 引造)

잘 손질된 생선에 칼을 대고 몸쪽으로 당기면서 썬다.

3) 이 토(실굵기 썰기, 絲造)

가는 실처럼 써는 방법이다. 이끼와 사요리와 같이 살이 얇은 생선을 썰때에 사용한다.

4) **우수**(얇게 썰기, 薄造)

후꾸라고도 하는 것으로, 광어나 도미 같은 흰살생선을 썰 때에 사용한다.

5) **가와시모**(껍질 데치기, 皮霜)

강한 불에 껍질만 구운 다음 써는 방법이다. 도미와 가쓰오를 썰 때에 사용한다.

6) **유비끼**(데치기, 湯引き)

마구로, 하모, 그리고 이까를 썰 때에 사용한다.

7) **사사나미**(잔물결 썰기, 綱波)

꼬아 가며 써는 방법으로 파도썰기라고도 한다. 전복과 문어와 같이 단단한 재료를 썰 때에 사용한다.

6. 스 시

(1) 스시의 종류

① 에도마에스시(江戸前)
② 하꼬스시(箱)
③ 마끼스시(巻)

(2) 초밥과 데마끼의 종류

초 밥		데마끼(手卷)	
• 참치배살(大도로)	• 대구알(따라꼬)	• 바다장어와 오이(규우리)	• 간뾰우
• 참치배살(中도로)	• 청어알	• 청어알	• 오이(각바)
• 참치(마구로)	• 전복(아와비)	• 작은방어(하마찌)	• 연어알(이꾸라)
• 광어	• 새조개(또리)	• 게살(가니보우)	• 파와 참치배살(네끼도로)
• 도미(따이)	• 떡조개	• 해파리(꾸라께)	• 산마(山이마)
• 전어(꼬하다)	• 피조개끈(히모)	• 노란조개(아오야끼)	• 매실과 시소(시소)
• 작은 방어(하마찌)	• 단새우(에비)	• 전어(꼬바다)	• 참치붉은 살(닥까)
• 겨울방어(부리)	• 차새우(車)	• 젓갈(까라)	• 산우엉(山)고보우
• 학꽁치(사요리)	• 활새우(오또리)	• 옥파(오니온)	• 단무지(따꾸안)
• 문어(따꼬)	• 갯가재(샤꼬)	• 게와 해파리(가니꾸라께)	• 히모와 오이(히모규우)
• 바다장어(아나고)	• 민물장어(우나기)	• 연어(살몬)	• 아스빠라
• 연어알(이꾸라)	• 고등어(사바)	• 광어알	

7. 튀김요리

(1) 튀김기름

튀김요리를 할 때는 한 가지 기름만을 사용하는 경우도 있으나, 2~3종류의 식물성 오일을 혼합하여 사용하기도 한다. 보통 야채유(면실유, 콩기름, 옥수수기름, 유채기름)와 참기름 일정비율로 혼합하여 사용하면 튀김요리의 풍미를 더해 준다.

(2) 기름온도

① 150℃ : 옷이 바닥에 가라앉았다가 한참 후에 떠오른다.
② 160℃ : 옷이 바닥에 가라앉아 있다가 떠오른다.
③ 170℃ : 옷이 중간쯤 가라앉아 있다가 떠오른다.
④ 180℃ : 옷이 표면에서 부드럽게 퍼진다.
⑤ 190℃ : 옷이 표면에서 바로 쫙 퍼진다.

(3) 튀김요리의 종류

모또아게, 가라아게, 덴푸라, 모듬튀김요리

8. 구이요리

장어양념구이, 왕새우소금구이, 삼치소금구이

9. 찜과 조림요리

도미머리술찜, 도미조림, 계란찜

10. 복어요리

(1) 독소 제거방법

복어독이 처음 알려진 것은 1883년이며, 2년 뒤인 1885년에는 난소와 간장에 독이 많다는 사실이 확인되었다. 1909년에 이르러, 조제독 제작에 성공하였고 이를 테트로도톡신(Tetrodotoxin)이라 했으며, 복어의 학명이 되었다.

복어독에 의해 생명을 잃을 수 있으나 일단 해독되면 후유증이 없다. 중독되면 빨리 토하거나 위장을 세척하는 방법밖에 없으므로 예방이 최선이다. 특히 4~5월이면 난소가 성숙해서 독이 매우 강하고, 100℃의 끓는물에서 30분 동안 있어도 20%밖에 분해되지 않는다. 물에도 녹지 않고, 독성 그대로 남는 특징이 있다.

복어에 의한 중독증상은 초기에 입술이 마비되고, 그 다음에 혀가 굳어지며, 손가락이 아프고 사지와 피부감각이 마비되는 것으로 나타난다. 그 뒤에 미각, 청각, 호흡중추의 순으로 마비된다.

① 복어가 일단 조리장 안에 반입되면 다른 식재료와 철저히 분리하여 보관한다.
② 복어를 칼도마에 올리기 전에 싱크대에서 깨끗이 씻고, 복나비를 제거한다.
③ 복어의 내장과 눈을 터지지 않게 완전히 분리하여 별도의 비닐 봉투에 넣어서 누구나 복어의 내장임을 알 수 있게 표시하고서 버린다.
④ 껍질과 눈과 내장을 제거한 다음, 살과 뼈에 붙어 있는 피를 철저히 긁어낸다.
⑤ 이렇게 손질된 복어는 용도에 맞게 자르고, 뼈의 자름질한 단면을 아래로 향하게 하여, 도마 위에 톡톡 두드러서 뼈 속의 피가 빠져 나오는 것을 볼 수 있도록 한다.
⑥ 이상과 같이 독소를 제거한 복어살과 뼈를 넉넉히 큰 그릇에 담고, 흐르는 물에 서너시간 동안 두어서 복어의 피를 우려낸다.

(2) 복어요리 코스

전, 吸物(맑은 국), 복어회(후구), 복어지리냄비(후구찌리나베), 복어죽(후구쵸우수이)

11. 데판야끼

사라다, 대화버터구이, 가리비버터구이, 설로인버터구이, 야채볶음, 소스(겨자 소스, momoyma 드레싱, 어니언 소스)

12. 기 타

(1) 초 회

해삼초회(나마꼬스노모노, (海鼠酢の物), 문어초회(다꼬스노모노, 蛸酢の物)

(2) 면 류

차모밀국수(茶소바), 온소면(소우멘, 素麵), 가께우동, 튀김우동(우동)

(3) 정물류

쇠고기덮밥(牛肉井), 돈까스덮밥(까스井), 오차쓰께(お茶쯔게)

(4) 진미류

갑오징어와 가쯔오내장젓, 무침(이까노사쿠라아에), 해삼창자젓(꼬노와따), 아구의 간(안꼬우肝), 연어알(이꾸라)

Chaper 12

중 식

Chapter 12 중식

Section 1 중식의 특성

① 동서남북으로 상이한 기후 풍토와 생산물을 가진 중국은 각 지방에 따라 특징 있는 요리가 발달되어 왔다.

② 크게 북경요리, 남경요리, 광동요리, 사천요리로 나눌 수 있다.

③ 중국요리는 미적 만족에 그 초점을 두고 오미의 배합이 발달되어 조화를 이루어 '백미향'(百味香)이라고 했으며, 농후한 요리나 담백한 요리나 각각 복잡 미묘한 맛을 지니고 있다.

④ 동식물 유지를 잘 활용하여 식단에 있어서도 농담의 배합이 잘 되어 있고, 식재료를 다양하게 고루 사용하고 있어서 맛뿐만 아니라 영양상으로도 이상적이다.

⑤ 또 높은 온도에 단시간 처리하는 것이 많은데, 이러한 방법은 재료의 특성을 살리면서 동시에 영양소의 손실을 적게 하고 있다.

⑥ 요리를 담는 방법도 한 그릇에 수북이 담는 식이라 풍성한 여유를 느끼게 한다.

Section 2 지역적 특성

1. 북경요리(北京料理)

① 일명 '징차이'(京債)라고도 하며 베이징(北京)을 서쪽으로 하여 타이완까지의 요리를 포함한다.

② 베이징은 수도로서 정치·경제·문화의 중심지였고 고급요리 문화를 이룩한 곳이며 지리적으로는 북방이기 때문에, 이 지방의 요리는 육류를 중심으로 강한 화력을 이용한 튀김(炸) 요리와 볶음(炒) 요리가 특징이다.
③ 북경요리의 대표적인 것은 오리통구이인 카오베이징야쯔(烤北京鴨子)인데, 이 요리의 먹는 법이나 독특한 맛, 그리고 징기스칸 구이인 카오양로우(烤羊肉) 등이 특징적이다.
④ 베이징(北京)은 화북평화의 광대한 농경지로 하여 농작물이나 과물(果物) 등이 풍부하며 미엔(麵), 만토우(饅頭), 빵(饼) 등에는 계절의 꽃향기를 넣어 풍미를 살리는 것도 있다.

2. 남경요리(南京料理)

① 중국 중부의 대표적인 요리로 난징(南京), 상하이(上海), 쑤조우(蘇州), 양조우(扬州) 등지의 요리를 총칭한다.
② 중국 내륙의 젖줄인 양쯔강(楊子江, Yangtzu Chiang) 하구에는 오랜 옛날부터 난징(南京)을 중심으로 풍부한 해산물과 미곡을 바탕으로 한 식생활이 발달하였다.
③ 그러나 19세기부터 밀어닥치기 시작한 서유럽의 대륙 잠식은 상하이(上海)에 조계(租界)를 다투어 설치하기에 이르렀고, 이러한 외세의 입김으로 결국 상하이는 중국 중부의 중심지가 되었다.
④ 이 남경요리 중 구미풍으로 국제적인 발전을 이룩한 것을 상하이요리(上海料理)라 한다.
⑤ 상하이(上海)는 따뜻한 기후와 풍부한 농산물 및 갖가지 해산물의 집산지로서 다양한 요리를 낳게 했고 특히 지방의 특산물이 장유(醬油)를 써서 만드는 요리가 독특하다.
⑥ 상하이요리는 간장이나 설탕으로 달콤하게 맛을 내며 기름기가 많고 진한 것이 특징이기도 하다.
⑦ 돼지고기에 진강장을 써서 만드는 홍사오로우(红烧肉)가 유명하고 한 마리의 생선을 가지고 머리에서 꼬리까지 요리하는 조리법을 비롯하여 양념을 달리 해서 맛을 내는 생선요리도 일품이다.
⑧ 바다가재로 만드는 푸롱지엔시에(芙蓉煎), 두부로 만드는 스진사궈또우후(豆腐)와 꽃 모양의 빵인 후아퀜(花捲) 등도 유명하다.

3. 광동요리(廣東料理)

① 중국 남부의 요리를 대표하는 광동요리는 광주(廣州)요리를 중심으로 복건(福建)요리, 조주(潮州)요리, 동강(東江)요리 등 지방요리 전체를 일컫는다.

② 광동요리를 흔히 난차이(南菜)라고 하는데, 광주(廣州)는 외국과의 교류가 빈번하여 16세기부터는 스페인이나 포루투갈의 선교사와 상인들이 많이 왕래하였다. 그 결과 특이한 요리에다가 국제적인 요리관이 정착되어 독특한 특성을 이룩했고 사람들은 일찍부터 이 매력 있는 식생활의 고장을 일러 식재광주(食在廣州)라고 칭찬했다.

③ 남쪽의 더운 지방인 광주(廣州)의 요리는 재료가 가지고 있는 자연의 맛을 잘 살려내는 담백함이 특징인데, 서유럽 요리의 영향을 받아 쇠고기·서양채소·토마토 케첩·우스터 소스 등 서양요리의 재료와 조미료를 받아들인 요리도 있다.

④ 이러한 재료는 전통요리의 맛에 변화를 가져온 것이 사실이었고 그것을 소화하고 중국화하는 데에 능한 그들은 서유럽풍이 섞인 다채로운 맛을 요리로까지 발전시켰다.

4. 사천요리(四川料理)

① 중국 서방 양쯔강 상류의 산악지대 요리를 대표하는 사천요리(四川料理)는 원난(雲南)·꾸에이조우(貴州) 지방요리까지를 총칭한다.

② 쓰촨(四川)지방은 바다가 멀고 더위와 추위가 심한 지방으로, 예부터 악천후를 이겨내기 위해 향신료를 많이 쓴 요리가 발달해왔기 때문에 매운 요리와 마늘·파·고추를 사용하는 요리가 많다.

③ 또한 오지이기 때문에 소금절이나 건물(乾物) 등의 보존식품이 발달하여 채소를 이용한 짜차이(榨菜) 같은 특산물을 낳기도 했으며 신맛과 매운맛 및 톡쏘는 맛과 향기가 기본을 이루었다.

④ 두부와 다진고기를 이용한 마포또우후(麻辣豆腐)를 비롯하여 회교도들의 양고기 요리인 양로우꿔쯔(羊肉鍋子) 및 새우고추장 볶음인 깐사오밍시아(乾燒明蝦) 등이 유명하다.

⑤ 사천요리는 일명 촨차이(川菜)라고도 한다.

Section 3 일반적 특성

① 재료선택이 자유롭고 광범위하다.
② 맛이 다양하고 광범위하다.
③ 조리기구가 간단하고 사용이 용이하다.
④ 조리법이 다양하다.
⑤ 기름을 합리적으로 많이 사용한다.
⑥ 조미료와 향신료 종류가 풍부하다.
⑦ 외양이 풍요롭고 화려하다.

Section 4 중식 메뉴의 종류

① **치엔차이** : 엉차이, 러차이
② **탕차이** : 청탕, 후에이탕, 껑탕, 나이탕, 나이요우탕, 꿔쯔
③ **차오차이** : 칭차오, 간차오, 징차오
④ **지엔차이** : 바이카이지엔로우피엔, 지엔팡위, 난지엔지루베이
⑤ **짜차이** : 칭짜, 간자, 가오리
⑥ **쩡차이** : 쩡, 뚜언
⑦ **리오우차이** : 탕추, 지아쯔, 뽀오리, 지삐, 나이요우, 신로
⑧ **웨이차이** : 홍사오, 바이웨이
⑨ **카오차이** : 차사오로우, 카오양로우
⑩ **디엔신** : 만토우

1. 치엔차이(前菜)

치엔차이의 요리수는 작게 2종류이나 보통은 4종류이다. 메뉴에 따라 6종이나 8종류가 있다.

(1) 엉차이(冷菜)

냉채를 렁후언(冷菜), 량차이(凉菜), 또는 렁펀(凉盆)이라고도 하며 차가운 요리이다. 한 접시에 한 종류만 담은 것을 단반(單盤), 한 접시에 두 종류를 담은 것을 스왕판(盤), 그리고 큰 접시에 여러 종류를 담은 것을 삥판(冰帆)이라고 한다.

(2) 러차이(熱菜)

이것은 러펀(熱盆)이라고도 한다. 고급일 경우는 냉채 다음에 나오며 그릇은 냉채보다는 크고 大菜보다는 조금 작다.

2. 탕차이(湯菜)

탕차이는 한국요리의 국, 서양요리의 수프(soup)에 해당한다.

(1) 맑은국(칭탕 : 淸湯)

서양요리에 있어서 콩소메(Consommé)와 같은 것이다.

(2) 녹말을 이용한 국

1) 후에이탕(火會湯)

소금과 간장으로 조미하고 칭탕보다 맛이 농후하다.

2) 껑 탕(羹湯)

후에이탕(火會湯)보다 녹말을 짙게 풀어서 걸쭉하게 만든 것으로, 주로 소금으로 조미한다.

(3) 불투명한 국

1) 나이탕(奶湯)

칭탕을 그대로 전용하기도 하나, 국물이 농후하므로 재료도 농후한 것을 쓰며 조미도 조금 짙게 한다.

2) 나이요우탕(奶油汤)

나이탕에 우유를 넣어서 국물을 흰 색깔이 되게 함과 동시에 우유의 향기를 곁들인 것이다.

3) 꿔 쯔(鍋子)

냄비요리로 여러 가지 재료에다 잠길 정도의 국물을 붓고 끓이면서 먹는 것이다. 보통 마지막 코스에 나간다.

3. 차오차이(炒菜)

차오차이는 재료를 기름으로 볶아서 소량의 탕과 조미료를 넣어 조리는 것으로, 탕에 녹말을 넣어서 농도를 맞춘다. 야채볶음(차오또우야차이 : 炒豆芽菜), 닭고기와 야채볶음(차오지쓰 : 炒鸡丝), 그리고 돈육과 야채조림(차오로우피엔 : 炒肉片)이 있다.

(1) 칭차오(淸炒)

재료를 같은 모양, 같은 크기로 썰어서 소량의 기름으로 볶은 다음, 조리료와 탕을 넣어 끓여 마지막에 녹말로 농도를 맞춘다.

(2) 간차오(乾炒)

주가 되는 재료를 소금, 후춧가루, 술과 간장으로 조미하여 소량의 녹말을 물에 푼 것을 씌워서 기름을 넉넉히 가열하여 빨리 튀겨낸다. 다음에 곁들인 야채류를 소량의 기름으로 볶아서 조미하고 주재료가 큰 것이면 야채와 함께 볶은 후에 녹말로 농도를 맞춘다.

(3) 징차오(京炒)

재료에 조미를 하여 난백을 섞고 거기에 녹말을 넣어 손가락으로 비비듯이 하면서 혼합하여, 기름 속에 하나하나 떨어지게 집어넣어 색깔이 희고 깨끗하게 튀겨낸다. 튀겨낸 것을 다시 볶은 것이다. 이 때에 조미는 색깔이 깨끗하도록 하기 위해 간장을 사용하지 않고 소금을 주로 친다.

4. 지엔차이(煎菜)

지엔차이는 기름에 볶거나 지진 물기 없는 요리를 말한다. 팬에 소량의 기름을 두르고 6부 정도 뜨거워졌을 때에 음식들을 넣고 약한 불로 천천히 익힌다.

배추볶음(바이차이지엔로우피엔 : 白菜煎肉片), 광어전유(지엔핑위 : 煎鮃魚), 그리고 닭다리살구이(난지엔지투에이)가 있다.

(1) 볶음(炒)요리

재료를 같은 모양으로 썰어, 센 불에서 소량의 기름으로 볶아 조미한 요리이다.

(2) 지짐(煎)요리

서양요리의 소테(saute)와 같다.

(3) 광택이 나게 구운 요리

재료를 기름으로 양면을 지져서 조미료와 극소량의 설탕을 넣은 다음 센 불에 조려서 윤기가 나게 한 것이다.

5. 짜차이(炸菜)

짜차이도 튀김요리로 기름을 많이 사용한다.

(1) 칭 짜(清菜)

녹말을 씌우지 않고, 재료 그대로 튀기는 것이다. 재료 특유의 향이 나는 것, 또는 고기완자나 생선완자와 같은 것도 모양을 그대로 나타내고 싶을 때 이용한다.

(2) 깐 짜(乾菜)

조미한 재료에 녹말을 묻혀서 튀기는 방법이다. 녹말을 따로 만들어 적시지 않고 마른 녹말가루를 그대로 재료에 묻히기 때문에 녹말이 남거나 모자라는 일이 없어서 간편하고 편리하다.

(3) 가오리(高麗)

거품을 이룬 난백에 가루를 섞은 것을 씌워서 튀긴 것이다. 본래 난백거품에 쌀가루를 혼합했다. 그러나 최근에는 밀가루, 갈분 또는 밀가루와 갈분을 혼합하여 쓰고 있다.

6. 찡차이(蒸菜)

찡차이는 독특한 찜 그릇인 찡롱(蒸籠)의 증기열을 이용하는 방법이다. 찜만 하는 요리도 있지만, 일단 쪄서 다시 다른 방법으로 사용하거나, 다른 방법으로 익힌 것을 찌기도 한다. 도미찜(칭청띠아오위 : 清蒸鯛魚), 통닭찜(시후췐지 : 西湖全鷄), 그리고 금은두부(진인또우후 : 金银豆腐)가 있다.

(1) 찡(蒸)

칭찡(清蒸)이라 하며, 재료를 그대로 찐 것이다. 대표적인 것이 디엔신(点心)의 사오마이(燒賣)나 만두(饅頭)가 있다.

(2) 뚜 언(燉)

재료에다 잠길 정도의 물을 부어서 찐 것으로, 장시간 조리하기 때문에 간이 잘 배게 하면서 연해지게 하여 찔 수 있다.

7. 리오우차이

리오우차이(溜菜)는 튀김요리, 삶은요리나 찜요리에 농도 있는 국물을 끼얹은 요리이다.

(1) 탕추(糖醋) 또는 추리오우(醋溜)

간장, 설탕과 초가 들어 있는 리오우로, 초가 들어 있다. 토대가 되는 요리는 간장으로 간을 하며 튀기거나 굽거나 한 것이 많다. 리오우에는 탕을 쓰지 않고 물을 사용한다. 초가 들어가기 때문에 파란채소가 변색되지 않도록 하기 위하여 나중에 넣는다.

(2) 지앙쯔(醬汁)

간장으로 조미한 리오우로서 약간의 설탕을 첨가한다. 간장과 설탕으로 조미한 것을 후아리오우(滑溜)라고 한다.

(3) 뽀오리(波) 또는 쇄이징(水晶)

투명한 리오우로 소금을 쓰고 간장을 사용하지 않으며, 탕도 맑은 것을 이용한다.

(4) 지삐(鷄泌) 또는 시아삐(蝦泌)

투명한 리오우에 닭고기나 새우 다진 것을 죽처럼 이겨서 넣은 것으로, 단단히 거품 이룬 난백을 섞어서 희고 가벼운 느낌이 들도록 한 것을 말한다. 어패류나 야채를 사용한 찜요리나 끓이는 요리같이 담백한 맛의 요리에 사용된다.

(5) 나이요우(奶油) 또는 나이리오우(奶溜)

우유를 넣어서 색깔을 희게 한 것이다. 닭고기, 새우, 굴과 칼리플라워를 넣는다.

(6) 싱라오(杏酪) 또는 싱루(杏露)

독특한 맛과 향기를 살린 것으로, 흰살생선이나 새우와 야채를 넣는다.

8. 웨이차이(火畏菜)

웨이(火畏)는 본래 은근한 불에 굽는다는 뜻이다. 재료를 일단 기름에 처리하거나 찌거나 해서 여분의 수분을 제거하고, 그 재료가 가진 맛을 살린 다음에 끓이기 때문에 중국요리의 독특한 맛을 낸다.

(1) 홍사오(紅燒)와 황먼(黃燜)

홍사오의 홍은 색깔을 나타내고, 소는 익히는 방법을 말하는 것이다. 간장을 넣어 끓인 것뿐만 아니라 튀기거나 볶아도 된다. 홍사오라고 하는 것은 황먼보다 간장의 색깔이 옅고 끓이는 시간도 짧다.

(2) 바이웨이(白煨)

소금으로 조미하여 흰 색깔이 되도록 끓인 것을 말한다. 국물을 깨끗하게 하기 위하여 재료를 일단 쪄서 끓이는 경우가 많다.

9. 카오차이(烤菜)

카오차이는 돼지새끼, 오리나 닭을 통째로 화통 속에 매달아 놓고 약한 불로 익히는 것을 말한다.

(1) 차사오로우(插燒肉)

화통 속에서 통째로 굽게 되는데, 지방분이 불에 떨어져서 향기로운 연기를 내어 훈제 상태가 되므로 독특한 향기가 난다.

(2) 징기스칸구이(카오양로우 : 烤羊肉)

양고기를 한국요리의 불고기와 같이 썬다. 파·시금치·배후·표고, 그리고 피망과 같은 야채류를 5cm 길이로 큼직하게 자르고, 기름을 두르고 뜨거워진 냄비 밑에 야채를 놓고 위에 자른 고기를 얹어서 굽는다.

10. 디엔신(點心)

중국요리는 차이와 디엔신으로 크게 나뉜다. 차이는 찬 또는 술안주, 점심은 한 가지로서 가벼운 식사 대용이 될 수 있다. 디엔신의 어원은 본래 중국에서 1일 2식이었으므로, 그 사이에 가벼운 간식을 필요로 한데서 나왔다. 식사대용이 된다. 과쯔(瓜子), 과자, 그리고 음료를 말한다.

(1) 이스트를 사용한 만두(만토우 : 饅頭)

체에 친 밀가루에 이스트, 설탕, 우유와 물을 넣고 반죽하여 만든다.

(2) 베이킹파우더를 사용한 만두

밀가루에 베이킹파우더를 혼합하여 만두피를 만든다.

11. 차

(1) 홍 차(紅茶)

대표적인 발효차이다.

(2) 녹 차(綠茶)

발표시키지 않은 찻잎을 이용한 것으로, 중국과 인도에서 처음으로 생산하여 사용되었다.

(3) 우롱차(烏龍茶)

홍차의 중간적인 제조방법으로 만드는 반발효차로, 원래는 중국에서 만들어졌으나, 1890년경부터 타이완에서 생산되었다.

(4) 좐 차(磚茶)

중국아시아인은 좐차에 밀크나 소금 또는 버터를 넣고 약한 불에서 끓인 후에 야채처럼 먹기도 하며, 티베트 사람은 좐차로 차를 끓인 후에 버터를 녹여서 마신다.

12. 김 치

배추단초절임(라바이차이 : 辣白菜), 오이지(로요우황구와 : 酪油黃瓜)

(1) 향신료(香辛料)

조미료와 함께 향신료도 중요한 역할을 한다. 흔히 사용하는 것으로는 파·생강·마늘·고추 등이 있으며, 그 밖에도 중국 교유의 독특한 향신료로 후아지아오펀(花椒粉), 후에이샹(茴香), 우샹펀(五香粉) 등이 있다.

1) 파(충－葱)

잘게 썰어 폭 넓게 사용하는 향미 야채이다.

2) 생 강(지앙－薑)

고기 요리에 빼놓을 수 없는 향신료이고 사용시에는 갈아서 즙을 내거나 얇게 썬다.

3) 마 늘(쏸 – 蒜)

냄새를 제거하는 데 사용하므로 빼놓을 수 없다. 얇게 썰거나 다져서 사용한다.

4) 붉은 고추(홍라지아오 – 红辣椒)

톡 쏘는 매운맛이 특징이다. 큼직하게 썰기도 하고 길게 썰기도 하며 조그마하게 썰어서 사용하기도 한다.

5) 산초(후아지아오 – 花椒)

재료의 냄세를 제거하거나 요리에 風味를 더하기 위해 사용되는 향신료이다.

6) 산초가루(후아지아오펀 – 花椒粉)

산초 열미의 검은심을 떼어내고 냄비를 볶은 것을 빻아 가루로 만든 것이다.

(2) 오미(五味)와 조미(調味)

1) 오 미(五味)

① 산(酸) : 신 맛
② 신(辣) : 매운맛
③ 염(鹹) : 짠 맛
④ 감(甜) : 단 맛
① 고(苦) : 씁쓸한 맛

2) 조 미(調味)

① 라숙(辣椒) : 고 추
② 라유(辣油) : 고추기름
③ 장유(醬油) : 간 장
④ 두장(豆醬) : 된 장
⑤ 염(鹽) : 잔새우 된장
⑥ 하(蝦) : 새우젓
⑦ 하유(蝦油) : 생새우 기름
⑧ 호유(蠔油) : 굴 기름
⑨ 산초유(山椒油) : 참기름에 산숙의 향을 옮긴 것
⑩ 장두부(醬豆腐) : 소금과 메주를 섞은 두반장

Chaper 13 이탈리아 식

Chapter 13 이탈리아 식

Section 1 이탈리아 식

① Sauce : green sauce, tomato sauce, meat sauce, basil sauce

② Pizza : mixed pizza, escargots pizza, salami pizza

③ Pasta : puttanesca, carbonara, bolognese, lasagne, ravioli

④ Risotto : rice with mushroom, lobster, paella

⑤ Gnocchi : potato dishes

⑥ Insalate : salads

⑦ Zuppa : soups

⑧ Pesce : fishes

⑨ Carne : meats

⑩ Vegetale : vegetables

⑪ Dolci : desserts

⑫ Caffe : coffees

1. 소 스(salsa)

① 이탈리아 요리에서는 과도한 소스의 사용을 기피하는 경향이 있다.

② 전채요리에 소스가 있는 요리라면, 그 다음 요리에는 소스가 없는 경우가 많다.

③ 현재 사용하고 있는 프랑스 bechmel은 이탈리아의 balsamella에서, veloute는 salsa bianca에서 유래되었다는 설이 있다.

④ 종류 : salsa verde(Green sauce), sugo di pomodoro fresco(fresh tomato sauce), pommarola(summer tomato sauce), sugo scappato or di margo(winter tomato sauce), sugo di carne(meat sauce), pesto(basil sauce)

2. 피 자(pizza)

① 피자는 원래 나폴리인(Napples)에 의해서 남은 빵의 도(dough)로 만들어졌다.

② 피자의 가장 고전적인 형태는 피자 나폴리타네(pizza napolitane)라고 할 수 있으며, 토마토를 이용한 소스와 각종 야채를 혼합하고 치즈와 함께 만들어 벽돌로 ehls 오븐에서 장작을 이용하여 구워냈다.

③ 그러나 현재는 전기 오븐을 사용하는 곳도 있다.

④ 피자도는 플레인(plain) 밀가루로 만들어지며, 내용물은 형태에 따라 무한하다.

⑤ 두께는 매우 중요하여 너무 얇게 만들면 도가 딱딱하여 깨지기 쉽고, 너무 두꺼우면 맛이 없다. 0.5~1cm의 두께가 적당하다.

⑥ 도는 가장자리를 약간 두껍게 하여 굽는 동안에 내용물이 밖으로 흘러내리지 않게 한다.

⑦ 구울 때에는 오븐은 충분히 가열되어 있어야 하며, 표면의 치즈가 갈색으로 보기 좋게 구워지면 된다.

⑧ 피자 컴포트란코(comport ranco)는 브레드도(bread dough)보다 이스트페이스트리(yeast pastry)가 더 많이 이용된다.

⑨ 이 중의 빵껍질을 가진, 즉 도 중간에 내용물이 들어있는 상태이며, 피젯(pizzette)이라고 알려진 것들은 안티파스타(antipasta)와 함께 제공되는 것으로, 찻잔의 가장자리처럼 두껍고 가운데가 빈 것처럼 굽는 것이다.

⑩ 종류 : pizza quattro stagioni(mixed pizza), pizza con lumache allaromana (escargots pizza), pizza al salame(salami pizza)

3. 파스타(pasta)

① 마르코 폴로가 중국에서 이탈리아로 소개했다는 말이 있으나, 사실이 아니다.

② 로마제국 때에 밀을 이용하여 파스타를 만들어서 건조시켜 저장했다는 기록이 있다.

③ 파스타가 안티파스티(antipasti) 다음, 첫 코스로 정착된 것은 거의 19세기 이탈리아 북부에서부터이며, 19세기 초까지만 해도 미네스트라(minestra : soup)에 부속물로 이용되었다.

④ 스터프드 파스타(stuffed pasta)는 르네상스(renaissance)시대에 등장하였다고 한다.
⑤ 파스타의 영양학적 성분은 거의 탄수화물로 이루어졌으며 약간의 단백질, 비타민·미네랄과 지방을 포함하고 있다.
⑥ 가장 양질의 파스타는 드럼 위트(drum wheat)로 만들어진다. 이 밀은 거의 캐나다에서 수입되고 있다. 드럼위트는 밀의 일종으로, 딱딱한 것이 특징이며, 배젖(씨눈)이 이용된다.
⑦ 종류 : alla puttanesca(spaghetti tomato), ai funghi aromatici(spaghetti-mushroom), alla carbonara(spaghrtti cream sauce), alla bolognese(spaghetti-meat sauce), alla vongole(spaghetti W/clam), bigoli alla veneziana, cannelloni, lasagne, ravioli

4. 리조토(rosotto)

① 리조토는 쌀을 이용한 조리이며, 이탈리아에서는 쌀을 많이 생산하는 povalley를 중심으로 북부지방에서 주로 발전되어 있다.
② 그래서 리조토 조리에 가장 적합한 쌀은 valley와 arborio산이다.
③ 기본적인 조리방법은 버터를 두른 냄비에 쌀을 넣고 소테한 후, 뜨거운 브로스(broth)를 넣고 계속 저어주면서 익힌다.
④ 쌀 이외에 첨가되는 부재료에 따라서 여러 형태로 만들 수 있다.
⑤ 종류 : risotto alla rossino e ligale di mare(roce with mushroom, lobster), rartu di riso(paella)

5. 뇨 키(gnocchi)

① 토테이토, 위트(wheat), 그리고 콘(corn)을 비롯하여 다양한 재료를 이용하여 만드는 조리이다.
② 토마토소스 등의 각종 소스와 함께 제공된다.
③ 기본적인 조리방법은, 처음에 감자를 증기로 찐 다음, 껍질을 제거하고 감자 분쇄기(patato press)를 이용하여 미세하게 분쇄하는 것이다.
④ 달걀, 밀가루와 함께 혼합하여 도(dough)를 완성한다.
⑤ 형태에 따라 자른 다음, 끓는 물에 넣고 삶는다.

⑥ 표면에 떠오르는 것을 체로 건진 다음 준비한 소스와 함께 접시에 담아서 치즈를 뿌린 후에 제공된다.

6. 전 채(antipasti)

• 종류 : gamberettini di mare e pompelmo, carpaccio al parmigiano con in salata di funghi, peoci gratinate

7. 샐러드(insalate)

이것은 insalate verde와 misat(그린샐러드와 믹스드 샐러드)로 나누며, salt, wine vinegar 또는 레몬으로 만든 드레싱을 사용한다. insalate compasta(혼성 샐러드)는 당근, 비트, 감자, 호박, 양파 등을 조리하여 차게 식힌 다음에 함께 섞는다. 종류로는 insalata verde con acciughe(anchovy salad), pomodori in insalata(tomato salad)가 있다.

8. 수 프(zuppa)

① 이탈리아 수프의 종류는 만두나 달걀노른자를 곁들인 콩소메와 소고기나 닭고기 브로쓰를 이용하여 야채, 쌀, 파스타 등과 함께 만든 걸쭉한 수프가 있다.

② 생선 수프를 제외한 모든 수프에는 파르메산치즈(parmesan cheese)를 뿌려 먹는다.

③ 종류 : zuppa di pesce alla genovers, minestra al pesto, paparot, zuppz di-porri e fughi, minestrone all italiana

9. 생 선(pesce)

① 이탈리아는 삼면이 바다로 되어 있어서 해산물이 풍부하다.

② 가장 대중적인 요리는 바칼라(baccala)와 여러 생선 수프들이 있고, 장어도 전국적으로 많이 조리하여 먹으며 따라서 조리방법도 다양한 편이다.

③ 종류 : fileetti di triglie croccanti alla novella(fillet of red snapper), spiedini-di gamberoni alla griglia(grilled prawns on skewer), triglie al prosciutto(red mullet with ham)

10. 육 류(carne)

① 이탈리아에서는 고기를 carne라고 하며, 소고기는 manzo 또는 bue, 송아지고기는 vittello, 양고기는 agnello 또는 montone, 그리고 가금류는 pallame라고 한다.

② 종류 : scalloppine de vitello al limone(veal), olivette de vitello marco polo (veal), filetto di manzo toscanini(beef tenderloin steak), costata di bue conburro egorgonzola(beef sirloin steak), barciolette di agnello al pesto(lamb-chop), petti di pello alla duchessa(chicken breast)

11. 야 채(vegetale)

① 야채는 메인코스에 수반되어 제공되거나, 전채나 수프와 함께 제공되기도 하는 요리이다.

② deep fried frittors, 치즈와 함께 베이크하거나, 양념 소스와 함께 베이크로 만들어져서 제공된다.

③ 가장 대표적인 야채는 샐러드에 이용되는 리디치오(radicchio)이며, 화이트 트러플(white truffle)도 유명하다.

④ 종류 : cipolline novelle alla escoffier(spring onions eschffier), zucchini alla-paesana(country-style zucchini), asparagi alla milanese(asparagus w/egg and cheese), melanzane al pomodori(egg plants w/tomatoes), rusticana alla-piacentina(country-style pepper and tomatoes)

12. 디저트(dolci)

• 종류 : zabaglione al marsala(italian sabayon w/champagne), zuppa inglese, crostatine di frutta fresca, semifreddo all arancia e biscottini

13. 커 피(caffe)

• 종류 : capuccino, cafe napoliano, espresso classico all italiana

Chaper 14

제과제빵

Chapter 14 제과제빵

Section 1 제과제빵

① 문헌에 의하면, 인류는 기원전 3천년 전부터 밀가루를 반죽하여 원시적 방법으로 구워먹었다고 알려져 있다.

② 빵의 어원은 라틴어 panis에서 유래되었고, 이 의미는 인간이 만들어 낸 과일이라는 뜻을 내포하고 있다.

③ 프랑스의 pain, 스페인의 pan, 이탈리아어의 pane, 독일어의 brot 등으로 불리어진다.

④ 우리나라에서는 빵이라고 부르고 있다.

1. 제 빵

(1) 단과자빵

① 오늘날 제과점에서는 이스트 발효에 의한 여러 제품들을 생산하고 있는데, 이 중에서 단과자빵은 가장 일반적인 것으로 개인의 숙련정도에 따라 예술적인 모양을 만들 수 있다.

② 배합률은 설탕, 쇼트닝, 달걀의 비율이 대단히 높다.

③ 종류 : anko buns, sweet roll, danish pastry, doughnuts, brioche, royal cake, madeleine, baumkuchen, fruits muffins, pane tone

(2) 무가당빵

① 단과자빵에 비해 소량의 설탕을 함유한 빵이다.

② 근래에 소비자들의 성향이 무가당류 빵을 선호하고 있어, 많은 변화가 예상되는 종류이다.

③ 종류 : english muffins, corn bread, onion bread, rye bread, rye bread, european bread, mocha bread

(3) 조리빵

① 조리빵의 대표적인 예는 햄버거나 샌드위치이다.
② 조리방법은 슬라이스한 빵과 빵 사이에 내용물을 넣는 방법, 상면에 올려 놓는 방법, 또는 빵 반죽에 직접 넣는 방법이 있다.
③ 종류 : croissant, bread, buns, bagle roll, pitta buns

2. 제 과

일반적으로 양과자라 함은 cookies, chocolates, cakes 등 매우 달콤한 형태의 제과제품을 말한다. 종류로는 다음과 같은 것들이 있다.

① Cooky : cut out, bagged-out, hand making type, stencil type, macaron
② Chocolate
③ Pie : fruits, pies, cream pie
④ Petits fouv : petisfour secs, petits four glaces
⑤ Tart : tart, tartelet, frangipane
⑥ Puff pastry

(1) 쿠 키(cookies)

비스킷(biscuit)은 두 번 굽는다는 의미에서 유래된 것이다. 프랑스에서는 스펀지 계통의 과자로, 미국에서는 머핀케이크와 빵의 중간형태라 하면서 쿠키를 설탕과 유지를 비교적 많이 사용하여 납작하게 구워낸 것을 지칭한다. 그러나 영국에서는 모든 종류의 쿠기를 비스킷이라 부르고 있다.

1) Cut out cookies

- 종류 : sable cookies, sables natais, coconut sables, fours au chocolate, sables aux noisettes, sables à la parsienne, almond cookies, chocolate almond, tendre à la vanille, rouleau arlequin, tender au chocolate

2) Bagged-out cookies

• 종류 : rosttes cookies, orange cookies, litter ring cookies, shell cookies, butter cookies, wine cookies, butterscotch cookies, chocolate walnut cookies, finger cookies, sesame cookies, peanuts butter cookies

3) Hand making type cookies

• 종류 : vanilla brezel, apricot ball cookies, almond cookies, cherry almond cookies, walnut cookies, chocolate chip cookies, florentine cookies

4) Stencil type cookies

• 종류 : tuiles, orange almond tuile cookies

5) Macaron

• 종류 : almond macaron, coconut macaron cookies, almond macaron cookies

(2) 초콜릿(chocolate)

• 종류 : rum truffle, kirsch truffles, nougat honey, milk truffles, white truffle, likorbonbon, noix carre, brioni, julia, caramel, stengli, bundner, noix delice, nougat montelimar, berceau de marron, almond chocolate, noisette, raisin chocolate, rigispitzli

(3) 파 이(pie)

• 종류 : apple pie, pecan pie, lemon pie, strawbreey chiffon pie, cream pie

(4) 프티푸르(petits four)

프티푸르는 매우 단 제품으로, 작게 만들어 오븐에서 구워낸 과자이다.

1) 프티푸르 세크(petits four secs)

이것은 아이스크림 케이크, 샤로트, 프루트샐러드 등을 크게 만들어, 그 둘레를 장식하는 데코레이션용으로 많이 쓰인다. 프티푸르세크는 마른 과자를 뜻한다.

2) 프티푸르 글라세(petits fours glaces)

이것은 폰당(Fondant)이나 초콜릿을 입혀서 만든 것으로 다음과 같은 것들이 있다.

- 종류 : viennois petits fours, chocolate drums, bombetta(coffe, lemon, walnut, hazelnut, orange)

(5) 타 트(tart)

타트는 프랑스의 대표적인 과자들 중 하나로, 라틴어 tourt에서 유래되었다. 프랑스에서는 tarte, 독일에서는 torte, 그리고 영어에서는 tart로 불리우고 있다.

- 종류 : fresh fruit tart(orange tartlet, strawberry tartlet, fresh kiwi tartelet), apricot tart, cream frangipane(pear tart, almond tart, orange frangipane, prune frangipane)

(6) 슈(choux)

구워진 형태가 양배추와 같다고 하여 프랑스어로 choux라고 불리는 것으로, 속에 크림을 채워 넣었다는 à la créme을 합하여 슈알라 크레므(choux à la créme)라고 하며, 우리나라에서는 슈크림으로 부르고 있다.

- 종류 : cream puff choux à la créme, eclair au moka, choux de lyon, gateaux africans, profiterles aux fraises

(7) 퍼프 페이스트리(puff pastry)

이것은 흔히 파이라고 하는데 일본의 오리꼬미파이로부터 나온 이름으로 혼동하기 쉽다. 독일에서는 블래터타이크(blatte teig), 프랑스에서는 파트페유타지(pâte à feuilletage)라고 부른다.

- 종류 : palmiers, apple turnover, petits sales(petits sales croissants, petits sales allumettes, petits sales saumons fumes, petits sales olive, bacon twists, escargot, sausage role, assorted stick), patty shell, mille feuille(millefeuille aux fraises, framboises, papayes, pascal), strudel(apple, cherry, kirsch), cream horn

3. 케이크

(1) 반죽형 케이크(batter type cake)

반죽형 케이크는 일반적으로 배터(batter)케이크라고 한다. 과일 케이크·체리 케이크와 같이 과일 등의 충전물을 사용한 것과, 올드패션 파운드 케이크·머핀 케이크·레이어 케이크와 같이 충전물을 사용하지 않는 형태가 있다. 과일 케이크의 기원은 고대 그리스시대에 두고 있으며, 파운드 케이크는 영국에서 밀가루·설탕·계란·유지를 각각 같은 양인 파운드를 사용한 데에서 비롯되었고 한다.

- 종류 : pound cake, marble cake, royal cake, madeleine, baumkuchen, fruits muffins, brandy cake, apple chees cake, layer cheese cake

(2) 스펀지 케이크(sponge cake)

이것은 거품형 케이크의 대표적인 것으로, 영어의 sponge에서 기인되었다.

- 종류 : genoise sponge cake, cocoa genoise sponge cake, all in method, mocha cake, ganaches cake, roll cake, biscuit roule, chiffon cake, castilla

4. 디저트

옛 중세 roti 다음에 나오는 야채를 곁들인 요리 또는 마술, 노래와 같은 entertainments가 오늘날 프랑스어인 entremets로 되어, 디저트가 되었다고 한다. 디저트 종류는 entremets chaud, entremets froid, glace가 있다.

(1) 따뜻한 디저트(hot dessert)

조리방법으로는 오븐에서 굽는 법, 더운물이나 우유에 삶아내는 법, 기름에 튀겨낸는 법, 그리고 알코올로 플람베(flambe)하는 방법이 있다.

① Hot souffle grand marnier

② Flambee : orange, banana, peach, pineapple, cherry, pear

③ Gratin : gratin de fruits et sabayon sauce, gartin de fruits et sorbets, gartin d'oranges madame francaise, poire à la sicilienne

④ **Crepe** : crepe au chocolat, crepe aux noix, crepe suzette aux mandarines, crepe georgette, crepe à la cote d'or, crepe longueville, paupietts de crepe imperials, mille crepe aux fraises, crepe aux fruits, milles crepe, crepe roule aux marrons, pannaquet gastronomie, crepe pannaquets à la creme meringue, apple pan cake, crepe à la bohemienne

⑤ **Beignets**

(2) 차가운 디저트(cold dessert)

종류로는 젤리, 바바루와(bavarois)와 같이 젤라틴을 이용한 것과, 찬 크림이나 바슈랭(vacherin)과 같이 상온에서보다 찬 것으로 먹는 것이 더 나은 것들이 있다.

① **Bavaroise** : vanilla, lemon, coffee, strawberry, pistachio, rainbow, royal, bavarois, fruit, bavarois martinique, swiss bavarian cream, bavarois en surprise

② **Pudding** : custard pudding, vanilla pudding, pudding saxon, pudding montmorency, plum pudding, cabinet pudding, royal pudding, bread and butter pudding, indian pudding, blueberry pudding, coconut pudding, rice custard pudding, pudding mousseline, pudding aux marrons, pudding au riz

③ **Mousse** : chocolate, yogurt, raspberry, quinsyberry, caramel, papaya, chestnut, vanilla, coffee, black tea, fruit

④ **Jelly** : white wine jelly, gelee poire au mercure, gelee au champagne, kiwi fruits à la suedoise, kiwi jelly, sabayon froid, sabayon de fruit, timbale elysee

⑤ **Charlotte** : charlotte royal, marie louise charlotte, procope charlotte, pear charlotte, chocolate charlotte, yogurt charlotte, apple charlotte, nesslrode charlotte, charlotte russian, paris charlotte, iced charlotte

⑥ **Fruit salad** : fresh fruit salad with champagne, fruit salad ninette, cardinal salad, fruit salad with ice cream, banana au chocolat, orange and banana nalad, orange rachel, strawberry romanoff

⑦ **Gateaux divers**

(3) 아이스크림(ice cream)

① **Ice cream** : vanilla, cherry, chestnut, green tea, chocolate, strawberry, mango, pineapple, cheese, coffee, apricot, blueberry, banana, melon, kiwi, strawberry with ice cream, pistachio, water melon with ice cream, orange mint, walnut and honey, lemon

② **Sorbet** : lemon, champagne, grape, fig, peppermint, white wine, melon, strawberry, raspberry, blueberry, red wine, water melon, cherry, orange, kiwi, peach, hawaiian, kaki

③ **Granite** : granite au vin de bourgogne

④ **Parfait** : rum, chocolate, coffee, green tea, alexander, strawberry, mint, paraline, princess, petit flour à la bonne narie, liqueur, pistachio, lemon

⑤ **Coupes** : marron, alexandre, malmaisin, bohemienne, silesienne, africaine, marie theresa, montmorency, à la nesselrode, gladstone, jubile, miss helyett, germaine, ceylan, odette, mireille, oriental, longue ville, milord, love, hawaiian, jacques, princesse, monte carlo, royal, vienmoise

(4) 디저트소스(dessert sauce)

- 종류 : fruit sauce, vanilla sauce, champagne sabayon sauce, anglaise sauce, coulis

Chaper 15 음 료

Chapter 15 음료

Section 1 음료

1. 분 류

(1) 비알코올성 음료(non-alcoholic beverages)

① Soft drink : carbonated, non-carbonated

② Nutritious : juices, milks

③ Fancy tastes : coffee, teas

1) 청량음료(soft drink)

① 탄산성 음료(carbonated) : cola, soda water, gingerale, tonic water, cider

② 비탄산성 음료(non-carbonated) : mineral water, vichy water, evian water, seltzer water

2) 영양음료(nutritious)

주스류(juices)

① 과일 : orange, pineapple, lemon, lime, grape, grapefruit

② 야채 : tomato

3) 우유류(milks)

- pasteurized, non-pasteurized

4) 기호 음료(fancy tastes)

커피류(coffees) : regular coffee, caffein free coffee

① 마일드 : 모카, 콜롬비아, 과테말라, 에티오피아, 엘살바도르, 멕시코

② 브라질 : 블루마운틴, 탄자니아

③ 로부스타 : 아이보리코스트, 우간다, 앙골라, 인도네시아

5) 차 류(teas)

• tea, green tea, ginseng tea

(2) 알코올성 음료(alcoholic beverages)

① **Fermentad** : wine, apple, pear, grain, pulque

② **Distilled** : whisky, vodka, gin, rum, tequila, okolehao, brandy, soju

③ **Compounded** : liqueur, absinthe, bitters

④ **Cocktail** : high ball, fizz, collins, sour, ricky, flip, cooler, cobbler, egg-nog, julep, flappe, punch

1) 양조주(fermented)

① 포도주(wine) : natural, sparkling, fortified, aromatized

② 기타 과실주 : cider(apple), fefflrry(pear)

③ 곡류주(grain) : beer, ale, staut, porter, sake(청주), 한국주, 중국술,

④ 기타 : pulque

2) 증류주(distilled)

① 위스키 : scotch whisky, irish whisky, canadian whisky, american whisky

② 보드카(vodka)

③ 진 : english, holland

3) 사탕수수나 당밀주(rum)

① **Light bodied** : cuba, puerto rico, st. domingo, haiti, mexico

② **Full bodied** : jamerara, martinique, new england

③ **Aromatic** : batavia arak

4) 용설란(agave)

• tequila

5) ti-root

• okolehao

6) 과실주(brandy)

① 포두주 : cognac, armagnac, 기타 여러 명산지 브랜디
② 사과주 : calvados, apple jack
③ 체리주 :kirsch
④ 플럼주 : slivovitz, mirabelle, quetsch

7) 소주와 중국술

8) 혼성주(compounded)

- liqueur, absinthe, bitters(aromatic, fruits)

2. 맥주의 종류와 상표

(1) 맥주의 종류

1) Bottom fermentation beer

- lager beer, draft(draught) beer, pilsner beer, dortmunder beer, munchener mier, kulmbach bier, nurnberg bier

2) Top fermentation beer

- porter, ale(bitter, mind, light, pale, brown, scotch, strong, old), stout beer, bock beer

(2) 맥주의 유명상표

① 독일 : lowenbrau, ulnion, hansa, dab, astra
② 덴마크 : carlsberg, tuborg
③ 네덜란드 : heineken
④ 스웨덴 : tree crown
⑤ 체코슬로바키아 : pilsner(pilsen 산)
⑥ 영국 : guiness stout
⑦ 미국 : budweiser, miller
⑧ 일본 : 기린 맥주

3. 증류주의 종류와 상표

(1) 위스키

유명상표는 chivas regal, johnnie walker, ballantine, john haig, white horse, old parr, black & white, white label, vat 69, long john, bell's, cutty sark, king george Ⅳ, concorde, 그리고 j&b가 있다.

1) 아메리칸 위스키(american whisky)

이것은 다음과 같이 분류된다.

① 스트레이트 위스키 : bourbon whisky, rye whisky, corn whisky, bottled in bond whisky
② 블랜디드 위스키 : kentucky whisky, blend of straight whisky

유명상표는 다음과 같다.

- ▸버본 : I.W. harper, old crow, old grand dad, old trylor, jim beam, wild turkey, early times
- ▸라이 : four rose, imperial, golden wedding, old frester
- ▸테네시 위스키 : jack daniel's

2) 아이리시 위스키(irish whisky)

유명상표는 john jameson, old busshmills, tullamore dew, murph's, 그리고 paddy's가 있다.

3) 카나디안 위스키(canadian whisky)

유명상표는 canadian club(c.c), seagram's V.O, crown royal lord calvert, mac naughton, 그리고 canadian rye가 있다.

4) 코 냑(cognac)

유명한 코냑회사는 hennesy(헤네시), remy martin(레미마르땅), martell(마르텔), camus(까뮈), courvoisier(꾸르브와지에), bisquit(비스뀌), 그리고 otard(오타르)가 있다.

5) 진(gin)

① 잉글랜드 진(british gin) : london dry gin, old tom gin, plymouth gin
② 홀랜드 진(geneva or schiedam gin)
③ 플레이보드 진(playboard gin) : sloe gin, damson gin, orange gin, lemon gin, cherry gin, ginger gin, mint gin
④ 드라이 진(dry gin)
⑤ 골드 진(gold gin)

(2) 보드카(vodka)

1) 보드카의 종류

• zubrowka, naliuka, starka, jazebiak, limonnaya

2) 보드카의 유명 상표

① 러시아 : moskovakaya, stolichnaya, stlilvaya, persovka
② 영국 : gordon's, gilbey's, walker's
③ 네덜란드 : bols
④ 미국 : smirnoff, samovar

(3) 럼(rum)

• heavy rum(dark rum), medium rum(gold rum), light rum(white rum)

(4) 테킬라(tequila)

4. 혼성주

• absinthe, advocat, apricot brandy, antisette, benedictine, angostura bitters, chartreuse, cherry brandy, curacao, drambuie, irish mist, kahlua, creme de menthe, creme de cacao, creme de cassis, creme de violet, kummel, sloe-gin, creme de bananas, galliano

5. 칵테일(cocktail)

(1) 하이볼(high ball)

- whisky soda, whisky coke, gin tonic

(2) 피 즈(fizz)

- gin fizz, cacao fizz, sloe gin fizz, golden fizz, silver fizz

(3) 콜린스(collins)

- tom collins, john collins

(4) 사 워(sour)

- whisky(bourbon, scotch), gin, brandy

(5) 릭 키(rickey)

- gin, scotch, rum

(6) 플 립(flip)

- port, sherry, brandy

(7) 쿨 러(cooler)

- gin cooler, rum cooler, wine cooler, remsen cooler

(8) 코블러(cobbler)

- gin, rum, wine, remsen

(9) 에그노그(eggnog)

- brandy, whisky, rum

(10) 줄 렙(julep)

- mint(bourbon whisky base), brandy

(11) 플라페(flappe)

• mint, cacao, blue curacao

(12) 펀 치(punch)

• strawberry, sherry, champaghe, brandy champagne, planter's

(13) 기 타

• fix, poussee cafe, sangaree, sling, toddy, smash, swizzle, daisy

6. 와 인

(1) 색에 따른 분류

• red wine, white wine, rose wine

(2) 맛에 따른 분류

• sweet wine, dry wine, medium dry wine(demi dry or semi dry)

(3) 알코올 첨가 유무에 따른 분류

• fortified wine, infortified wine

(4) 탄산가스 유무에 따른 분류

• sparkling wine, still wine

(5) 식사단계에 따른 분류

• aperitif wine, table wine, dessert wine

(6) 저장기간에 따른 분류

• young wine(1~2년), aged wine 또는 old wine(5~15년), great wine(15년 이상)

참고문헌 LIBRARY

■ 국내 문헌

- 김충호, "호텔경영학", 형설출판사, 1998.
- 오승일, "식음료 사업경영", 백산출판사, 1995.
- 이정하, "메뉴관리", 기문사, 1995.
- 진양호, "현대 서양 요리", 형설출판사, 1990.
- 진양호, "서양조리", 지구문화사, 2009.
- 진양호, "메뉴관리론", 지구문화사, 1998.
- 진양호, "원가관리론", 지구문화사, 2014.
- 진양호, "식당성공 4M전략", 한국외식정보(주), 2005.
- 진양호, "외식 마케팅 관리", 백산출판사, 2009.

■ 국내 논문

- 진양호, "호텔 레스토랑의 메뉴 엔지니어링에 관한 연구", 경기대학교 대학원, 박사학위 논문, 1997.
- 진양호, "외식업체의 메뉴분석의 적용방안에 관한 연구", 한국조리학회, 2005.
- 진양호, "중식당 메뉴 선택의 영향을 미치는 요인에 관한 연구", 한국조리학회, 2008.
- 진양호, "메뉴상품의 가격 위치가 소비자 가지각 구매의도 탐색의미에 미치는 영향", 외식경영연구, 2007.
- 진양호, "균형적인 메뉴음식의 개발방안에 관한 연구", 외식경영연구, 2000.
- "메뉴평가 모델의 개발에 관한 연구", 외식경영연구, 1997.
- "메뉴 환경관리에 관한연구", 외식경영연구, 1995.

■ 외식 문헌

- "롯데호텔 식음료 교육 매뉴얼", 1982.

■ 국외 문헌

- Atkinson Helen and Jones Peter, "Menu Engineering Managing the Foodservice Micro-Marketing, Mix", "Houmal of Restaurant & Foodservice Marketing", Vol.1, NO.1, 1994.
- Bayou Mohamed E. and Bonnctt Lee B., "Profitability Analsys for Table Service Restaurants", "The Cornell H.R.A. Quarterly", Vol.26, No.2, 1985.
- Davis Mernard and Stone Sallu, "Food and Beverage Management", butter worth Heinemann, 1991.
- Dearden John, "Cost Accounting Comes to Service Industries", "Harvard Business Review", 1978.
- Deu C. and Olsen Michael D., "Operating Environment and Stealcgy the Profitale Connection", "The Coenell H.R.A Quarterly", Vol.30, No.3, 1989.
- Dill W.R., "Environmental as an Influence on Managerial Autonomy", "Administrative Science quarterly", Vol.20, No.3, 1958.
- Doerfler Robert, "Menu Design for Effective Mcrvhandising", "The Cornell H.R.A. Quarterly", Vol.19, No.5, 1978.
- Duncan R. B., "Characteristics of Organizational Environments and Environmental Uncertainty", "Administeative Science Quarterly", Vol.4, No.2, 1972.
- Eckstein Cleanor F, "Menu Planing", AVI, 1983.
- Gerald W. lattin, "The loding, and Fppd Service Lindustry", Educational Insitute of the American Hotel & Motel Association, 1985.
- Green Eric F. and Drake Galen G., "Profitamel food and Beverage Management Planing", VNR, 1991.
- Hayes David K. and Huffman Lynn, "Menu Analysis : A Better Way", "The Cornell H.R.A. Quarterly", Vol.26, No.3, 1985.
- Hochman Doris Z., "Making a Menu", "Food ami Service", Dec., 1985.
- Kasavana Michael L., "Computer System for Foodserivece Operations", VNR, 1984.
- Kasavana Michael L., "Menu Engineering A Practical Guide to Menu Analysis", Revised Sdition, Hospitality Publication, 1990.
- Kay M. Beverlym, "Menu Desgin and Lay out", The Degree of MOS, Faculty of the Fraduate school of Cornell University, 1985.

- Keiser James, "Controlling and Analyzing Costs in Foodservice Operations", Ma Cmillan Publishing Co, 1989.
- Kelly Thomas J., Nicholas M, Kiefer, and Kenneth Burdctt, "A Demand-Based Approach to Menu Pricing", "The Cornell H.R.A. Quarterly", Vol.35, No.1, 1994.
- Khan Mahmoof A., "Concepts of Foodservice Operations and Management", VNR, 1990.
- Khan Mahmood A., "VNR's Encyclopedia of Hospitality and Tourism", VNR, 1993.
- Kochilas Diane, "Making a Menu", "Restaurant Business", Nov., 1991.
- Kotler Rhilip, "Marketing Management Analysis, Planing, and Control", Prentice Hall International, 1984.
- Kreck Lothar A., "Menus : Analysis and Planning", VNR, 1984.
- Kreul Lee M., "Magic Numbers : Psychological Aspects of Menu Pricing", "The Cornell H.R.A. Quarterly", Vol.33, No.4, 1992.
- Lundberg Donald E., "The Restaurant : From Concept to Operatio", John Wiley & Sons., 1985.
- Marian C. Spears, "Foodservice Organizations", Macmilan Publishing Company, 1991.
- Miller Jack E., "Menu : Pricing and Strategy", CBI Books, 1980, 1992.
- Miller Jack E. and Poter Mary, "Supervision in the Hospitality hidustry", John Wiley, 1985.
- Nineneier Jack D., "Principles of Food and Beverage Operations", AH & MA, 1984.
- Nykiel Ronald A., "Marketing in the hospitality industry", Van Nostrand Reinhold, 1989.
- Scanlon Nancy Loman, "Marketing by Menu", Van Nostrand Reinhold, 1990.
- Thayse Harris, "Professional Foodservice Management", Prentice-Hall, Inc., 1983.
- Miller Stephen G., "Fine-Tuning Your Menu with Frequency Distribution", "The Cornell H. R. A. Quarterly", Vol.29, No.5, 1988.
- Pavesic David, "Cost- Margin Alalysis : A Third Approach to Menu Pricing and Design", "International Journal of Hospitality Management", Vol2, No.3, 1983.
- Shoemaker Stowe, "A Proposal to Improve the Overall Price Value Preception of a Product Line", "Journal of Restaurant & Foodservice Marketing", Vol.1, No.1, 1994.

찾아보기 INDEX

호텔 & 외식산업

메뉴관리론

초판 인쇄 2015년 12월 20일
초판 발행 2016년 01월 06일

저 자 진양호 · 배인호

발행인 주 병 오
펴낸곳 지구문화사 JIGU PUBLISHING Co.

주소 경기도 파주시 회동길 209
파주출판문화정보산업단지
전화 031- 955 - 7577
FAX 031-955 - 7730
이메일 jigupub@hanmail.net
등록번호 1979년 7월 13일 제 9-57호

ISBN 978-89-7006-774-2